U0637426

智库丛书
National Think Tank Series

中国社会科学院创新工程学术出版资助项目

国家开发银行研究院
中国社会科学院世界经济与政治研究所
主编 张宇燕 郭 濂

中国与金砖国家金融合作机制研究

徐秀军 冯维江 徐奇渊 刘悦 贾中正 著

中国社会科学出版社

图书在版编目（CIP）数据

中国与金砖国家金融合作机制研究/徐秀军等著.—北京：中国
社会科学出版社，2016.3
ISBN 978 – 7 – 5161 – 7926 – 0

Ⅰ.①中…　Ⅱ.①徐…　Ⅲ.①金融—国际合作—研究
Ⅳ.①F831.6

中国版本图书馆 CIP 数据核字（2016）第 070568 号

出 版 人　赵剑英
责任编辑　田　文
特约编辑　陈　琳
责任校对　董晓月
责任印制　王　超

出　　版　中国社会科学出版社
社　　址　北京鼓楼西大街甲 158 号
邮　　编　100720
网　　址　http://www.csspw.cn
发 行 部　010 – 84083685
门 市 部　010 – 84029450
经　　销　新华书店及其他书店

印刷装订　三河市君旺印务有限公司
版　　次　2016 年 3 月第 1 版
印　　次　2016 年 3 月第 1 次印刷

开　　本　710×1000　1/16
印　　张　15.75
插　　页　2
字　　数　241 千字
定　　价　58.00 元

凡购买中国社会科学出版社图书，如有质量问题请与本社营销中心联系调换
电话：010 – 84083683
版权所有　侵权必究

课题组成员名单

张宇燕　姜　洪　郭　濂　黄剑辉　宋　泓
徐　晶　王　阁　徐秀军　冯维江　徐奇渊
刘　悦　贾中正

总　序

党的十八大以来，以习近平为总书记的党中央提出了引领中华民族复兴的"四个全面"战略布局和"五大发展理念"，并指出中国经济步入新常态，推进国家治理体系和治理能力现代化成为国家建设的核心议题。加强智库建设，成为应对风云变幻的国际形势、破解改革发展稳定难题、服务党和政府科学民主决策的迫切需要。正如中共中央办公厅、国务院办公厅印发的《关于加强中国特色新型智库建设的意见》所指出的，中国特色新型智库是党和政府科学民主依法决策的重要支撑；是国家治理体系和治理能力现代化的重要内容；是国家软实力的重要组成部分。

2015 年是中国特色新型智库建设十分重要的一年，中国政府对智库的重视程度前所未有，社会各界对智库建设的关注度急剧上升，有关智库的研究课题日益丰富，智库正作为一支影响政府决策的重要力量迅速发展。中国社会科学出版社作为人文社会科学出版机构，积极顺应时代发展潮流，高效率、高质量地出版一批当前智库研究的最新成果，责无旁贷、大有可为。

按照研究的对象不同，智库可分为基础研究和应用对策研究。二者互相影响，不可偏废。基础研究是应用对策研究的理论基础，没有深厚的、科学的理论根基，智库学者不可能提出令人信服的对策，这样的对策也经不起理论的深究和实践的考验；而与实践脱钩的理论研究，缺乏现实观照的理论研究，也必然丧失其研究的现实意义。

科学的决策终究离不开理论的支撑和积淀。中国社会科学出版社推出的"智库丛书"，即着眼于对全面建成小康社会以及实现中华民族伟大复兴"两个百年"目标中的基础性、理论性、战略性问题的研究，包括对政治、经济、军事、社会、文化、国际、外交等重大问题的研究,属于智库的基础研究部分,但其又迥异于单纯的学术研究,更不是教科书式的研究。

"智库丛书"本着基础性、理论性、战略性、前瞻性、储备性的基本定位,以中国社会科学院这一高端智库为依托,发挥其学科齐全、专家云集的优势,并与国内外其他一些著名智库建立联系,围绕中央决策急需的重大课题,瞄准国家重大战略需求,汇集当前智库研究的最新基础成果。智库研究的问题,既有当前急需解决的问题,也可能是将来的重大问题。智库研究不能盲目跟风,一定要对世界和中国的问题有着理性的分析和判断,要以开放的视野对某一问题进行跨学科、多维度的研究。当然,这也对智库研究者提出了很高的要求,既要有扎实深厚的学术功底,又要有对现实的观照。

相信这些智库成果的出版对智库影响力的提升将起到重要的作用。我们也期待通过该丛书的出版,将智库的理论成果公之于众,成为智库与公众之间的沟通平台。

"智者不惑。"建设中国特色新型智库的号角已经吹响,一个崭新的智库时代正在召唤着我们前行。让我们以智库研究为契机,与各界有识之士,同心协力,为民族复兴的中国梦共同努力。

《智库丛书》编委会
2015 年 12 月

内容提要

21 世纪以来，尤其是 2008 年国际金融危机后，巴西、俄罗斯、印度、中国和南非这五个新兴经济体经济的迅速崛起改变了世界经济实力对比的版图，金砖国家合作机制的建立使其作为一个群体受到国际社会的广泛关注。金砖国家合作机制的形成与发展，充分体现了金砖国家在变革现有全球经济治理机制方面具有共同的利益诉求。近年来，金砖国家经济合作的迅速发展，主要是因为五国经济上较强的互补性奠定了相互合作的基础，经济的迅速崛起为五国营造了广阔的合作空间，国际金融危机为五国创造了共谋发展的合作机遇，同时五国合作领域的不断扩大推动了机制化建设进程。

一 中国与金砖国家金融合作取得全方位进展

（一）在货币互换方面，银行间合作不断深化，货币互换稳步推进

2010 年 4 月于巴西举行的金砖峰会上，中国国家开发银行、俄罗斯开发与对外经济活动银行、巴西开发银行、印度进出口银行签订了旨在为金砖国家经济技术合作和贸易发展提供多样化金融服务的《"金砖四国"银行合作机制备忘录》，这标志着金砖国家银行合作机制正式成立。2011 年 4 月在中国海南三亚举行的第三次峰会，各国又共同签署了《金砖国家银行合作机制金融合作框架协议》。为加强金砖国家间的金融合作，便利相互之间的经贸往来，共同维护金融稳定，2013 年 3 月在南非德班举行的第五次峰会上，中国人民银行与巴西中央银行签署了中巴双边本币互换协议。这是中国央行与金砖国家间签署的首个货币互换协议，为中国与其他金砖国家开展货币互换奠定了基础。

（二）在本币结算与贷款业务方面，各项业务持续稳步推进，给贸易与投资提供了便利

早在 2010 年 12 月，俄罗斯就已经开始在国内进行人民币对卢布挂牌交易，扩大人民币跨境结算规模。2011 年中俄两国又签订新的双边本币结算协定，将本币结算范围由原来的边境贸易扩大到一般贸易。2011 年 4 月，金砖国家签署的《金砖国家银行合作机制金融合作框架协议》中提及"稳步扩大本币结算和贷款的业务规模，服务金砖国家间贸易和投资的便利化"，经过近一年的研究和准备，2012 年 3 月金砖国家在印度新德里签署《金砖国家银行合作机制多边本币授信总协议》和《多边信用证保兑服务协议》。协议涉及贸易融资、投资项目等多个领域，贷款数额将视未来业务的开展而定。在 2013 年 3 月的德班峰会上，金砖国家进出口银行和开发银行达成《可持续发展合作和联合融资多边协议》，同时为满足非洲大陆经济快速增长及其导致的基础设施资金方面的巨大需求，五国还达成《非洲基础设施联合融资多边协议》。此外，中国央行还与南非储备银行签署了《中国人民银行代理南非储备银行投资中国银行间债券市场的代理投资协议》等。这些协议以多边促进双边的方式推动金砖国家境内以各国官方货币进行商品、服务与投资活动，必将有力推动各国经贸往来、扩大投融资规模和促进国民经济的快速发展。

（三）在开发性金融方面，五国逐步凝聚共识，共同决定成立金砖国家开发银行

鉴于当前的多边开发机构对金砖国家基础设施融资和环保投资等相对有限、部分新兴经济体储蓄"逆流"到发达国家，以及为加强新兴经济体间的合作等原因，印度提出了建立金砖国家开发银行的倡议。2012 年 3 月 29 日，在印度新德里举行的金砖国家领导人第四次会议上，五国对于设立合作开发银行表达了共同立场，提出要"探讨建立一个新的开发银行的可能性，以为金砖国家和其他发展中国家基础设施和可持续发展项目筹集资金，并作为对现有多边和区域金融机构促进全球增长和发展的补充"，并指示各国财长们审查该倡议的可能性和可行性，成立联合工作组进一步研究。2013 年 3 月 27 日，在南非德班金砖国家第五次会晤

上发布的《德班宣言》中，五国领导人同意建立金砖国家开发银行，并提出银行初始资本应该是实质性的和充足的，以便有效开展基础设施融资。2014 年 7 月 15 日，金砖国家领导人在第六次会晤上发表的《福塔莱萨宣言》中宣布，金砖国家新开发银行初始资本为 1000 亿美元，由 5 个创始成员平均出资，并对银行首任理事会主席、董事会主席和行长，以及银行总部和非洲区域中心的安排达成一致。2015 年 7 月 21 日，金砖国家新开发银行在上海正式宣布开业。

（四）在危机救助方面，逐步构建金融安全网，共同筹建应急外汇储备库

2013 年 3 月金砖国家德班峰会的亮点之一莫过于金砖国家拟建立 1000 亿美元的应急储备安排，这是 2012 年 6 月五国在墨西哥洛斯卡沃斯 G20 峰会上共同探讨决定的。在 1000 亿美元的应急储备中，中国拟出资 410 亿美元，巴西、俄罗斯和印度各出资 180 亿美元，南非出资 50 亿美元。应急储备安排的建立体现了金砖国家未雨绸缪，构建金融安全网，防范金融危机对其冲击的远见卓识。该应急储备安排的建立将有效缓解金砖国家应对短期流动性压力，并为各国提供相互支持，以进一步加强金融稳定。应急储备安排也可作为一道增加的防线，为补充现有国际外汇储备安排、加强全球金融安全网做出贡献。2014 年 7 月 15 日，金砖国家领导人第六次会晤宣布签署建立初始资金规模为 1000 亿美元的应急储备安排协议。

（五）在资本市场方面，业务合作成效初显，未来合作空间巨大

加强金砖国家间资本市场的协调合作，不仅有利于拓宽各成员国的融资渠道，满足投融资主体多元化发展的需求，而且有利于提高金融机构的融资效率，优化市场资源配置。2011 年 10 月，在南非举行的国际证券交易所联会会议上，巴西证券期货交易所、俄罗斯莫斯科银行间外汇交易所、印度孟买证券交易所、中国香港交易及结算所有限公司、南非约翰内斯堡证券交易所宣布成立金砖国家交易所联盟。2012 年 3 月 14 日，该联盟五个创始成员又宣布，从 2012 年 3 月 30 日起各成员交易所的基准股市指数衍生产品在彼此的交易平台互挂，实现用本币买卖交易，从而为金砖国家提供多元化的投融资渠道，提高资金

的使用效率。在联盟合作的第二阶段，五家交易所还计划合作开发代表"金砖国家"的新股市指数相关产品，将其在各交易所的衍生产品及现货市场实现相互上市。在联盟合作的第三阶段，还可能合作发展其他资产类别的相关产品及服务等。金砖国家间证券业务和资本市场合作的逐步加深，将对完善金砖国家金融体系、优化金融结构、提高融资效率、优化资源配置、推动各国国民经济健康稳定发展起到不可忽视的重要作用。

（六）在推进国际货币金融体系改革方面，倡导公平公正，逐步推进改革与创新

在国际金融体系改革方面，金砖国家统一协调，坚定立场，要求尽快改革当今不合理的国际金融体系和组织架构。在历次金砖国家峰会上，各国都会表达对国际货币基金组织（IMF）改革步伐缓慢的担忧，认为现在迫切需要按照已有共识，落实2010年的治理和份额改革方案，并敦促所有成员在2014年1月前完成下一轮份额总检查及就新的份额公式达成协议。金砖国家支持改革和完善国际货币体系，建立稳定、可靠、基础广泛的国际储备货币体系，并提议就特别提款权在现有国际货币体系中的作用进行讨论，包括关于特别提款权一篮子货币组成问题。在金融货币政策协调方面，金砖国家一致要求发达经济体采取负责任的金融和货币政策，避免导致全球流动性过剩，并采取结构性改革来削债减赤、增加就业、促进增长。

二　中国与金砖国家金融合作面临多方面挑战

（一）来自金砖国家内部的挑战，表现在五国利益诉求存在差异，可能掣肘合作深入发展

金砖国家在政治经济体制和发展模式上的差异较大，尤其是在资源禀赋、产业优势和体制模式上各不相同，导致在重大经济战略问题上缺乏足够的共识和交集，从而存在着明显的利益分歧。金砖国家间经济、政治、历史等现实问题和利益冲突，将使他们之间的货币金融合作很难独善其身，以上问题如不能得到很好的解决或妥协，则很可能影响或迟滞金砖国家间的货币金融合作进程。

（二）来自发达经济体的挑战，表现在发达经济体对金砖国家金融合作的防范与打压，并极力维护其国际主导权

随着金砖国家间金融合作机制逐步成熟，很多程序与合作也开始更加务实有效，这难免会引起发达经济体的戒备与不安。金砖国家金融合作的进程和成果将由新兴国家经济体主导，并主要面向其他新兴与发展中经济体，这可能弱化发达经济体在发展中国家群体中的影响力，触动发达经济体在全球或区域范围内的政治与经济利益，削弱其现有的国际地位，对其主导的国际秩序和规则带来潜在冲击和挑战。在可以预见的未来，发达经济体与新兴经济体关于国际规则与架构主导权的争夺将日趋激烈。

（三）来自其他新兴与发展中经济体的挑战，表现在猜忌与"搭便车"心理的并存

金砖国家的金融合作成果主要面向金砖国家、新兴经济体和发展中经济体，但毋庸置疑的是，这些成果的最大受益者肯定首先是金砖五国。其他新兴与发展中经济体对这些成果到底能给其带来多大的实惠难免心存疑虑。金砖国家对非洲基础设施可持续发展的支持以及继续推进金砖开发银行建设等措施，令非洲及其他新兴与发展中国家信心大增，而其对金砖国家未来发展的期望和预期也会越来越高。一方面，这会给金砖国家带来一定外部压力；另一方面，金砖国家合作如果受阻，不能有效落实这些业已达成的协议和决定，必定会引发其他新兴与发展中经济体对金砖国家合作机制的质疑，打击其对该合作机制的信心。其他新兴与发展中经济体对金砖国家金融合作成果也存在"搭便车"心理，希望从金砖国家的经济与金融发展当中分得一杯羹。

（四）来自国际金融组织的挑战，表现在一些现存的国际金融组织担心其作用和地位受到新机制的挑战

长期以来，世界银行和 IMF 等国际金融组织实际上由欧美控制着，所以其在很大程度上沦为欧美外交政策的工具，对新兴与发展中经济体的困难与需求并不真正关心，这注定其适用性和实际作用甚微，甚至遭到一些国家民众的抵制。对于金砖国家金融合作机制的成果，世界银行集团在表面上虽然表示欢迎，并提出愿与即将成立的金砖国家

开发银行在减贫、提高发展中国家福祉等方面开展紧密合作。但同时，其对新开发银行的资金来源、选址、人选、治理结构和评级等细节问题表达了关注。IMF对这一提议也迅速做出反应，表示将密切注视巴西、俄罗斯、印度、中国和南非这一计划。这些表态均透露出其既对这一新组织的强烈兴趣，却又难掩内心的不安，背后折射出的实质是表面支持、实则排斥的复杂心理。

三　推进中国与金砖国家金融合作的建议

（一）在合作主体上，坚持适度有序开放，主体参与多元化

金砖国家金融合作机制应体现包容性与多元化的特点，并渐进有序开放，更多体现新兴与发展中国家的利益。关于开放主体参与问题，要注意把握进度与尺度，保持内外制约和平衡。金砖国家可根据金融合作进程与发展阶段制定不同的战略规划：在短期内，该金融合作机制应开放包容，不宜将发达国家及国际组织完全排除在外，但可设定规则将发达经济体的影响控制在较低水平。在中期内，可依托金砖国家开发银行的发展与影响，基于五国向亚非拉拓展，逐步扩大合作和参与主体范围，加强创新金融合作模式和功能，将这一合作机制发展成影响力不断提升的新型国际多边金融平台。长期来看，金砖国家金融合作机制的目标应具战略性，布局全球，即构建一个由金砖国家主导和掌控的、其他新兴与发展中国家参与的、全新的国际金融合作组织或集团。

（二）在合作目标上，坚持经济增长与可持续性发展

金砖国家间金融合作机制应致力于更好地服务于金砖国家的经济增长与长远发展，为五国的贸易往来、资本投融资、基础设施完善、技术研发、低碳节能等提供支持。以全球经济正在重塑为契机，金砖国家通过加强互补和整合各自经济力量，探索实现更公平发展、更具包容性增长的新模式和新方式，逐步将金砖国家发展成为就全球经济和政治领域的诸多重大问题进行日常和长期协调的全方位机制。组建金砖国家开发银行的目的是解决长期融资和外国直接投资不足等问题，实质是打破现有国际金融秩序和架构由发达经济体主导的局面，为新兴和

发展中经济体争取国际话语权，保障自身相关利益，携手实现共同繁荣与可持续发展。金砖国家应加强与其他国家，特别是新兴国家和发展中国家，以及相关国际、区域性组织的联系与合作。金砖国家的合作与发展应有利于维护国际法、多边主义和联合国的中心地位，为全球和平、稳定、发展与合作做出积极贡献。

（三）在合作策略上，坚持以我为主，抓大放小，牢牢把握主导权

对中国而言，与金砖国家的金融合作策略应是在均衡各方利益、鱼和熊掌不可兼得的情况下，以我为主，避轻就重。其底线是掌握绝对的主导权和影响力，对于控制权和否决权等涉及中国核心利益的谈判，应坚持这一底线。为此，可考虑在金砖国家金融合作机制内或国际合作的其他方面做出适当让步和妥协，以示对做出让步国家的安抚与补偿。

（四）在合作领域上，坚持以开发性金融为突破点，逐步扩大合作范围

金砖国家开发银行的建立，将使金砖国家由一个松散的会晤机制转变成一个实体组织，这对金砖国家未来的合作与发展意义重大。金砖国家可以此为突破口，循序渐进，先易后难，将合作领域与范围逐步扩大。将该开发银行贷款主要集中于基础设施建设和可持续发展项目，逐步扩大至贸易、绿色低碳发展、高科技研发、医疗卫生、减贫减赤等众多领域。

（五）在合作形式上，坚持积极探索，多种途径并行

对中国而言，可供选择的合作形式有：（1）双边合作模式：输出中国的工业园区、经济特区模式，在东道国创造有利于开发性金融合作的小环境。（2）一对多模式：此处的"一"指中国，"多"指东道国所在的多边合作平台。有两种模式可供选择：第一种是加强中国与现有地区开发性金融机构的合作；第二种是由中国推动设立新的区域开发性金融机构。（3）多边模式：以积极姿态参与现有的多边机制并增强影响力。世界银行和亚洲开发银行（ADB）是中国参与多边开发性金融机构中最重要的两个机构。

关键词： 金砖国家　金融合作机制　开发性金融　新开发银行

目　　录

第一章　导论 ………………………………………………（1）

第一节　金砖国家:缘起与演进 ………………………………（1）

第二节　国际金融合作的内涵及其演变……………………（4）

第二章　金砖国家经济合作现状 …………………………（7）

第一节　经济合作机制 …………………………………………（7）

第二节　金砖国家之间的贸易联系 ……………………（11）

第三节　金砖国家之间的直接投资 ……………………（13）

第四节　金砖国家之间的金融合作 ……………………（15）

第五节　金砖国家之间的经济政策合作 ………………（18）

第三章　发达国家对外金融合作的经验与启示 ………（20）

第一节　发达国家注重与区域性组织开展金融合作 …………（20）

第二节　发达国家与主要新兴国家之间的金融合作

日益深化 ………………………………………（29）

第三节　对中国推进金砖国家金融合作的启示 …………（33）

第四章　中国与金砖国家金融合作的基础 ………………（38）

第一节　中国与金砖国家的经济互补性 ………………（38）

第二节　中国与金砖国家的战略协同性 ………………（41）

第三节　中国与金砖国家金融合作的共同利益 …………（45）

第五章　中国与金砖国家金融合作:新机遇与新要求 …………（58）

　　第一节　新时期中国的对外金融战略 …………………………（58）

　　第二节　金砖国家与中国金融业走出去 ………………………（63）

　　第三节　国际货币金融体系改革与金砖国家金融合作 ………（67）

　　第四节　中国与金砖国家金融合作发展前景 …………………（71）

　　第五节　金砖国家的褪色和中国的机遇 ………………………（75）

第六章　中国与金砖国家金融合作机制的现状与问题 …………（78）

　　第一节　中国与金砖国家金融合作机制的现状 ………………（78）

　　第二节　中国与金砖国家金融合作机制的问题 ………………（86）

　　第三节　中国与金砖国家金融合作机制面临的挑战 …………（92）

第七章　开发性金融与金砖国家金融合作 ………………………（99）

　　第一节　金砖国家金融合作前景广阔 …………………………（99）

　　第二节　金砖国家开发金融存在巨大资金需求 ………………（102）

　　第三节　金砖国家与发达经济体的趋势脱钩 …………………（104）

　　第四节　金砖国家开发性金融合作现状与问题 ………………（113）

第八章　金砖国家新开发银行机制建设 …………………………（117）

　　第一节　新开发银行的缘起与进展 ……………………………（117）

　　第二节　各方对新开发银行的态度 ……………………………（121）

　　第三节　新开发银行的战略意义 ………………………………（125）

　　第四节　筹建新开发银行的重点问题 …………………………（132）

第九章　推进中国与金砖国家金融合作的建议 …………………（138）

　　第一节　合作定位:打造全球治理的重要战略平台 …………（139）

　　第二节　合作主体:适度有序开放,主体参与多元化 …………（140）

　　第三节　合作目标:经济增长与可持续发展 …………………（141）

　　第四节　合作策略:抓大放小,把握主导权 …………………（143）

第五节　合作领域:以开发性金融为突破点,逐步扩大
　　　　　合作范围 ……………………………………………（144）

第六节　合作形式:积极探索,多种途径并行 …………（147）

第七节　合作架构:搭建全方位、多层次、宽领域的
　　　　　协作平台 …………………………………………（149）

附录　历届金砖国家领导人会晤宣言 ………………………（151）

参考文献 ………………………………………………………（226）

后记 ……………………………………………………………（232）

第一章　导论

第一节　金砖国家：缘起与演进

2001 年高盛公司经济学家吉姆·奥尼尔（Jim O'Neill）提出"金砖四国"（BRICs）这一概念后，巴西、俄罗斯、印度和中国这四个新兴经济体作为一个群体引起了国际社会的广泛关注。[①] 时隔八年后的 2009 年 6 月，四国领导人在俄罗斯叶卡捷琳堡举行了首次峰会，并确定了每年一次的定期会晤机制，从而使"金砖四国"实现了从一个经济学概念向一个对话与合作平台的实质性转化。在其后不到两年的时间里，金砖四国进行了成立以来的第一次扩员，吸纳非洲第一大经济体南非为正式成员，金砖四国随即变为"金砖国家"（BRICS）。南非的加入，使金砖国家成为一个更加具有代表性的新兴经济体合作机制。从地域构成来看，金砖国家五个成员来自世界五大洲中的亚洲、欧洲、非洲和美洲；从人口规模来看，金砖国家的总人口为发展中国家的 50% 以上；从国土面积来看，金砖国家的总领土面积约为发展中国家的 40%；从经济规模来看，金砖国家按市场汇率计量的名义国内生产总值（GDP）约为发展中国家的 60%。[②] 毫无疑问，金砖国家合作机制的形成与发展，对于加强五国之间的经贸合作与政策协调具有十分重要的意义。但是，国际社会对于金砖国家合作机制的现状与未来，认识和评价不一。一些乐观的分析家认为金砖国家正在打破少数国家长期

[①]　Jim O'Neill, "Building Better Global Economic BRICs", *Global Economics Paper*, No. 66, New York: Goldman Sachs, 2001.

[②]　根据世界银行数据库 2011 年统计数据计算，http://data.worldbank.org.cn。

垄断全球经济事务的不公平局面，反映出国际社会的发展和进步，因而具有强大的生命力；而一些持悲观论调的学者强调五国在政治制度、经济结构和文化传统等领域的差异，认为金砖国家合作只是权宜之计，难以形成一个团结的整体在世界舞台上发挥重要作用。国际社会对金砖国家的关注从另一个侧面反映出金砖国家的重要性。

金砖国家作为一个整体，从一个投资领域的概念发展成为在当今国际舞台上发挥重要作用的新兴经济体多边合作机制经历了一个渐进发展的过程。在机制化进程中，金砖国家之间的合作不断深化，机制建设不断完善，目前已从单一层次的外长会议发展成为以首脑会晤为中心、涵盖不同领域的多层次合作机制。

第一，金砖国家外长会晤机制。2006 年 9 月，在俄罗斯的倡议下，巴西、中国、印度和俄罗斯四国外长在联合国大会期间举行了首次会晤，并确定此后每年依例举行。2008 年 5 月，四国外长在俄罗斯举行首次联合国大会场合之外的会晤，并发表联合公报。2011 年 9 月，扩员后的金砖国家外长首次齐聚纽约，在利比亚冲突、叙利亚冲突、巴以冲突、国际金融体系改革、气候变化、可持续发展、反恐等当今国际社会中的热点和重点问题上交换了看法和意见。金砖国家外长会晤机制的建立，加强了彼此之间的务实合作和国际协调，更为重要的是它酝酿和推动了金砖国家领导人会晤机制的形成。

第二，金砖国家领导人会晤机制。2009 年 6 月，巴西、中国、印度和俄罗斯四国领导人在俄罗斯叶卡捷琳堡举行了首次会晤，讨论了国际形势、G20 领导人峰会、国际金融机构改革、粮食安全、能源安全、气候变化、金砖国家对话合作未来发展方向等问题，并发表《"金砖四国"领导人俄罗斯叶卡捷琳堡会晤联合声明》。金砖四国首次领导人会晤的成功举行标志着金砖国家合作机制的初步形成。2015 年，金砖国家领导人已举办七次会晤，在其中的六次会晤中，五国领导人提出了一系列加强金砖国家合作与协调的具体举措，推动了金砖国家之间的务实合作，并对金砖国家的定位和未来合作进行了规划，不断推动金砖国家这一新的对话与合作机制走向成熟。

第三，多层次协商与交流机制。除了外长会晤机制，金砖国家在领导人会晤机制的总体架构下，还建立了定期举行安全事务高级代表会议、专业部长会晤、协调人会议以及常驻多边机构使节不定期沟通等多层次合作机制。在领导人会晤期间，金砖国家相关部门和团体还举办了企业家论坛、银行联合体、合作社论坛、智库会议、金融论坛、工商论坛和经贸部长会议等多种形式的配套活动，为金砖国家加强各领域的合作与交流搭建了平台。

第四，金砖国家实现第一次扩员。金砖国家合作机制建立后，其巨大的发展潜力受到国际社会尤其是一些新兴国家的广泛关注。2010 年 11 月，在韩国首尔举行的 G20 领导人会议期间，南非正式提出希望加入金砖国家合作机制。2010 年 12 月，巴西、中国、印度和俄罗斯四国一致决定吸收南非作为正式成员加入金砖国家合作机制，金砖国家由此实现了成立以来的第一次扩员。金砖国家的扩大，一方面表明了金砖国家的吸引力和生命力，另一方面表明金砖国家机制化进程既朝着深度也朝着广度的方向发展。[①]

总之，金砖国家合作的机制化进程体现出渐进发展、多层架构和非正式性等特点，合作机制整体松而不散、决策灵活和注重实效。尽管金砖国家合作机制的发展和完善还会受到一些内外因素的影响和干扰，并且这些因素增加了金砖国家之间建立紧密高效的合作机制的难度和复杂性，但目前来看，推动金砖国家合作机制发展的积极因素多于消极因素，金砖国家合作机制化进程将在未来几年内得到进一步发展。金砖国家"开放、团结、互助"的合作原则，"循序渐进、积极务实"的合作方式以及"包容的、非对抗性的"合作态度表现出强大的吸引力和生命力，为未来金砖国家合作机制的成长创造了许多积极因素，必将推动金砖国家机制成为在未来全球治理中发挥更大作用和影响力的新型合作机制。

[①]　Padraig Carmody, "Another BRIC in the Wall? South Africa's Developmental Impact andContradictory Rise in Africa and Beyond", *European Journal of Development Research*, Vol. 24, No. 2, 2012, pp. 223 - 241; Jack A. Smith, "BRIC Becomes BRICS: Changes on the Geopolitical Chessboard", *Foreign Policy Journal*, January 21, 2011, http: //www. foreignpolicyjournal. com/2011/01/21/bric - becomes - brics - changes - on - the - geopolitical - chessboard/.

第二节　国际金融合作的内涵及其演变

所谓国际金融合作，主要是指各国或各地区金融当局通过协调各项金融政策、防范金融风险，挖掘经济潜力以促进各参与国、地区经济稳定增长的一种合作机制。① 但是，在不同的时代背景下，不同类型的经济体对于国际金融合作的内涵具有不同的阐释。

总体来看，第二次世界大战以来的国际金融合作内涵的变迁主要经历了以下三个阶段。

第一阶段：布雷顿森林体系时期，1945 年至 20 世纪 70 年代初。这一阶段的国际金融合作由西方世界主导，其内涵被演绎为布雷顿森林体系，国际货币基金组织（IMF）和世界银行（WB）成为其两大实体支柱。在这一阶段，国际收支平衡，以及战后重建、发展的融资，成为这一时期金融合作的特定内涵。

在此阶段，金融合作主要集中于西方国家的美国、日本、欧洲各国之间。布雷顿森林体系提供了稳定的金融环境、充足的发展资金来源，这为上述工业化国家的战后黄金增长期提供了重要的金融保障。

第二阶段：后布雷顿森林体系时期，20 世纪 70 年代中期至 2008 年次贷危机爆发之前。这一阶段的国际经济格局发生了深刻的变化：其一，发达经济体内部，美国经济实力相对弱化；其二，更重要的是，东亚、非洲、拉美的一些发展中经济体开始走上较高速度增长的时期；其三，随着交通、通信、计算机等现代技术的发展，全球化程度不断提高，金融危机的传染性、破坏性也正在扩大。

在这一时期，国际金融合作的重要进展体现在联合对银行业进行监管。国际清算银行（BIS）的巴塞尔银行业条例和监督委员会的常设委员会——"巴塞尔委员会"于 1988 年 7 月在瑞士的巴塞尔通过了《关于统一国际银行的资本计算和资本标准的协议》。该协议第一次建立了

---

① 汤敏："中国应如何应对亚洲金融合作的机遇与挑战"，在国家信息中心举行的长安论坛上的演讲，北京，2002 年 4 月 4 日。

一套完整的国际通用的、以加权方式衡量表内与表外风险的资本充足率标准，有效地扼制了与债务危机有关的国际风险。之后，随着新问题的不断出现，巴塞尔协议也进行了改进。因此，第二阶段国际金融合作的范围，已经由此前的国际收支平衡、为经济发展提供融资，进一步拓展到了银行业的监管领域。

尽管这一时期金融合作取得了重要进展，但是在全球化不断提升、美国货币政策的溢出效应不断强化的背景下，面对拉美债务危机、东南亚金融危机等多次金融危机，IMF 救援不力，甚至南辕北辙，而世界银行帮助发展中国家削减贫困的效果也不理想。传统国际金融机构的政策效果、合法性地位开始受到置疑和挑战。以曾经在 IMF 任职的斯蒂格利茨等经济学家为代表，包括发展中国家，甚至西方世界中的法国等各种声音，均对旧有的国际金融合作内涵、理念和具体形式进行了批判。

第三阶段：后危机时代，2008 年金融危机至今。2008 年金融危机爆发后，美国、日本、欧洲等发达经济体均面临较为严重的经济、金融困境。国际经济的实力格局已经发生了微妙的变化。新兴经济体集体崛起，其对金融合作的新诉求明显更为有力，而与此同时发达经济体的理念也开始发生了松动和改变。

经过近 5 年的改革和调整，主要发达经济体中，只有美国经济表现尚可。日本经济已经祭出激进的"安倍经济学"，这实为无奈之举，前途充满未知。曾任奥巴马经济顾问委会主席的克里斯蒂娜·罗默（Christina Romer）就坦言："我并不清楚日本的实验会否奏效，但是从他们大胆尝试中，我们将会学到很多东西。"欧债危机最困难的时期虽然已经过去，金融市场基本稳定，但是实体经济方面，至今仍然徘徊于衰退和复苏的中间状态，好消息和坏消息不时参半而出。与此同时，以中国为代表的新兴经济体仍然维持了相对较高的经济增速。

中国社会科学院世界经济与政治研究所发布的《中国外部经济环境监测报告》数据显示，从主要经济体的增长来看，2010 年至 2012 年 6 月，中国对全球经济增长的贡献率为 42%，巴西、俄罗斯、印度、墨西哥、韩国对全球经济增长的贡献率则为 29%，两者贡献率为 71%；

而欧盟、美国、日本、加拿大、澳大利亚这些发达经济体对全球经济增长的贡献率仅为29%。

以此为背景,新兴经济体开始积极地提出国际金融合作的新设想,并努力推进实施,其中以金砖国家的金融合作最为引人注目。金砖国家所提供的合作平台及其倡导的新型合作理念,不仅符合中国包容性增长的目标,而且为推动旧有的国际金融秩序进行改革、实现新兴经济体进一步集体崛起提供了有力支持。

发达经济体方面,西方智库也开始基于新的国际经济格局进行反思。欧洲政策中心欧洲部的主任罗萨·巴尔弗(Rosa Balfour)研究员就认为,欧洲的相对衰弱使得原有国际金融合作中的"有效多边主义"的价值观基础不复存在。欧盟应该通过自我批评,为欧洲的全球角色找到一个新的目标和形象,并使自己的目标和定位符合欧洲目前真实的实力基础。具体来说,欧盟可以在一些国际机构的份额中有所让步,但在行动和目标上应当更为积极地引导、劝说其他国家(主要是新兴经济体)改进全球治理,加强多边管理,建立更好的全球公共产品管理体系,并进行分享。

发达经济体和新兴经济体的总体实力对比发生了改变,西方世界的理念正在经历着潜移默化的、适应性的调整,但是,旧有的国际金融合作框架仍然没有发生明显改变。IMF、世界银行经过数次增资之后,新兴经济体的发言权有所提升,但旧有合作的制度非中性仍然非常明显。新兴经济体的发言权、影响力仍然有限。在此背景下,以金砖国家为代表的新兴经济体开始积极合作,通过新兴经济体内部的金融合作来提高影响力,构建更为和谐的金融合作秩序。目前,中国与金砖国家金融合作机制主要涉及以下领域:货币互换、本币结算与贷款业务、开发性金融、危机救助、资本市场业务、国际货币金融体系改革。

第二章 金砖国家经济合作现状

金砖国家都是发展势头良好、引领经济增长的地区大国，也是世界上最重要、最具潜力的新兴大国。长期以来，彼此之间保持着良好的友好合作关系。全球金融危机后，金砖国家更加注重开展不同层次的对话与合作，注重在各种合作机制中的协调，共同构筑机制化合作网络。

第一节 经济合作机制

一 经济合作的制度框架

当前，金砖国家之间的经济合作与协调的主要平台是金砖国家合作机制。除此之外，金砖国家还通过在现有的国际经济组织框架内实现优势互补和争取共同利益，同时通过签订区域、跨区域以及双边贸易协定来加强彼此之间的经贸联系（见表2-1）。尽管目前金砖国家还没有建立高度机制化的、排他性的国际经济合作组织，但在现有的制度框架下，金砖国家之间的经济合作取得了长足进步。

表2-1 金砖国家经济合作机制

	IMF	WB	UNCTAD	WTO	APEC	G20	BRICS	IBSA
巴西	√	√	√	√		√	√	√
中国	√	√	√	√	√	√	√	
印度	√	√	√	√		√	√	√
俄罗斯	√	√	√	√	√	√	√	
南非	√	√	√	√		√	√	√

资料来源：根据各机构网站资料整理。

其一，金砖国家和印度、巴西、南非（IBSA）对话论坛框架下的合作。从 2006 年"金砖四国"首次外长会晤算起，"金砖国家"合作已有五年的发展历程。尤其是 2009 年 6 月金砖国家领导人首次峰会的召开，使金砖国家合作提升到更高的层次。目前，金砖国家已初步形成了以领导人会晤为主渠道，以安全事务高级代表、外长、常驻多边组织使节会议为辅助，以智库、工商、银行等各领域合作为支撑的多层次合作架构。金砖国家合作机制不仅是五国经济合作的主要平台，也是实现南北对话与合作的桥梁。2011 年 4 月，在金砖国家峰会上，五国领导人针对世界经济金融形势、国际金融机构改革、粮食安全、能源安全、气候变化、发展援助等一系列有关全球治理的重大问题进行广泛对话，在国际金融和发展等领域的重大问题上达成了共识，并宣布通过《三亚宣言》，受到世界的瞩目，彰显了金砖国家在世界政治经济事务中的影响力。《三亚宣言》对金砖国家未来的合作进行了规划，开启了金砖国家未来合作的新旅程。2013 年 3 月，在第五次金砖国家峰会上，五国同意建立新的开发银行，并建立一个初始规模为 1000 亿美元的应急储备安排。在金砖国家内部，还存在一个由印度、巴西和南非三国于 2003 年成立的 IBSA 对话论坛。自创立之日起，IBSA 对话论坛在协调三国共同利益和政策立场上发挥了重要作用。2011 年 10 月，印度、巴西和南非召开 IBSA 对话论坛第五次峰会，三国在全球治理体系改革、欧债危机、金融监管改革、资本流动管理以及国际储备货币等问题上表达了共同立场，还在联合国千年发展目标、WTO 多哈回合谈判、气候变化、粮食安全、反恐、非洲新伙伴计划等问题上交流了意见，并于会后发表《茨瓦尼宣言》，进一步提升三国的合作关系。

其二，全球和地区经济合作组织框架内的合作。首先，在 IMF、世界银行、联合国贸发会议和 WTO 这些传统多边经济组织中，金砖国家通过相互合作与支持，不断提升在国际经济事务中的影响力和话语权。其次，在新兴全球多边合作机制中，金砖国家之间的合作更为密切。这主要以二十国集团（G20）为代表。在 G20 框架下，金砖国家积极推进彼此之间、新兴经济体之间以及与发达经济体之间的政策协调与经济合作。在 2011 年 11 月举行的 G20 戛纳峰会上，金砖国家领导人就加强金砖国家合作进行讨论，并就当前世界经济形势和欧洲债务问题交换看法，一致同意保持密切沟通和协调，共同推动峰会取得积极成果。G20 不仅成为金砖国家加强彼此合作的重要平台，也为金砖国家共同参与全球经济治理提供了新的依托。此外，在亚太经济合作组织（APEC）、经济合作与发展组织（OECD）等包括部分新兴经济体的区域和跨区域组织中，金砖国家亦在许多共同关切的全球问题和涉及共同利益的地区问题上开展多种形式的国际协调与合作。

其三，多边和双边经济与贸易协定框架下的合作。除了加入多边合作组织外，金砖国家加强经济合作的一个重要途径是通过签订多边经济与贸易协定加强彼此之间的经济与贸易联系。在亚太地区，有亚太贸易协定（APTA）和东盟—印度、东盟—中国、东盟—韩国自贸区；在拉美有拉美一体化协会（LAIA）和南方共同市场（MERCOSUR）。这些协定的签订，将同一地区的新兴经济体紧密联系起来，共同促进地区经济与贸易的发展。此外，还有促进发展中国家贸易的发展中国家间全球贸易优惠制度（GSTP）和发展中国家间贸易谈判议定书（PTN）等局部自由贸易协定。协定中的地区安排为处在不同地区的金砖国家提供了多边经贸合作的制度依托。近年来，金砖国家经济合作发展的另一个重要表现是双边经济与贸易联系日益紧密，并就建立双边自贸区展开研究。目前，中国—印度、中国—南非以及印度—俄罗斯等已提议签订双边自贸协定，并对其可行性展开深入探讨。

二　经济合作机制的发展特征

在全球经济进入金融危机后的复苏阶段，金砖国家经济反弹力度甚为显著，经济表现令世界瞩目。至 2010 年中期，金砖国家宏观经济基本上已恢复到金融危机前的水平。究其原因，除了金砖国家普遍采取较为稳健的发展策略、夯实了经济基础之外，注重经济协调与合作也是迅速摆脱经济危机的重要因素。在这场危机中，金砖国家通过各种合作机制表达了自身的利益诉求和共同的发展目标。但是，要确保金砖国家之间经济合作的有效性、稳定性和长期性，还得依靠机制建设与创新。在这种背景下，金砖国家新型经济合作机制发展很快，效果也非常明显。总体上看，金砖国家经济合作机制呈现多层次性、开放性、松散性和渐进性等特征。

一是多层次性。从金砖国家经济合作机制覆盖的地理范围来看，主要分为三个层次：首先，全球性经济协调机制。它包括联合国、IMF、世界银行、WTO 等传统全球经济、金融、货币、贸易与政治磋商机制以及 G20 等新的经济合作平台。其次，金砖国家之间的对话与合作机制。它包括五国共同推进的 BRICS 机制以及印度、巴西和南非三国建立的 IBSA 对话论坛。这类机制的建立和发展加强了金砖国家之间的内向联系，并且合作领域与目标更具有针对性。最后，金砖国家之间多种形式的双边合作机制。

二是开放性。金砖国家作为世界经济中一个新崛起的群体，其经济发展与社会进步都与外部世界紧密相连，对外经贸合作面向世界各国。从现有的金砖国家经济合作机制来看，金砖国家不仅不排斥，而且十分注重与发达国家以及其他发展中国家之间的合作，并不谋求在金砖国家之间建立类似欧盟和北美自由贸易协定那样的关税同盟或自由贸易区，充分体现了开放性原则。正因如此，金砖国家之间的经济合作议题更多的是在包括外部国家的合作框架内进行讨论和议定的，其目标也不仅仅依据狭隘的自身利益，而是为了促进整个世界经济持续均衡增长和贸易自由化。

三是松散性。在现阶段，金砖国家经济合作机制表现出松散性和非正式性特征。首先，金砖国家之间没有建立一个统一的政府间经济合作组织，只是依托那些包括金砖国家的现有机制进行经济磋商和协调。其次，除了传统国际经济合作机制外，现有的金砖国家多边经济合作机制都只是协商性的合作组织，不具有约束性和强制性。例如，金砖国家与发达国家建立的 G20 机制以及五国内部的 BRICS 机制和 IBSA 对话论坛，都只是为解决实际问题而进行讨论和协商的非正式对话机制。

四是渐进性。目前，金砖国家在发展阶段、经济模式、利益诉求和对外战略等方面还存在一定的差异，难以在金砖国家内部一蹴而就地建立一个高度机制化的合作与协调机制。近年来，金砖国家内部经济合作机制发展很快，合作领域不断扩大，合作程度不断加深，呈现渐进式深入发展的良好态势。以 BRICS 机制为例，2008 年它仅是一个外长级会议，时隔一年就建立了首脑会晤机制，其后于 2010 年 12 月进行了第一次扩大，南非作为正式成员加入该合作机制，金砖四国也随之更名为"金砖国家"。金砖国家合作机制的发展深刻体现了新兴经济体合作机制渐进性发展的特点。

第二节　金砖国家之间的贸易联系

全球化在实现世界发展平衡化和全球资源有效配置方面起着十分重要的作用，而贸易全球化则是经济全球化最明显、最直接的反映。金融危机后，一些发达国家采取了各种形式的非传统贸易保护主义措施来保护其国内贸易，阻碍了全球经济的全面复苏和全球资源的高效利用。对于金砖国家来说，反对贸易保护主义，维护国际多边自由贸易体制应该是其共同的目标，也是其共同利益之所在，加强国际贸易联系无疑是推进彼此经济合作的主要内容。

近年来，金砖国家之间的经贸关系总体上呈现出不断发展的态势。一方面，在全球共同应对金融危机的新形势下，金砖国家都高度重视彼此之间经贸发展的深度与广度，加强了高层战略对话及部门间的交流联系，增进了相互之间的理解与信任。另一方面，金砖国家经济的迅速复苏和稳定增长为经贸发展创造了宽松的外部环境。

回顾目前金砖国家之间的贸易发展状况，主要呈现以下几个特点。

一是金砖国家之间贸易缓慢回升，且个别国家增幅高于全球进出口贸易增幅。受金融危机影响，2009 年金砖国家之间的贸易需求大幅放缓，内部进出口贸易出现大幅下滑，但金砖国家内部贸易下降形势要好于金砖国家与外部贸易。2012 年，金砖国家间贸易有所回升，其中中国与金砖国家的货物进出口贸易额突破 3000 亿美元。从货物贸易来看，在出口方面，除中国、俄罗斯和南非外，巴西和印度对金砖国家内部进口增幅均高于其对全球出口增幅，分别高出 2.14 个和 2.87 个百分点；在进口方面，除印度和俄罗斯外，中国、巴西和南非对金砖国家内部出口增速均高于其向全球进口增幅，分别高出 3.56 个、1.89 个和 3.28 个百分点。

二是危机影响犹存，金砖国家相互贸易的依存关系有所弱化。从双边货物贸易情况来看，2012 年金砖国家内部进出口贸易额占金砖国家对外贸易总额的比例为 10.23%，比上年下降 0.17 个百分点。除了巴西在金砖国家内部的货物贸易占各国对外贸易的比例较上年提高 0.39 个百分点外，中国的变化几乎为零，而印度、俄罗斯和南非则分别下降 0.34 个、0.32 个和 0.02 个百分点。这表明受危机影响金砖国家内部贸易联系有所减弱。尽管如此，中国在其他四国对外贸易中一直占据非常重要的地位。在金砖国家内部，中国是其他四国的最大贸易伙伴（见表 2-2）。

表 2-2　　　　　　　　2012 年金砖国家之间贸易关系排名

排名	巴西	中国	印度	俄罗斯	南非
1	中国	俄罗斯	中国	中国	中国
2	印度	巴西	南非	印度	印度
3	俄罗斯	印度	巴西	巴西	巴西
4	南非	南非	俄罗斯	南非	俄罗斯

注：服务贸易除外。

资料来源：United Nations Comtrade Database.

三是对外贸易结构差异较大。在双边贸易中，相比较而言，资源丰富和技术先进的国家更容易占据优势地位。例如，在中印贸易中，印度对华出口的低价值初级产品占据了绝对优势，对铁矿石的依赖尤其严重。近年来，矿石、矿渣和矿粉一直占印度对中国出口总额的 50% 左右。而中国对印度出口则以电子设备和其他机械设备等附加值较高的制成品为主。这种情况使得印度在处理对华贸易时表现出忧虑情绪，从而为双边关系增加消极色彩。

四是金砖国家内部的贸易保护主义。金融危机后，金砖国家在国际贸易体系中的竞争力迅速提升，这进一步推进了贸易自由化进程，使其更加符合金砖国家的共同利益。但由于各国在经济复苏中的表现不同，贸易保护主义赖以存在的环境没有消失。同时中国与印度、中国与俄罗斯的贸易平衡也影响了双边贸易关系的正常发展（见表 2 - 3）。在经济衰退的背景下，为了本国利益的最大化，贸易保护主义在金砖国家的部分国家出现抬头迹象，甚至出现愈演愈烈的趋势，使得部分国家之间的贸易争端日益增多，严重影响了双边贸易水平和联系。

表 2 - 3　　　　　　2012 年金砖国家之间的货物贸易差额　　　　单位：亿美元

贸易对象	巴西	中国	印度	俄罗斯	南非
巴西	—	- 188.7	7.7	- 10.6	- 8.8
中国	69.8	—	- 394.1	- 152.2	- 45
印度	5.4	288.8	—	21.9	- 9.3
俄罗斯	3.5	- 0.8	- 24.6	—	2.1
南非	9.2	- 293.3	- 30.6	- 1.5	—

资料来源：United Nations Comtrade Database.

总之，从现阶段来看，发展和加强金砖国家之间的贸易关系是各国实现经济复苏、保持经济持续稳定增长的需要；从长远来看，随着金砖国家的进一步崛起，金砖国家内部贸易在各自的经济发展战略中的地位毫无疑问将会得到不断提升。

第三节　金砖国家之间的直接投资

随着经济全球化的深入发展，全球生产网络和国际分工不断向纵深拓展，国际投资自由化不断向前推进，国际资本流动规模随之迅速增加。与此同时，日益完善的国际多边投资协调机制为各国对外直接投资创造了良好的国际环境。在这种背景下，随着国际竞争力的增强，金砖国家加快了各国企业国际直接投资的发展。

国际金融危机爆发后，全球外商直接投资（FDI）的流量出现一定程度的回落，但以巴西、中国和印度为代表的金砖国家于 2009 年 FDI 净流入基本恢复至金融危机前的水平。从总体上看，金融危机的影响持续存在，2012 年金砖国家 FDI 净流入同比下降较大，其中只有巴西保持小幅增长，仅为 0.59%（见表 2 - 4）。

表 2 - 4　　　　　　　　**金砖国家的 FDI 流量**　　　　　　　　单位：亿美元

	流入量		流出量		净流入	
	2011	2012	2011	2012	2011	2012
巴西	666.6	652.7	- 10.3	- 28.2	676.9	680.9
中国	1239.9	1210.8	746.5	842.2	493.4	368.6
印度	361.9	255.4	124.6	85.8	237.3	169.6
俄罗斯	550.8	514.6	668.5	510.6	- 117.7	4.0
南非	60.0	45.7	- 2.6	43.7	62.6	2.0

资料来源：UNCTAD.

尽管金融危机后全球直接投资总体增长乏力，但部分国家之间仍然表现良好势头。以金砖国家中其他各国与印度直接投资关系为例，2000 年至 2012 年，金砖国家其他国家对印度直接投资额总体呈上升趋势。从双边直接投资关系来看，中国、南非在 2012 年对印度直接投资额度仍保持较大规模（见表 2 - 5）。

表 2 - 5　　　　　**金砖国家其他各国对印度直接投资（流量）**　　　　单位：百万卢比

年份	2000	2001	2002	2003	2004	2005	2006	2007	2008	2009	2010	2011	2012
巴西	0	0.1	0.57	0	1.12	1.43	7.32	34.16	24.09	41.44	88.6	465.23	312.4
中国	0.95	0	0.1	3.03	21.13	81.48	32.25	10.15	345.25	2003.2	47.11	2390.8	7314
俄罗斯	1758.8	1429.2	2.22	1.7	12.32	3.64	1188.3	43.18	14871	290.79	4463.4	11.42	47.83
南非	0.44	0	81.66	117.4	209.39	972.97	1653	54.68	312.77	1368.1	289.55	87.09	452.1

资料来源：CEIC.

尽管 2009 年受金融危机影响，FDI 流量总体减少，但中国与部分金砖国家之间仍然保持良好的发展态势。从表 2 - 6 可以看出，2009—

2011 年中国对印度直接投资基本上呈现逐年增长态势，并且中国对俄罗斯直接投资一直保持较高水平。在对华直接投资方面，巴西、印度和俄罗斯与中国的投资关系也变得日益重要。

表 2 - 6　　　　　　中国与金砖国家其他各国的 FDI 流量　　　　单位：百万美元

	流出			流入		
	2009	2010	2011	2009	2010	2011
巴西	116.27	487.46	126.4	52.48	57.25	43.04
印度	- 24.88	47.61	180.08	55.2	49.31	42.17
俄罗斯	2220.4	2787.6	3763.6	31.77	34.97	31.02
南非	41.59	411.17	- 14.17	—	—	—

资料来源：CEIC.

总体而言，金砖国家之间的投资还处于较低的水平，投资合作还有待提升。这一方面取决于金砖国家经济的持续发展和贸易结构的进一步改善；另一方面也取决于促进相互投资和经济技术合作的战略意识，从而为企业和金融机构扩大投资和融资合作创造良好的投资环境。

第四节　金砖国家之间的金融合作

随着金砖国家经济实力的不断增强，金融实力得到大幅提升，在国际金融领域应当拥有更大话语权。但是，国际货币体系在短期内很难发生重大调整，那些在国际金融体系中长期处于主导的发达国家也不会轻易做出让步。因而要完善现行国际货币框架、加快国际货币体系改革进程，亟须在国际体系中处于弱势地位的新兴经济体进行实质而且有效的合作。

全球金融危机的爆发，暴露出现行国际货币金融体系的诸多弊端，改革国际货币金融体系和防范国际金融风险成为世界各国的共同诉求。在此背景下，金砖国家加强多种形式的金融合作具有特殊的现实意义。

首先，金砖国家之间的金融合作有利于金砖国家开展对外贸易活动和深化彼此经贸关系。在当前世界经济增速普遍放缓、国际贸易和投资出现大幅下滑的情况下，金砖国家加强各国银行间的合作，提高银行跨境服务能力，为企业跨境经营活动提供便利，从而实现多种金融需求，对于各自经贸发展具有重要的促进作用。通过货币互换使汇率和利率固定下来，可以降低筹资成本，有利于避免利率与汇率风险，促进双边与多边贸易发展。同时，货币互换与本币结算能够降低交易价格的不确定性，增加支付与结算的便利性，有助于企业管理自身的资产负债表。

其次，金砖国家之间的金融合作有利于提高金砖国家国内的货币安全性和金融稳定性。在金融危机后全球经济出现下行时，金砖国家中部分国家货币一度出现大幅度的贬值，这降低了国内金融市场运行和对外经贸交往的稳定性。如果相互之间建立了货币互换等合作机制，无疑有助于稳定市场信心，提供流动性支持，从而稳定国内金融市场和促进实体经济的恢复与发展。另外，金砖国家还可以建立互助基金机制，即在经济危机时对金砖国家经济与货币遭受严重冲击的国家通过发放贷款等形式实施救济。

最后，金砖国家之间的金融合作有利于促进国际金融市场稳定，为改革不合理的国际货币金融体系奠定基础。货币互换与本币结算有利于金砖国家实现储备货币的多元化和本国货币的区域化，从而有效防范美元作为单极国际货币带来的风险。2010年，由于美元泛滥导致部分金砖国家通货膨胀率上升，本币升值压力加大，也给国际金融市场带来一些不确定因素。在此背景下，发展双边贸易的本币结算有利于缓解单极货币带来的通货膨胀和本币升值压力，同时结算货币的多元化也有利于国际金融市场的稳定。此外，加强金砖国家之间的金融合作可以提高新兴经济体的货币与金融机构在国际货币金融体系中的地位和作用，从而为改革不合理的国际货币金融体系奠定坚实的基础。

中国人民银行还在与其他有类似需求的央行就签署双边货币互换协议进行磋商，例如中国与俄罗斯已开始讨论建立卢布和人民币兑换业务平台问题。

在国际结算方面，随着金砖国家双边贸易联系的不断加强，部分金砖国家之间通过双边磋商推动了双边贸易相互结算向本币结算的转换进程。例如，中国与俄罗斯两国为推动两国贸易相互结算向本币结算转换，逐步推进人民币和卢布的区域化进程，2010 年 4 月两国央行开始就卢布和人民币结算业务进行磋商，讨论建立卢布和人民币兑换业务平台问题，并于 2010 年 11 月决定用本国货币实现双边贸易结算。又如，巴西与中国央行于 2009 年 6 月就建立双边贸易本币结算系统达成原则共识，提出两国进出口商将放弃美元而使用各自本币结算，并开始对具体问题展开进一步的研究。此外，各国银行间的合作也得到了加强和拓展。近年来，中国银行在巴西、俄罗斯和南非设立了 10 家分支机构，开展的业务包括国际结算、贸易融资、黄金业务、资金业务、代理清算、边贸业务等，直接推动了所在国金融业的发展。2010 年 10 月，南非标准银行（Standard Bank）宣布其客户可在南非开设人民币账户，用于在指定的省市与中国企业进行进出口贸易时用人民币进行结算。

目前，金砖国家在金融领域开展了一系列卓有成效的合作。这主要体现在以下六个方面：一是货币互换。2013 年 3 月在南非德班举行的第五次峰会上，中国人民银行与巴西中央银行签署了中巴双边本币互换协议，互换规模为 1900 亿元人民币/600 亿巴西雷亚尔，有效期 3 年，经双方同意可以展期。这是中国央行与金砖国家间签署的首个货币互换协议。二是贸易本币结算。2009 年 6 月，中国与巴西在建立双边贸易本币结算系统上达成原则共识。2010 年 11 月，中国与俄罗斯达成双边贸易用本国货币结算的协议。三是银行合作。在 2013 年 3 月的德班峰会上，金砖国家进出口银行和开发银行达成《可持续发展合作和联合融资多边协议》，同时，为满足非洲大陆经济快速增长及其导致的基础设施资金方面的巨大需求，五国还达成《非洲基础设施联合融资多边协议》。中国央行还与南非储备银行签署了《中国人民银行代理南非储备银行投资中国银行间债券市场的代理投资协议》等。这些协议以多边促进双边的方式推动金砖国家境内以各国官方货币进行商品、服务与投资活动，必将有力推动各国经贸往来、扩大投融资规模和促进国民经济的快速发展。四是信贷融资。2009 年 2 月，中国分别与巴西、俄罗斯签署了 100 亿美元、250 亿美元的石油换贷款协议。2009年，巴西航空公司与中国国家开发银行下属的国银金融租赁有限公司签订了合作备忘录，涉及包括飞机融资及租赁在内的为期 3 年、总额 22 亿美元的合作。金砖国家的金融合作，有利于促进国际储备货币多元化和国际金融市场稳定，为国际货币金融体系改革奠定基础。五是开发性金融合作。2014 年 7 月，金砖国家宣布签署成立金砖国家开发银行协议，为金砖国家以及其他新兴市场和发展中国家的基础设施建设、可持续发展项目筹措资金。该银行将本着稳健的银行业经营原则，深化金砖国家间合作，作为全球发展领域的多边和区域性金融机构的补充，为实现强劲、可持续和平衡增长的共同目标作出贡献。六是危机救助。2014 年 7 月，金砖国家宣布签署建立初始资金规模为 1000 亿美元的应急储备安排协议。该机制旨在通过货币互换提供流动性以应对实际及潜在的短期收支失衡压力，将帮助成员国应对短期流动性压力，有助于促进金砖国家进一步合作，加强全球金融安全网，并对现有的国际机制形成补充。

虽然目前金砖国家金融合作仍处于初级阶段，金融市场的开放与创新还没有达到应有的水平，但金砖国家都处在金融快速发展的阶段，互补合作潜力巨大，前景广阔。一方面，全球经济金融危机的冲击为金砖国家推进金融合作提供了难得的历史机遇，危机后的恢复时期验证了金砖国家之间开展金融合作的重要性。另一方面，金砖国家经贸投资的发展为金融合作奠定了基础，日益扩大的经贸与投资关系要求金砖国家之间建立更加密切的金融合作关系。我们有理由相信，在外部机遇和内部条件的共同作用下，金砖国家之间的金融合作必将在不久的将来迈上一个新台阶。

第五节　金砖国家之间的经济政策合作

当前，一些主要发达国家特别是关键储备货币发行国，在主权债务风险持续上升的情况下，不负责任地实施量化宽松及赤字货币化政策，导致全球流动性泛滥，并试图将全球金融危机造成的损失转嫁给发展中新兴经济体。金砖国家良好的经济增长前景和健康的财政经济状况，导致发达国家低成本的投机性资本对金砖国家的高收益资产的需求迅速上升。大量国际资本的流入加大了金砖国家货币的升值压力，而其货币升值进一步鼓励美元套利交易和短期资本流入，加剧了金砖国家的通货膨胀和资产泡沫风险。同时，金砖国家持有巨额外汇储备资产，储备货币发行国政府债务不可持续性和赤字货币化政策，势必导致其外汇储备资产价值大幅缩水。显然，在加强全球主要经济体宏观经济政策协调、敦促储备货币发行国采取负责任的货币政策和强化短期资本流动监管方面，金砖国家有着共同的利益。

目前，金砖国家已合力推动 IMF 制定了跨境资本流动的监管规则，强化了对短期国际资本流动的监督。正是在这一国际宏观经济背景下，金砖国家之间加强了宏观经济政策之间的协调。金砖国家之间的财政部长和央行行长会议是金砖国家开展宏观经济政策协调与合作的一个重要机制。在 2011 年 9 月 23 日的财政部长央行行长会议上，金砖国家一致呼吁发达国家采取负责任的宏观经济政策，避免全球流动性泛滥，并推进结构改革，以提高增长水平、扩大就业和减少失衡。而且，金砖国家声称，将在必要时根据各自国情通过 IMF 或其他国际金融机构提供支持，以应对当前维护全球金融稳定的挑战。同时，金砖国家还要求国际基金组织应加快落实份额改革计划，呼吁 IMF 监督框架更加广泛和平衡。

在这次会议上，中国建议进一步加强各成员间的宏观经济政策交流，深化贸易、投资和金融合作，及时把握危机传导的方式、范围和影响，提高应对外来冲击和抵御风险的能力。金砖国家应有效利用二十国集团等机制加强与主要经济体之间的政策协调，敦促主要发达国家保持金融稳定与经济复苏态势，处理好短期内经济增长与中期财政整顿的关系，妥善解决主权债务问题，减少政策的负面溢出效应，将国际金融资源向低收入发展中国家做更多倾斜，为发展中国家经济发展创造有利的外部环境。

第三章　发达国家对外金融合作的
经验与启示

在经济全球化的今天，金融合作已经成为各国谋求经济发展、共同应对危机的必然选择。本章首先对发达国家与区域性组织间的金融合作、发达国家与主要新兴国家间的金融合作进行论述、分析，继而探讨对推进中国与金砖国家间金融合作的启示。

第一节　发达国家注重与区域性组织开展金融合作

一　日本与东盟开展多层次金融合作

1967年8月8日，菲律宾、新加坡、印度尼西亚、泰国和马来西亚五国外长在曼谷发表了《东南亚国家联盟宣言》，宣告东盟正式成立。《日本经济新闻》8月8日报道了东盟的成立，翌日刊登了东盟成立宣言。但是，日本对初期的东盟持消极态度，直到1977年8月东盟创立10周年之际，日本时任首相福田赳夫在菲律宾首都马尼拉发表了被称为"福田主义"的演说。该演说中首次以日本官方的身份公开提出要与东盟进行积极合作，是日本重视与东盟组织发展关系的开始，标志着日本对东盟外交政策的正式形成。此后，日本与东盟在贸易与投资、能源、旅游等领域的合作都取得了显著成果，尤其在金融领域展开了包括政策协调与危机救助、经济援助、日元国际化与亚元区在内的多层次合作。

（一）日本对东盟展开政策协调与危机救助

日本与东盟的金融合作是东亚合作（东盟与中日韩"10＋3"合

作）的重要组成部分，其大背景是东亚区域经济一体化。日本最初的构想是通过合作确立其在东亚区域经济一体化进程中的主导地位。

1997 年 7 月，东亚金融危机爆发，发生危机的国家（地区）相继出现了货币贬值、金融机构倒闭、股市暴跌等现象。为了应对东亚金融危机，1997 年 9 月，日本政府提出建立亚洲货币基金（AMF）的设想，倡议组成一个由日本、中国、韩国和东盟国家参加的组织，筹集 1000 亿美元资金，为遭受危机的国家提供援助。不过，有关 AMF 的构想很快就因美国和 IMF 的反对而搁浅。1998 年 10 月，日本又提出了"新宫泽构想"，倡议建立总额为 300 亿美元的亚洲基金，其中 150 亿美元用于满足遭受危机的国家的中长期资金需求，150 亿美元用于满足这些国家的短期资金需求。"新宫泽构想"不仅受到了遭受危机的国家的欢迎，也获得了美国和 IMF 的支持。到 2000 年 2 月 2 日，按照"新宫泽构想"为印度尼西亚、韩国、马来西亚和菲律宾提供了 210 亿美元资金，其中 135 亿美元为中长期贷款，75 亿美元为短期贷款。"新宫泽构想"还为马来西亚、菲律宾和泰国提供了 22.6 亿美元的贷款担保。

与此同时，东盟国家也开始积极主动地参与到东亚合作的潮流之中。1999 年 10 月 18 日，时任马来西亚总理的马哈蒂尔在"东亚经济峰会"上提出建立"东亚货币基金"的倡议，主张从东亚开始进行多边协议，然后逐渐扩大到其他亚洲国家或地区。1999 年 11 月，东盟"10＋3"峰会在马尼拉通过了《东亚合作的共同声明》，同意加强金融、货币和财政政策的对话、协调和合作。根据这一精神，东盟"10＋3"的财政部长在泰国清迈达成了《清迈协议》。该协议中涉及金融合作的内容包括：充分利用东盟"10＋3"的组织框架，加强有关资本流动的数据及信息的交换；扩大东盟的货币互换协议；在东盟与其他三国（中国、日本和韩国）之间构筑两国间的货币互换交易网和债券交易网等。2000 年 8 月，东亚 13 国中央银行将多边货币互换计划的规模从 2 亿美元扩展到 10 亿美元。在 2000 年和 2001 年举行的东盟"10＋3"及"10＋1"会议上，各国又进一步落实了《清迈协议》的内容，扩展了东盟互换协议与双边互换网络和回购协议。

（二）日本在东盟地区的主要角色是经济援助

第二次世界大战以来，日本在东盟地区始终扮演着经济援助的角色，也就是日本学者所说的"经济合作"。这些经济援助是为了确保海外资源供应的稳定，为海外投资和出口振兴提供延期付款和出口信贷等金融支持。

战后时代，日本对东南亚国家的援助就占其双边官方发展援助（ODA）的45%以上，这些援助主要是有束缚性的日元贷款，也就是说受援国要用贷款所得资金购买日本企业的物品和服务，这样经济援助就变成了政府向企业发放的出口订单，起到了出口补贴或出口信贷的作用。20世纪80年代，已达到"中等收入"水平的东盟仍然获得35%—40%的日本双边ODA，这些资金很大一部分被投入能源领域，以保证东盟对日本的能源供应，实现了"资金回流"。在90年代的东亚金融危机中，日本是对东盟国家提供经济援助最多的国家，除通过IMF、亚洲开发银行（ADB）提供巨额援助外，还提供直接援助。其中，最大的一项是300亿美元的官方援助。2006年3月，时任日本外相的麻生太郎同时任马来西亚驻日大使的马尔兹齐签署了《日本—东盟统合基金协议》，日本出资75亿日元（约合6250万美元）。2007年3月，日本与东盟签署了向东亚青年交流基金和东盟与日本全面经济合作伙伴基金各提供1.96亿美元和5200万美元的援助协议。2009年10月，日本表示，从2009年起向旨在发展东盟成员国信息通信技术的基金会提供10万美元资金。2011年11月，在印度尼西亚的巴厘岛召开的日本和东盟10国首脑会议上，日本首相野田佳彦表示，为了加快东盟经济共同体的连接，日本给东盟提供2万亿日元（约合250亿美元）的基建援助项目，这2万亿日元出自ODA及民间投资。

在与东亚的中国、韩国等国外交没有明显改善的情况下，日本运用资金支持的方式，与东盟保持着紧密的联系，使东盟成为其维护在亚洲的政治地位的有力支持者。

（三）日本设想日元国际化与建立亚元区

1978年12月，日本大藏省提出了"正视日元国际化，使日元和西德马克一起发挥国际通货部分补充机能"的方针。1985年，日本外汇审议局发表了《关于日元的国际化》等一系列官方文件或协议，正式推进日元的国际化进程，以挑战美元霸权。20 世纪七八十年代日本对东盟各国的大规模投资和经济援助，是日元国际化的有力实践。20 世纪 90 年代，东亚金融危机爆发，日本经济步入低谷，日元国际化进入停滞阶段。但以伊藤隆敏为代表的一些日本学者却认为这是"日元国际化最后的好机会"①。

随后，日本开始主推亚元区的形成。关于建立亚元区（东亚元区）的设想最早是由马来西亚总理马哈蒂尔在 1997 年东盟国家首脑会议上提出的，这一设想来源于东南亚各国尤其是东盟成员国从东南亚金融危机中得到的直接教训。2005 年后日本投入了全部的热情促进亚元形成，先是提议中、日、韩三国联合币制，后又由亚洲开发银行行长的特别顾问河合正弘推出一个由一篮子亚洲货币组成的概念性的货币单位，货币"篮子"包括东盟 10 国和中国、日本及韩国。

日本积极推动亚洲货币一体化进程的一个重要原因是，由于日本和东亚经济联系的不断加强，形成了这一地区一荣俱荣、一损俱损的关系，东亚货币金融秩序的稳定是日本巨大的经济利益所在。诺贝尔经济学家罗伯特·蒙代尔在 2000 年泰国清迈召开的会议上就曾说，随着区域经济合作的深入发展，世界很可能出现一个以欧元区、美元区和亚洲货币区为中心的金融稳定性三岛。而日元国际化为这个稳定性三岛做出前期准备和试验。目前，欧元区和美元区的发展正热火朝天，而亚洲的货币合作却仍未付诸实施，正处于停滞状态。如果亚元区可以横空出世，亚洲国家将因一个更为平等的国际货币体系的出现而受益。

二　美国通过金融合作巩固在拉美的霸权地位

由于历史原因，美国一直将拉美地区视为自家后院，对于这一地区的国家也保持着长期的政治和经济影响力。为了巩固在拉美的霸权地位，美国通过建立美洲自由贸易区推进拉美美元化以及以美洲开发银行为媒介与拉美实现金融合作。

---

① 辛彩琴：《东亚汇率制度与日元国际化条件》，《金融参考》2004 年第 11 期。

（一）美洲经济一体化主要依靠自贸区与美元化

20 世纪 80 年代，在经济全球化趋势下，欧洲共同体和日本羽翼日丰，他们不仅在各自所在地区排挤美国势力，而且还把触角伸向拉丁美洲。为了巩固经济实力，维护霸权地位，美国开始了美洲经济一体化的进程。

1990 年 6 月老布什提出开创"美洲事业倡议"。1992 年年底，美国与加拿大和墨西哥签署《北美自由贸易协定》。1994 年 1 月 1 日正式成立北美自由贸易区，同年 9 月"美洲自由贸易区"计划隆重推出。此后，美国与拉美一些国家签署了双边自由贸易协定，并就有关自由贸易框架协议达成了共识。

由于与美国的关系日益紧密，加上本地区经济的实际情况，拉美开始了经济美元化的进程。所谓"经济美元化"，包括三个层面：一是最低层次的经济美元化，即在经济生活中广泛使用美元；二是中等层次的经济美元化，即本币与美元采用固定比价，典型的方式是实行货币发行局制度；三是最高层次的经济美元化，即以美元作为本国的法定货币。基于这三个层面，拉美各国开始了不同程度的美元化进程，如阿根廷实施了本国货币比索与美元挂钩（1:1）的政策，在国内继续使用比索；巴拿马、厄瓜多尔和萨尔瓦多则完全取消本国货币；危地马拉允许美元流通合法化。不过，随着形势变化，经济美元化给拉美各国带来了一系列问题和后遗症。如厄瓜多尔作为世界第一香蕉出口大国的优势不断减弱，直到美元从 2007 年开始贬值后这一趋势才得到扭转；阿根廷本币币值长期高估，外贸和财政状况恶化，并出现金融危机。

因而，近年来，部分拉美国家在贸易和融资等领域出现了明显的"去美元化"倾向，即减少美元在外贸和金融体系中的比例，加强本币的地位和作用。2008 年 9 月，巴西和阿根廷中央银行签署协议，确定从当年 10 月起两国双边贸易可以使用各自的货币雷亚尔和比索进行支付结算，不需要美元作为中介货币。部分拉美国家在 2007 年还发起成立了"南方银行"，其一个主要目的就是为摆脱西方国家和国际金融机构的制约，实现拉美金融独立。

（二）美国援助拉美主要渠道是美洲开发银行

美国援助拉美的早期资金来源是成立于 1934 年的华盛顿进出口银行。据 1941 年 12 月 31 日华盛顿进出口银行报告，总计 485 亿美元的贷款分配到 20 个拉美国家，1945 年 7 月 1 日的华盛顿进出口银行报告中也列出了 1940—1945 年授权给拉美的 40 亿美元的援助，主要用于开发战略性原料产品及同其他国家的经济渗透作斗争。[1] 1959 年在美国的支持下建立的美洲开发银行成为继华盛顿进出口银行之后的又一重要援助机构。美洲开发银行成立于 1954 年 4 月，1960 年 10 月正式营业。经过半个多世纪的发展，目前，它已成为拉美各国获得外国官方贷款的主要渠道之一。

美洲开发银行资金分为普通资金、特殊业务资金和地区资金，主要来自各成员国认捐。由于美国在其中投入的资金最多，根据银行章程其占有绝对优势的表决权，尤其是对拉美贷款国拥有否决权，所以美洲开发银行实际上由美国操纵着。这种局面自 20 世纪 70 年代开始才有所转变。受其他西方国家资金的借入和拉美各国在银行资金中的比重增加等因素的影响，美国对银行的控制权已有所削弱，但目前其仍是银行的主控者。

在过去 50 多年中，美洲开发银行为拉美提供了 2000 多亿美元的贷款，其中普通资金 1800 多亿美元，特殊业务资金 190 多亿美元，地区资金 20 多亿美元。巴西获得的贷款最多，为 420 多亿美元；其次是阿根廷，为 310 多亿美元；墨西哥为 300 多亿美元；哥伦比亚为 180 多亿美元；秘鲁为 100 多亿美元。[2] 贷款主要分布在能源、农业、渔业和工矿业等部门。美洲开发银行在促进拉美各国基础部门的发展、改善拉美弱小国家的处境以及推动拉美地区一体化进程等方面起到了很大的作用。但美洲开发银行也给拉美带来了不小的消极影响：农牧业资源被攫取；并逐渐沦为西方国家资本输出和商品输出的场所；尤其是美国不时利用在银行的投票权威胁拉美国家，使拉美屈从于美国的意旨。

---

① G. Pope Atkings, "Latin America in the International Political System", *Westview Press*, 1989, p. 26.

② Annual Report 2011 of the Inter - American Development Bank, p. 11.

三　美国与欧盟在金融领域合作与竞争并存

欧盟与美国是世界上两个最大的经济体，双方经济总量占世界 GDP 的一半以上。第二次世界大战后，西欧曾依赖于美国的保护。随着欧盟的建立和发展，美国与欧盟之间的相互依赖关系变得更加复杂，既有合作又有竞争，特别是在金融领域。

（一）美国与以德国为首的欧洲各国建立国际货币体系

第二次世界大战后期，出于自身利益的考虑，西方国家构思和设计了战后国际货币体系。美国在此期间取得了资本主义世界盟主地位，美元的国际地位因其国际黄金储备的实力得到稳固。在这一背景下，1944 年 7 月，在布雷顿森林会议上通过了国际货币基金协定和国际复兴开发银行协定，总称为布雷顿森林协定，并于 1945 年 12 月 27 日批准生效，标志着国际货币体系进入美元时代。布雷顿森林体系主要体现在两个方面：第一，美元与黄金直接挂钩。第二，其他会员国货币与美元挂钩，即同美元保持固定汇率关系。布雷顿森林体系的形成暂时结束了战前货币金融领域里的混乱局面，维持了战后世界货币体系的正常运转。

进入 20 世纪 60 年代后，随着资本主义体系危机的加深和政治经济发展不平衡的加剧，各国经济实力对比发生了变化，美国经济实力相对减弱。20 世纪 70 年代，美国相继两次宣布美元贬值，此后各国纷纷放弃本国货币与美元的固定汇率制，采取浮动汇率制，布雷顿森林体系瓦解。此后，国际货币体系经历了一段向浮动汇率制过渡的时期。

1976 年，IMF 通过《牙买加协定》，确认了浮动汇率的合法性，继续维持全球多边自由支付原则。与布雷顿森林体系下国际储备结构单一、美元地位十分突出的情形相比，在牙买加体系下，国际储备呈现多元化局面，美元地位有所削弱，由美元垄断外汇储备的局面被打破。但美元仍是居于主导地位的国际货币。

1993 年，欧盟成立。1999 年，欧洲货币一体化结出硕果，推出了统一的货币——欧元，其逐步成了唯一能与美元相抗衡的新的国际储备货币。欧洲区域建立经济货币联盟的阶段，从欧共体马德里首脑会议

的《关于欧共体经济与货币联盟的报告》开始到欧元正式取代成员国
本币而成为欧洲经济与货币联盟的唯一法定货币，欧洲区域金融合作
成员国之间的贸易和投资壁垒逐渐消除，实体经济领域的联系日趋紧
密，为进一步的区域金融合作奠定了基础。

在 2008 年全球金融峰会上，时任欧盟轮值主席国——法国的总统
萨科齐曾提出"世界将不会继续用 20 世纪的经济工具来运作 21 世纪经
济"的概念，表示美元不应再被认作是独一无二的世界性货币，并随
即提出重塑资本主义体系和新布雷顿森林体系。目前，欧盟在经济实
力和国际贸易方面与美国旗鼓相当，欧元依靠其强大的经济实力在国
际储备货币中正一步一步地排挤美元。IMF 数据显示，2012 年欧盟按
市场汇率计算的 GDP 为 16.58 万亿美元，高于美国的 15.68 万亿美元。
有如此强大的经济实力做后盾，使得欧元在国际储备中占有重要的
地位。

（二）美国对欧盟的危机救助主要是货币互换协议

随着欧债危机的日益加深，为拯救市场，美联储出台了一系列危机
救助政策，其中重要的一部分就是与包括欧洲央行在内的西方央行签
订货币互换协议。货币互换，通常是指市场中持有不同币种的两个交
易主体按事先约定在期初交换等值货币，在期末再换回各自本金并相
互支付相应利息的市场交易行为。

随着金融危机的不断恶化，西方央行也不断扩大货币互换规模，以
此稳定金融市场。2009 年 4 月，美联储、欧洲央行、英国央行、日本
央行和瑞士央行西方五大央行签署了总额近 3000 亿美元的货币互换协
议，以改善金融市场的信贷状况。根据美联储的声明，此次互换协议涉
及总金额约为 2870 亿美元，美联储可通过支出美元购买其他央行的货
币储备。具体来讲，美联储将从英国央行购买 300 亿英镑（约合 450 亿
美元）的储备，从欧洲央行购买 800 亿欧元（约合 1080 亿美元）的储
备，从日本央行购买 10 万亿日元（约合 990 亿美元）的储备，从瑞士
央行购买 400 亿瑞士法郎（约合 350 亿美元）的储备。2011 年 6 月，
由于担忧欧洲主权债务危机蔓延，美联储在货币政策会议上表决通过
延长危机贷款计划，允许欧洲央行向美国寻求更多美元驰援，互换协

议的原定截止日期从 2011 年 1 月 1 日延长至 2011 年 8 月 1 日。为了进一步缓解欧洲债务危机，2011 年 11 月，美联储决定与加拿大银行、英格兰银行、日本银行、欧洲中央银行以及瑞士国民银行采取协调行动，向市场提供流动性，以支持全球金融体系。声明指出，把几大央行之间现有的临时性美元流动性互换利率下调 50 个基点，该举措从 2011 年12 月 5 日开始生效，目的是缓解市场流动性压力给家庭和企业带来的冲击，从而刺激经济复苏。此外，美联储再度延长与这 5 家西方主要中央银行的临时性美元流动性互换协议至 2013 年 2 月 1 日，此举旨在向海外金融机构提供所需的美元流动性，以缓解欧洲债务危机带来的压力。

（三）美国与欧盟加强金融监管合作

随着世界经济、金融全球化与一体化进程的加快，全球性金融危机日益频繁。一旦发生金融危机，不仅是一个国家或地区面临困境，而且很容易扩散到其他国家和地区，其破坏性、传染性大大增强。因此，建立有效的国际金融合作机制、深化与加强金融监管国际合作是目前国际金融界面临的一个大课题。作为世界两大主要经济体的美国和欧盟同样将加强金融监管合作摆上了议程。2010 年 5 月，美国财政部长盖特纳在出访欧洲时就表示，在加强金融市场监管的必要性方面，美国和欧洲有着"广泛的共识"，与此同时，德国财政部长任朔伊布勒也表示，欧洲和美国必须更紧密地合作，以加强金融监管。

不过，在金融监管问题上，美国与欧盟也有分歧。近期，欧盟推出了一系列措施，例如制定了加强对冲基金监管的方案、提出对银行征税建立"银行重建基金"、要求加强金融机构运作的透明度等。欧盟认为，银行必须自己承担金融风险，而投机商在本次欧洲债务危机中扮演了不光彩的角色。对此，美国认为会有损其利益，于是要求欧洲减小金融监管的力度。

此外，2008 年金融危机后，以美国和欧盟为主的成员国在巴塞尔银行监管委员会的主导下签署《巴塞尔协议Ⅲ》，《巴塞尔协议Ⅲ》是在《巴塞尔协议Ⅰ》和《巴塞尔协议Ⅱ》的基础上发展而来的。新巴塞尔协议在对金融衍生工具的资本监管上发生了以下几点变化：对金融衍生工具的资本监管的范围，从利率互换、远期利率协议、利率期货、利率期权、货币互换、远期外汇合约、外汇期货、外汇期权等与利率、汇率相关的金融衍生工具，进一步拓展到信用违约互换和总收益率互换等信用衍生工具；金融衍生工具风险资本的计量充分考虑到了抵押、担保等信用风险缓释工具对资本的抵减作用，以及不同交易工具的风险程度的差别。相比前两个协议，《巴塞尔协议Ⅲ》的规定更加严格，虽然会使银行盈利有所减少，但在一定程度上加强了对国际银行与证券业的监管，保证了国际金融市场的稳定。

第二节　发达国家与主要新兴国家之间的金融合作日益深化

一　石油是美国与沙特金融合作的焦点

美国是世界上最大的石油消费和进口国家，沙特阿拉伯是世界上最大的石油储藏、生产和出口国家，两国在能源领域的互补性是双方经济合作的基础。两国间的金融合作也始终围绕着石油进行。

20世纪70年代，时任美国国务卿的基辛格曾说：如果你控制了石油，你就控制了所有的国家。经过几十年经营，美国于中东地区建立了绝对话语权。美国对于石油产地的控制，其最大意义其实是建立并巩固石油美元的国际秩序体系。

20世纪70年代中期，当以黄金储备为核心的布雷顿森林货币体系崩溃时，美国就引导石油输出国接受以美元作为国际石油交易的唯一计价及结算货币。美国同石油输出国组织中最有影响力的成员国沙特阿拉伯进行了一系列的谈判，并于1975年达成了一项协议，欧佩克承诺只用美元为石油定价。① 这样，美国可以通过不断印刷美元，换取石油注入本国经济。世界其他国家则必须用商品从美国换取美元，然后购买石油。这样，美国不仅用石油保持了美元的稳定，还得以利用国内

---

① Jeddah, Saudi Arabia Joint Statement: US—Saudi Arabian Economic Dialogue, U. S. Department of the Treasury.

货币政策操纵国际油价，作为副产品，也可以轻而易举地解决贸易与财政赤字等问题，从而支撑美国经济。尽管在中东战争期间，以沙特为首的中东产油国几次使用"石油武器"，对美国、日本、欧洲等造成很大困扰，但是从未改变使用美元结算石油贸易。现在的美元不再和黄金挂钩，美国的经济总量也被欧元区超越，其仍然能够保持世界最主要流通货币的地位，根基之一就是沙特的支持。如果由于某种原因美元失去了石油的支撑，美帝国也将不存在了。① 因此，控制资源，维护石油美元的地位，显然是美国的核心利益。

美国与沙特的关于用美元为石油定价的协议也更进一步确立了美元在国际货币体系中的主导地位，其中之一就是石油美元。石油美元是指 20 世纪 70 年代中期石油输出国由于石油价格大幅提高后增加的石油收入，在扣除用于发展本国经济和国内其他支出后的盈余资金。由于石油在国际市场上是以美元计价和结算的，也有人把产油国的全部石油收入统称为石油美元。目前，全球石油美元估计有 8000 亿—10000亿美元，已成为国际资本市场上一支令人瞩目的巨大力量。

如此巨额的石油美元，无论是对石油输入国还是对石油输出国，甚至对整个世界经济，都有很大的影响。对石油输出国家来说，石油美元收入庞大，而其国内投资市场狭小，不能完全吸纳如此多的美元，必须以资本输出的方式在国外运用。对于西方工业发达国家来说，由于进口石油对外支出大幅度增加，国际收支大多呈巨额逆差，倘若采取紧缩性措施，或限制进口石油等来谋求国际收支状况的改善，则可能导致经济衰退，并影响世界贸易的发展。因此，工业国家大多希望石油美元回流——由石油输出国家回流到石油输入国家，这就出现了石油美元的回流。石油美元的回流，在最初期间，主要是流向纽约金融市场、欧洲货币市场等，其流入地区主要是美欧等经济体。根据欧佩克公布的年度数据，2011 年沙特出口原油和其他石油产品收入增长了 48%，原油及产品出口额为 3185 亿美元；2012 年沙特石油收入达 3470 亿美元。

---

① Krassimir Petrov, The Proposed Iranian Oil Bourse, http://www. informationclearinghouse. info/article11613. htm.

由于国内经济规模过于狭小，沙特将一部分资金投向了美国，包括购买美国金融机构和大型企业的股份、大量购买美国债务等，这也在一定程度上填补了美国的贸易与财政赤字，支撑着美国经济的发展。

二　美国与中国进行多层次金融合作

基于中美两国已经成为拉动全球经济增长的双引擎，中美经济关系被认为是当前世界上最重要的双边经济关系，这其中就包括两国的金融合作与交流。随着中国金融市场的改革开放不断深入，中美进行了多层次的金融合作，对两国经济的发展起到了促进作用。

（一）初期金融合作是银行业的对口交流

中美在金融业的交流始于 20 世纪 70 年代，经过近半个世纪的发展，两国银行业的对口交流富有成效。1980 年 10 月，芝加哥第一国民银行在北京设立代表处。随后，大通银行、花旗银行、美洲银行、第一联美银行和建东银行等都在北京、上海、广州、深圳等地设立了代表处，部分代表处后来直接升级为这些美资银行在中国各地区的分行，金融业务大大扩展。1993 年，花旗银行成为首家将中国区总部从香港迁至内地的国际性银行。2001 年，中国加入 WTO，为履行承诺，中国银行业实施了更为开放的举措，为外资银行提供了平等的发展环境，外资银行机构布局、业务经营和服务能力均得到良好发展。中国还修订和颁布了包括《外资银行管理条例》在内的一系列法律、法规和规章，建立了中外资银行统一适用的审慎监管体系。截至 2011 年 9 月末，外国银行在华已设立 39 家外资法人银行（下设 247 家分行及附属机构）、1 家外资财务公司、93 家外国银行分行和 207 家代表处。[①] 这其中就包括不少美资银行。

在美国等外资金融机构进入中国金融市场的同时，中资金融机构也开始了对外扩张的步伐。1981 年 11 月，中国银行在纽约设立了分行，并在纽约的中国城地区建立了一家支行，后来又在洛杉矶设立了分行。

---

① 林跃勤、周文主编：《金砖国家发展报告（2012）：合作与崛起》，社会科学文献出版社 2012 年版，第 1 页。

随后，其他一些中资金融机构也在美国设立了代表处。2007 年 10 月，招商银行纽约分行在美国正式开业。2008 年 10 月，中国工商银行纽约分行宣布正式开业。很明显，中资银行希望通过在美国开设分支机构建立起覆盖全球金融中心和中国主要经贸往来地区的经营网络。

与此同时，美资银行与中国金融机构也合作成立了一些中外合资投资银行类机构，业务范围涉及人民币股票、债券等有价证券的承销、代理及自营买卖业务、基金的发起和管理、企业重组收购与合并顾问等领域。

（二）中美通过战略与经济对话力推金融合作

2006 年 9 月，中美两国发起了中美战略经济对话，这是中美现有 20 多个磋商机制中级别最高的一个。中美战略经济对话始于 2006 年 12 月，每年两次，在宏观经济、环境保护、能源节约、贸易促进、反对贸易和投资保护等领域取得了众多成果，尤其是在金融领域。

在 2006 年 12 月 14 日至 15 日举行的第一次对话中，中美双方同意在中国设立纽约证券交易所和纳斯达克代表处；在 2007 年 5 月 22 日至 23 日举行的第二次对话中，达成适度放开金融机构持股比例协议；在 2007 年 12 月 12 日至 13 日举行的第三次对话中，中美就在金融服务业领域合作达成协议；在 2008 年 6 月 17 日的第四次对话中，美国表态欢迎来自中国的主权基金；在 2008 年 12 月 4 日至 5 日举行的第五次对话中，中美就金融服务业签订了一系列协议，在金融稳定的问题上继续合作，加强金融监管方面的信息交流。

2009 年 7 月至 2012 年 5 月，中美双方又进行了四轮中美战略与经济对话，取得了丰硕成果。在首轮对话中，双方同意将共同努力建设强有力的金融体系，并且完善金融监管。在第二轮对话中，中美双方同意加强金融领域的交流与合作，充分发挥金融机构支持实体经济的功能。美方承诺继续加强对"政府支持企业"的监管，确保"政府支持企业"具有足够资本和能力履行其财务责任。双方同意加强在跨境问题银行机构处置方面的监管合作和信息共享，深化在存款保险、金融服务、倒闭金融机构处置及其他与金融稳定相关领域的合作，就包括保险资金运用在内的保险监管进展加强合作与交流。此外，双方同意加强在国际金融体系改革方面的合作。双方重申支持 G20 作为国际经济合作主要论坛，承诺按照伦敦峰会上确定的时间表，确保如期完成匹兹堡峰会确定的 IMF 份额改革目标。双方同意进一步加强在金融稳定理事会和全球税收透明度与情报交换论坛的合作。在第三轮对话中，双方同意在监管系统重要性机构、影子银行业务、信用评级机构、改革薪酬政策、打击非法融资等领域加强信息共享与合作，共同推进国际金融体系改革。美方承诺，继续对政府支持企业实施强有力的监督，确保其具有足够资本履行财务责任。在第四轮对话中，美方承诺加快审批有关中资银行在美业务申请，认同中国在综合并表监管（Comprehensive Consolidated Supervision）领域取得的显著进展。美方支持人民币在满足现有标准时加入 IMF 特别提款权货币篮子。

第三节　对中国推进金砖国家金融合作的启示

2001 年，高盛公司经济学家吉姆·奥尼尔首次提出"金砖四国"（巴西、俄罗斯、印度和中国）的概念。2010 年 12 月，南非作为正式成员加入"金砖四国"合作机制，并更名为"金砖国家"。金砖国家国土面积占世界领土面积的近 30%，人口占世界的 42%。根据 IMF 2012 年 1 月 24 日发布的《全球经济展望》，2011 年金砖国家中中国、印度和俄罗斯经济增长率分别为 9.2%、7.4% 和 4.1%，均高于全球经济 3.8% 的平均增长率，只有巴西、南非略低于平均数，但也远高于发达国家 1.6% 的平均水平。金砖国家已经成为世界经济体中一个日渐重要的组成部分。

虽然金砖国家在经济发展上取得了不错的成绩，但是作为新兴经济体，这些国家在国际经济体系中依然缺少话语权，单靠自身的力量很难维护自身利益，因此，需要加强团结合作，维护共同利益，尤其在金融合作方面。目前，金砖国家深化金融合作也遇到了难得的机遇。在世界银行的投票权改革中，金砖国家的投票权总体有所提高，超过了 13%。其中中国的投票权上升到了 4.2%，位列第三；印度和巴西也有所上升；同时，IMF 也向新兴经济体和发展中国家转移了相应份额。这为金砖国家深化金融合作创造了有利环境。

2013 年 3 月，金砖国家领导人第五次会晤在南非德班举行，中国和其余金砖四国就设立金砖开发银行、成立应急外汇储备库等问题达成了共识，并取得了突破性成果，正式发布了《德班宣言》及其行动计划。

金砖开发银行将成为全球第一家不是由发达国家牵头成立的国际性金融机构，这种完全由新兴国家"当家做主"的银行，无疑将与某些发达国家主导的国际金融组织"东西有别、区分对待"的潜规则形成巨大反差。更重要的是，该银行不仅面向金砖国家，还包括其他发展中国家和新兴经济体。

金砖国家应急外汇储备库的运作思路类似"清迈倡议"多边化机制下的外汇储备库模式，但两者的差别在于，后者并未完全摆脱对 IMF 的依赖，而金砖应急储备安排强调"自我管理"，避免受到 IMF 的限制。自 2011 年下半年起，发达国家相继推出宽松货币政策，造成国际资本流动加剧，金砖国家面临的外部风险和不确定性上升，受国际资本流动冲击的频率和强度日益增加。因此，应急储备库的建立将有助于提高金砖国家的金融稳定与安全。按照计划，五国将于 2013 年 9 月审议开发银行和应急储备库的筹备进展情况。据悉，五国已就出资比例初步达成协议。其中，中国拟出资 410 亿美元，巴西、俄罗斯和印度各出资 180 亿美元，南非出资 50 亿美元。

在金砖国家中，无论是人口、经济总量还是增长速度，中国都处于领头位置。因此，在金砖国家金融合作中，中国应发挥主导作用，积极推进金砖国家间的金融合作，为五国经济发展注入新的活力。

一　扩大成员国间货币互换和本币结算规模

2011 年 4 月，金砖国家在海南三亚共同发表《三亚宣言》，该宣言称支持国际货币体系改革，以建立能提供稳定性和确定性的拥有广泛基础的国际货币储备体系。与此同时，金砖国家银行合作机制成员行签署了《金砖国家银行合作机制金融合作框架协议》，表示将稳步扩大本币结算和贷款的业务规模。随着五国间经济往来的扩大，金砖国家越来越需要推进贸易本币结算以及机制化的货币互换，以加强区域金融合作，创新融资模式。

2011 年，金砖国家贸易额占世界贸易的总量超过 16%，仅中国与金砖其余四国之间的贸易额就达到 2800 多亿美元，如果加上其他四国之间的相互贸易，则会达到近 4000 亿美元的规模。[①] 如此大规模的贸易额，若用美元结算，需要兑换两次，但使用本币结算则只需要一次兑换，大大减少了交易成本。就人民币而言，目前只是在周边国家进行贸易结算，五国推进本币结算之后，将使人民币不仅在周边国家而且在巴西等距离较远的国家间进行贸易结算；不仅在小国而且在金砖国家等大国之间的贸易进行结算。这使得人民币进入正规贸易的结算系统中，从而推进人民币的国际化。但本币支付的具体实施还需要深入研究，例如，如何使境内外企业有意愿持有新兴市场货币、如何协调金砖国家之间的汇率争端、出口扩大与保护主义拉锯等问题仍将存在，如何设计相关合理配套机制将成为下一步的重要任务。就中国而言，如何在扩大人民币离岸市场的同时设计人民币回流机制，对于人民币本币支付乃至国际化至关重要。

与本币结算相互搭配的是货币互换协议。货币互换步伐的加快，一方面顺应了市场发展的内在要求，另一方面区域性货币的使用显然已成为对抗危机、增进贸易的重要手段。自金融危机爆发以来，中国人民银行已经加快了与周边国家以及欧洲、拉美国家的货币互换步伐。中国与一些亟须资金的国家签订一系列货币互换协议，此举在金融危机日益蔓延的非常时期，对稳定地区货币制度、防范金融风险和减少危机扩散性效应起到积极作用。货币互换协议的签署，为扩大本币结算提供了资金来源；而本币结算也为货币互换协议搭建了一个贸易相通的平台，促进货币互换做实，即互换的货币可以从中央银行进入商业银行，进而进入企业。这为中央银行通过互换协议获得的对方货币提供了一个回流渠道。金砖国家可考虑以双边货币互换为基础，建立多

---

① 林跃勤、周文主编：《金砖国家发展报告（2012）：合作与崛起》，社会科学文献出版社 2012 年版，第 255 页。

边交叉货币互换体系。

二　加强成员国间的金融市场开放和合作

在证券市场领域，2011 年 10 月，巴西证券期货交易所、莫斯科银行间外汇交易所、印度孟买证券交易所、中国香港交易及结算所有限公司和南非约翰内斯堡证券交易所在南非举行的国际证券交易所联会会议上宣布成立联盟，并于 2012 年 3 月 30 日起将各成员交易所的基准股市指数衍生产品在各自的交易平台上互挂买卖，另外还计划合作开发代表"金砖国家"的新股市指数相关产品等。金砖国家证券交易所联盟的成立为投资者提供了新的投资渠道，也是新兴市场国际经济实力的体现。但是由于交易所联盟涉及不同的国家、交易系统和交易管理，因此如何监管将是联盟面临的重要挑战。

在本币资金跨境流动方面，可以考虑以本币进行对等的资本账户开放或投资。采用本币结算以后，本币流出以后的回流问题需要解决，这需要各国政府允许由贸易项下产生的本币资金可以跨境流动进行投资，允许回流的本币资金在国内开设账户，进行债券、股票等投资。允许贸易项下的本币资金投资，可以规避对美元的使用，推进本币的国际化，也实行了资本账户的开放，有利于对外贸易和投资的发展。同时，实现了投资货币、区域和资产的多元化；在贸易项下的资金流动开放以后，可以相互允许各自的企业到对方国家的股票市场和债券市场发行股票和债券，使用主权货币但不兑换为储备货币。这样，货币开放就可以趋向多元化，风险也可以分散。

此外，由于中国和印度对石油的需求很大，而俄罗斯缺乏石油价格的话语权尤其是定价权，所以如果三国联合起来，在上海、莫斯科联合开办石油期货交易所，由各方提供交割的部分石油份额，并联合中东石油国家提供石油交易来源，就可以建立起亚洲国家自己的石油交易所。这个交易所可以商议以人民币、卢布标价，并保持汇率相对稳定。这样，石油价格就可以不再完全被英国和美国的金融投机资本所左右。当然，开办石油期货交易所，需要承诺本币的股票市场、债券市场和货币市场对外国交易商开放，而且只对外国交易商持有的本国货币开放

（美国就是如此），但不对其他货币开放。这样，所有参与的国家都可以获得利益。

三　共推国际货币体系和国际金融体系改革

改革以发达国家为主导的不合理的国际金融体系是广大发展中国家长期以来的诉求。由于发达国家政府监管松懈和银行家过度贪婪，引发全球金融危机，深受影响的广大发展中国家更深切地感受到改革国际金融体系的重要性和迫切性，即推动国际金融机构和货币体系改革，使其体现世界经济形势的变化，提高新兴市场和发展中国家在国际金融机构中的发言权和代表性。

目前，金砖国家改革国际货币体系的动力已越来越大，但金砖国家要改变美元的霸权地位，仍存在诸多制约因素。金砖国家自身金融发展有待深化，金融市场容量、以本币计价的金融产品占比等指标仍较弱。美元霸权地位短期内难以动摇。由于美国阻挠，以及货币篮子构成与权重等技术性问题有待解决等因素，短期内特别提款权（SDR）难以在国际货币体系中发挥重要作用。金砖国家在改革国际货币体系问题上利益不一致，也影响协调。这一系列因素都制约着金砖国家改革国际货币体系和金融体系的步伐。

此外，为了维护自身的既得利益，发达国家也不会轻易放弃在世界银行和IMF中的垄断地位，不愿意对国际金融和货币体系进行根本性的改革。因此，国际货币体系和国际金融体系改革将是一个漫长和曲折的过程，将取决于金砖国家综合实力的增强、经济竞争力的提高和减少外汇储备结构中对美元过度依赖。

2012年新德里金砖峰会之后，金砖国家发表联合声明，要求IMF尽快实施2010年达成的份额改革议案，增加新兴经济体6％的投票份额。一旦这项改革实施，中国将成为IMF的第三大股东，其他四国也都会进入前十大股东之列。虽然阻力很大，过程漫长，但改革国际金融和货币体系是广大发展中国家的共同呼声，有利于世界经济实现"强劲、可持续和平衡"发展，是大势所趋，势不可当。

第四章　中国与金砖国家金融合作的基础

第一节　中国与金砖国家的经济互补性

在《政府与市场之间》一书序言中，周小川同志写道，"金融是现代经济的核心，金融发展的根基在于实体经济，金融业只有与实体经济全面地、深入地结合在一起，才能实现相互促进、共同发展"，"必须坚持金融服务实体经济的本质要求"。这些结论不仅适用于一国国内的金融活动，同样适用于国际金融合作。换言之，富有成效的国际金融合作，必须以实体经济层面的跨国合作为基础。金砖国家金融合作的兴起，除了它们在金融领域有直接的共同利益之外，与这些国家实体经济的互补性也紧密相关。

一　资源禀赋互补性强

金砖国家资源禀赋各异，贸易互补性较强。一种形象的说法是，中国是"世界制造基地"，巴西是"世界原料国"，俄罗斯是"世界加油站"，印度是"世界办公室"，南非是"黄金之国"。特别是，中国与其他金砖国家的贸易互补性较为显著。中国已分别成为俄罗斯、巴西、南非的第一大贸易伙伴，印度的第二大贸易伙伴；是巴西和南非的第一大出口市场，印度的第三大出口市场和俄罗斯的第六大出口市场。

从贸易的商品结构来看，中国向其他金砖国家出口的主要是工业制成品，发挥"中国制造"的优势；而其他金砖国家向中国出口的主要是原材料和能源类产品，发挥的是资源优势。具体来说，中国向印度、巴西和俄罗斯出口的主要是机器设备、工业制成品以及服装等产品，而印度主要向中国出口石油和矿产，俄罗斯主要向中国出口石油和其他资源产品，巴西主要向中国出口大豆等农产品。工业制成品和原材料产品属于不同的产业类型，说明中国和其他金砖国家之间的贸易具有互补性，未来发展的潜力较大。[①]

二　发展阶段互为补充

中国与其他金砖国家的经济互补性还体现在发展阶段和产业结构的差异性上。虽然金砖国家都是快速发展中的大国，但它们所处的发展阶段不同。从人均 GDP 来看，俄罗斯和巴西高于中国，而印度远低于中国；而从整体制造业的竞争力水平看，中国高于这三个国家。例如，从增长路径来看，中国沿着农业到制造业到服务业的传统经济发展路径进行，印度则是沿着农业到服务业到制造业的路径进行。中国目前正处于从劳动密集型产业向资金技术密集型产业转型和升级过程中，中国可以向印度大量输出制造产品，一些机器设备和技术可以通过贸易等方式出口到印度，以满足印度当前努力提高其制造业竞争力的需求。还可以通过直接投资等方式，将中国的部分劳动密集型产业和资本密集型产业转向印度。我们在对印度发展中国家研究与信息系统研究中心（RIS）等智库及印度进出口银行等机构的调研中也获知，印度对吸引中国对印直接投资以促进对华（以及第三方）出口的方式颇感兴趣。印度进出口银行愿意为中资企业在印度的出口提供融资。印度有着比较发达的服务业，特别是其软件外包行业已经具备了相当的国际竞争力，中国可以介入印度和欧美的国际产业链条，通过外包跨国公司业务离岸化或者非股权形式安排等途径积极承接印度以软件外包为主的新兴服务业。

中国与俄罗斯在劳务输出及技术层面也存在互补。俄罗斯高技能人才丰富，据世界银行的资料显示，俄罗斯的高级人力资源居世界第二

---

① 李春顶：《中国与金砖国家贸易发展的前景》，中国社会科学院世界经济与政治研究所国际问题研究系列工作论文，Policy Brief No. 201220，2012 年 12 月 13 日。

位，仅低于美国，高于欧盟，这为我国引进俄罗斯高级人才提供了机遇。但俄罗斯人口迅速减少，劳动力成为稀缺资源。尤其是在其外贝加尔、西伯利亚地区，资源丰富，但人口稀少，与之相邻的我国东北地区则有大量可输出劳动力。此外，俄罗斯在航空航天、核能、激光、生物工程、新型复合材料等领域有明显的优势，具有世界先进水平；同时，俄罗斯在军工领域，尤其是在军事高科技、新型战斗机、战略导弹、航母设备等方面具有领先优势，我国可以大量引进俄罗斯的尖端技术，以提高我国的科技水平。我国的家电等日用工业品技术已相当成熟，可以将这些家电产品通过出口进入俄罗斯市场，或者通过对外直接投资的方式，将过剩产能转移到俄罗斯。①

三　产业结构各具特色

中国与其他金砖国家的发展阶段不同，开展贸易和其他经济合作都具有较好的基础和充足的空间。从产业结构比较而言，中国工业（第二产业）所占国民经济的比重相对较大，俄罗斯和印度的服务业（第三产业）占国民经济的比重相对较大，而巴西的农业（第一产业）在国民经济中所占比重相对较大。产业结构的差异决定了中国与其他金砖国家的贸易具有发展潜力。不仅如此，在国际金融危机背景之下，发达经济体的经济增长普遍缓慢，甚至面临危机。在此背景下，一方面发达国家的需求将下降，另一方面发达经济体将在一定程度上重返实体经济，这两个方面的因素都会减少发达国家的外部需求。发达经济体需求的下降必然产生贸易转移效应，则金砖国家相互之间的贸易与经济合作会增加。这些外在的现实决定了中国对金砖国家的贸易发展面临机遇。② 面对全球流动性泛滥、大宗商品价格波动、资产泡沫等问题的挑战，金砖国家需要进一步加强宏观政策协调，充分发挥彼此在资本、资源、市场、科技和人力资源上的优势互补性，提升经贸合作

---

① 参见白洁、商海岩《金砖国家产业互补性与中国产业结构升级研究》，《经济问题探索》2012 年第 7 期。

② 参见李春顶《中国与金砖国家贸易发展的前景》，中国社会科学院世界经济与政治研究所国际问题研究系列工作论文，Policy Brief No. 201220，2012 年 12 月 13 日。

水平。

总之，在投资贸易、产业合作、能源合作、劳务合作、基础设施建设以及金融合作等领域，中国及其他金砖国家之间都有很大的合作空间。印度致力于开放市场、更新基础设施；巴西在着力解决过度城镇化问题，以工业化推动国家经济转型；俄罗斯希望降低经济增长和国家财政对油气资源出口的过度依赖；南非需要更完善的经济体系来容纳过高的失业人口；中国希望国内庞大的富余优势产能能够得到释放。各种诉求之间存在合理匹配、合作共赢的可能性。当然，不可回避的是，金砖各国之间既有合作空间，也有竞争的一面。各国都处于加速发展阶段，都有对外拓展市场的需求。只要本着共识，建立互信，就一定能通过合作实现共同发展，在加强合作方面走出一条新路。①

第二节　中国与金砖国家的战略协同性

中国与金砖国家都是新兴经济体，都面临寻找支持新兴经济可持续发展的战略领域，在这一战略领域中都有寻求合作、共同拓展战略利益的动机。具体来说，金砖国家倡导的发展至少有两个层面的含义：一是新兴经济体国内经济社会的发展；二是新兴经济体国际社会话语权和发言权的发展。两个层面都体现了金砖国家战略协同的重大意义。

一　着眼于金砖国家内部的战略协同

从经济社会发展的层面来看，金砖峰会及金砖合作机制为各国提供了一个分享发展经验、开展与经济社会发展有关的国际合作的好机会。金砖国家都是新兴经济体，社会制度、发展道路、增长模式都尚未"定型"。这种未定状态一方面带来社会前进的活力；另一方面也形成国内动荡的风险。增加各国间的务实合作，共享经验与教训，能够增强各国的风险管控能力。

金砖合作一开始就以务实为特点，在很多方面已经有了广泛的合作

---

① 霍建国：《深挖金砖国家经贸合作潜能》，《经济日报》2013年1月17日。

议题。今后通过金砖国家新的开发银行、应急储备安排等具体项目，在基础设施建设、卫生与健康、教育、制造业等产业及金融风险监管等方面的合作会越来越广泛、越来越深入。金砖峰会，就是为上述诸多领域长期合作做出的行政担保和政治承诺。

在峰会的强力保证之下，金砖国家的合作会在不断积累直接成果的同时也积累彼此间的信任，将技术层面的协作转变为战略层面的协同，增加金砖国家内部不同阶层、不同部门、不同利益集团之间全方位的相互理解。这些非正式制度意义上的理解对经济层面的一体化或货币金融层面的深度合作十分重要。如果没有这些非正式制度上的理解，金砖国家之间达成的正式制度，未必能产生制度设计者预先设想的好处，反倒可能因为非正式制度环境的不适应，而造成国际合作协议的失灵。随着峰会的不断举办和各项务实合作的顺利开展，金砖国家基于全面理解的内向的战略协同正在形成。

二　金砖机制对外的战略协同

在国际社会话语权层面上，金砖合作可能提供，或者说创造一个新兴经济体参与国际经济治理的新模式。二十国集团被各国公认为全球治理的主平台。在这个主平台上，已经有两个集体参与方，一个是七国集团，一个是欧盟，它们都是发达国家的内部协调亚单位。但是，在其他 11 个新兴经济体之间，还缺乏实质性的合作机制。从目前的情况来看，一步到位地开展 11 个新兴经济体之间的协调还比较困难，但是金砖国家合作为此提供了一个很好的起点。目前金砖国家都是 G20 中新兴 11 国（E11）的成员，五国之间已经建立了比较顺畅和相对固定的对话协商机制，在这个平台上先整合新兴经济体的意见，再与 G7、欧盟等成员进行国际治理方面的探讨，有助于提高 G20 合作的有效性，同时也有助于新兴经济体的立场、理念更好地融入全球治理实践中去。

金砖国家对外的战略协同还集中地表现在金砖国家与非洲合作这一重大战略选择上。金砖国家领导人第五次会晤已经于 2013 年 3 月 26—27 日在南非德班如期举行，会晤的主题是"金砖国家与非洲：致力于发展、一体化和工业化的伙伴关系"。无论是会晤的地点还是会议的主题，都在向世界宣示，包括中国在内的新兴大国与非洲的密切合作根深叶茂，并将开花结果，渐入佳境。

对金砖国家和非洲国家来说，一体化和工业化都是手段或方式，发展才是共同的目的，发展是金砖合作的核心价值。围绕发展来开展合作，是金砖国家与非洲加强交流与协调的应有之义。与发达国家主导的全球治理体系中由自由市场驱动的发展相比，金砖国家与非洲共谋的发展应有其独特之处。

正如习近平同志在主旨讲话中所说，"我们要共同支持非洲在谋求强劲增长、加快一体化、实现工业化方面作出的努力，促进非洲经济成为世界经济的新亮点"。一体化有两个方面：一是金砖国家通过制造业离岸外包、直接投资、转移技术和产能等方式，加深与非洲的经济一体化。从发展的愿景来看，非洲希望实现与金砖国家之间的一体化，通过降低关税或共同市场来促进双边贸易。简单贸易是偶然的、容易撤销的经济联系。国际环境一有风吹草动，贸易上的脆弱联系就有可能断绝。非洲更希望能成为金砖国家生产网络或产业链条上的环节之一，希望金砖国家在非洲的投资更具有战略重要性，只有这样，金砖国家才能激励对非洲的长期安全、稳定和繁荣负担起更大的责任。二是通过金砖国家与非洲的合作，将非洲自身的一体化推进到更高水平。就非洲自身的一体化来说，也存在与东亚类似的困境，即不存在欧洲那样为其他国家所公认的德法核心来推进区域一体化。不仅如此，局部的大规模内战阻碍了非洲统一市场的形成，反倒是涌现出萨赫勒—撒哈拉国家共同体、东部和南部非洲共同市场、东非共同体、中非国家经济共同体、西非国家经济共同体、南部非洲发展共同体、阿拉伯马格里布联盟等大小十几个区域性经济共同体。一些国家还同时参加了若干个区域共同体。这些区域共同体内部，有的还有更为紧密的关税或者货币同盟作为小团体存在。身份重叠问题也影响了非洲一体化的进展，不仅造成政策制定和执行的不连贯，因"面条碗效应"① 影响效率，而

---

① "面条碗效应"是指在双边自由贸易协定和区域贸易协定下，各个协议不同的优惠待遇和原产地规则就像碗里的面条绞在一起，剪不断，理还乱。

且还会造成资源浪费、恶性竞争甚至冲突。非洲对金砖国家在促进非洲一体化方面的期待非常之高,除了基础设施投入之外,还希望金砖国家凭借其中立的、与各方都友好的关系,能在调解各国关系、促进政策协调方面发挥积极作用。

一体化为非洲经济起飞提供了良好的制度环境,而工业化则是器物层面非洲经济起飞的重要动力。由于历史的原因,欧洲的宗主国对非洲实行单一经济政策,把非洲当作其原料产地和商品市场。南非在种族隔离时期甚至禁止黑人学习数学,以此来限制当地人在智力上的成长。这些历史上的负债,至今仍影响着非洲的发展。因此,尽管非洲自然资源丰富,但工业化基础十分薄弱,工业化水平一直处于落后地位。金砖国家中特别是中国本身也是从农业国开始经济起飞的,许多经验和知识可以与非洲伙伴分享。不仅如此,随着经济发展水平的提升,金砖国家在国际市场上的战略自由度有所降低,面临发达国家贸易投资保护主义越来越大的压力。通过产业链延伸,将生产网络扩散到更加接近欧洲市场的非洲大陆,是金砖国家规避欧美保护主义的可行途径。

2014 年 7 月,金砖国家第六次峰会发布了《福塔莱萨宣言》,决定了成立金砖国家开发银行的若干重大细节,其中包括在南非设立金砖国家开发银行的首个区域中心。南非财长内内指出,这将给整个非洲大陆带来经济潜力,"对南非乃至整个非洲而言都是一个显著的进步"①。

除非洲之外,金砖成员各自或共同发挥枢纽作用的地区机制,也可以成为金砖机制对外战略协同的优先选项。例如俄罗斯发挥主导作用的欧亚经济共同体②、中俄共同发挥主要作用的上海合作组织、中国扮演重要角色的东亚共同外汇储备库机制、中国正在推动建设的"丝绸之路"经济带、巴西作为核心国家的经济共同体等,可以增加金砖机制与这些合作机制或倡议在特定功能上的协同性。

---

① 南非财长盛赞金砖国家开发银行成立称其是里程碑,http://www.chinanews.com/gj/2014/07 – 18/6399220. shtml。

② 成员国包括俄罗斯、哈萨克斯坦、白俄罗斯、塔吉克斯坦和吉尔吉斯斯坦。

举例来说，俄罗斯主导建立了欧亚经济共同体反危机基金（ACF）①，清迈倡议多边化设立的东亚外汇储备库，以及金砖合作中正在推进的应急储备安排，也都有为地区成员提供流动性，以应付外部冲击的作用。无论是ACF，还是东亚外汇储备库，在评估潜在借款者的治理水平与反腐败框架有效性以及贷款条件等方面，很大程度上都依赖于IMF等机构的评估方法与限制条件，没有提出一套契合发展中国家及新兴经济体需要，同时又能够很好地兼顾风险防控力的评估标准与贷款条件，这限制了上述区域机制在反危机功能上的独立性与有效性。金砖机制正在创设中的应急储备安排，如果能够在评估方法与贷款条件方面提出一套符合新兴经济体需求的标准，则可以通过这一套标准，把前述各区域性的危机防范与救助机制"联通"起来，甚至可以在标准统一的前提下，共享应急储备额度，构建更大规模与范围的跨区域危机防范与救助网络。不仅如此，这一标准还将对现有的国际治理规则做出有益的补充，其普遍适用性的提升将增加金砖国家整体在全球治理中的话语权。

综合来看，金砖国家在与非洲等外部地区和国家合作的利益上，也具备良好的战略协同性。这不仅能够帮助其他地区和国家实现其一体化和工业化，促进这些地区和国家的能力建设，增强其应对外部风险的能力，而且能够通过这种协助，进一步强化金砖国家内部的战略协同关系，并将这种战略协同关系推行到其他更广阔的领域。

第三节 中国与金砖国家金融合作的共同利益

一 金砖国家金融发展的特征

在金砖国家中，中国是典型的银行主导型金融体系，而其他四国则都偏于市场主导型。一般来说，银行业总资产与股票市场市值之比被用来衡量一国金融体系的结构。根据世界银行和Wind资讯数据测算

---

① 2014年10月，欧亚经济共同体成员国决定撤销这一机制。2015年1月，欧亚经济共同体所有机构活动停止。2015年6月，欧亚经济共同体反危机基金更名为欧亚稳定与发展基金。

的结果，中国的金融体系结构指数为 2.93，与典型的银行主导型国家德国和日本接近；南非为 0.39，低于美国，表明南非的金融体系中股票市场远比银行业发达；而巴西、印度和俄罗斯则与英国接近，也属于偏向市场主导型金融体系的国家。①

金砖国家基本上都建立起了以银行体系为中心、其他金融类机构多元发展的金融机构体系。从产业结构来看，巴西、中国和南非的银行业集中度较高，前几家大银行占据银行业总资产的 70% 以上；而印度和俄罗斯的银行体系则相对比较分散，银行业集中度较低。从产权结构来看，与发达市场国家不同，国有银行在金砖国家中发挥重要作用，其中，中国、俄罗斯和印度的国有银行在本国的金融机构中占据主导地位。具体情况如下：

从银行的经营情况来看，国际比较数据表明，金砖国家的银行业经营管理水平在近年来取得了明显进步，不仅盈利水平（ROA、ROE）在各主要国家排序中居于前列，而且以经营成本表示的管理效率也得到了大大提高，银行业的一般管理成本（Overhead Costs）、净利差（Net Interest Margin）和成本收入比（Cost – Income Ratio）均处于较低水平。

总体来看，近年来金砖国家的银行业整体实力显著提升，资产质量有效提高，服务能力逐年增强，国际影响力也不断提升。在英国《银行家》杂志 2014 年 6 月发布的全球前 1000 家银行中，中国内地有 110 家银行上榜，印度有 32 家，俄罗斯有 29 家，巴西有 19 家，南非有 6 家。其中，全球前十大银行中，中国内地占了 4 家，中国工商银行首度荣登英国《银行家》杂志全球 1000 家大银行排名榜榜首，其 15% 的资本增长率使其从上一年的第三位跃升至首位。中国建设银行也以 15% 的资本增长率，居第五位。南非标准银行作为非洲资产规模最大的银行，曾在 2010 年荣登年度"非洲最佳银行"。从赢利能力来看，中国银行业的净利润约占全球银行业净利润的 1/5；巴西银行业平均资本回

---

① 参见陈雨露《"金砖国家"的经济和金融发展：一个比较性概览》，《金融博览》2012 年第 5 期和第 6 期。本书对该文献中部分数据进行了更新。

报率高达 32%，位居全球各大银行之首；而印度银行业过去四年里利润翻了一番。与此同时，金砖国家在银行服务的可得性方面也取得了较大进展，单位面积或单位人口的银行营业网点数量呈增长趋势，存贷款余额占 GDP 比重显著增长，金融服务能力明显增强。

在股票市场发展方面，金砖国家之中，印度的上市公司数量最多，孟买证交所上市公司在 2013 年 3 月达到 5211 家；中国的上市公司总市值最大，2014 年 6 月达到 39425 亿美元（按当时市场汇率计算）；南非上市公司总市值与 GDP 之比最高，为 160%（这是 2012 年数据）。从市场国际化程度来看，巴西国际化程度最高，已有 8 家外国公司在国内上市，印度也已开始允许外国公司在国内上市。

从金砖国家金融市场的区域地位来看，巴西新交易所（Nova Bolsa）是拉美最大的交易所；莫斯科银行间货币交易所和俄罗斯交易系统证券交易所是东欧地区最大的交易市场；印度证券市场由全国性和区域性市场组成，全国性交易所主要有孟买证券交易所（BSE）和国家证券交易所（NSE），地方区域性证券交易所有二十多个；中国内地的证券交易市场主要包括上海证券交易所、深圳证券交易所、上海期货交易所、大连商品交易所、郑州商品交易所和中国金融期货交易所等，其中沪深两市总市值已于 2011 年超过日本，跃居全球第二位，占全球股市市值的 7.38%，仅次于美国；南非的约翰内斯堡证券交易所（JSE）是非洲最大、世界第十六大的证券交易所，在该交易所上市的公司市值占据非洲上市公司总市值的 70% 以上。总体来看，金砖国家的金融市场都在本区域金融市场中占有重要地位，其中，中国、印度和巴西的金融市场已经形成一定规模，完全具备发展成为全球重要金融中心的基础条件。

近年来，金砖国家的金融发展虽然已经取得了明显的进步，但与欧美发达国家相比，金砖国家的金融体系发展还不够成熟，金融交易特别是监管制度尚不完善，目前仍处于各种各样的改革进程中。具体就五个金砖成员国而言，巴西、俄罗斯和南非都在 20 世纪 70 年代到 90 年代经历了不同程度的金融危机，而印度和中国也在 20 世纪 90 年代经历了不同程度的银行问题，这使得各国决策者在推动金融体系发展的过程中都比较审慎，不仅保持着比较充足的外汇储备，而且对开放的进程和节奏也有所控制，其目标就是要确保金融改革始终在宏观经济和金融稳定的前提下进行。

首先，从金砖国家的外汇储备情况来看，五国的外汇储备总量（包括黄金）在全球外汇储备中的占比，已从 1993 年的 6% 迅速增长到 2013 年年底的 40.4%。根据世界银行统计数据，截至 2013 年 12 月，金砖国家的合计外汇储备达到 5.1 万亿美元。其中，中国的外汇储备总量最大，达到 3.88 万亿美元，占据金砖国家的 76%；另外四个国家的外汇储备总量分别为 2981 亿美元（印度）、3588 亿美元（巴西）、5097 亿美元（俄罗斯）和 497 亿美元（南非）。对于金砖国家而言，充足的外汇储备不仅为日益扩大的国际贸易提供了充足的外汇保障，而且为抵御各种潜在的危机冲击提供了一道屏障。

其次，从汇率制度和货币可兑换性来看，巴西和南非采用的是自由浮动的汇率制度，而中国、印度和俄罗斯采用的则是有管理的浮动汇率制度。俄罗斯实行有管理的浮动汇率制度，参照美元和欧元对卢布汇率进行管理。印度也实行有管理的浮动汇率制度，但汇率浮动没有预定的区间，汇率水平由银行间市场供求决定，印度储备银行在外汇市场进行必要的干预，但不事先承诺干预的轨迹，也不保护任何一种特定的中心汇率水平。中国实行以市场供求为基础、参考一篮子货币进行调节、有管理的浮动汇率制度，随着人民币汇率形成机制改革的不断深入，汇率弹性显著增强。从货币可兑换性来看，金砖国家于 20 世纪 90 年代先后承诺履行 IMF 的第 8 条条款，除个别项目外，基本实现了经常项目可兑换。但在资本项目可兑换程度上，各国存在较大差异。俄罗斯在 2006 年通过了《俄罗斯外汇调节和外汇监督法》修正案，取消了有关资本流动和货币兑换的所有限制，允许卢布成为自由兑换货币。其他四个国家的资本项目仍存在一定管制，但可兑换程度在不断提高。[①] 总体来看，在金砖国家中，俄罗斯的资本账户开放程度最高，巴西和南非次之，中国和印度大致相当。根据 2013 年度"新

---

① 参见莫万贵、崔莹、姜晶晶《金砖四国金融体系比较分析》，《中国金融》2011 年第 5 期。

华—道琼斯国际金融中心发展指数报告"中专题设置的金砖国家货币了解程度指数[①]看，中国的人民币（元）仍是相对认知度最高的货币，其次是印度的卢比、巴西的雷亚尔、俄罗斯的卢布、南非的兰特。人民币（元）的了解程度指数比第二位的卢比高出 0.38 分，比第五位兰特的高出 0.54 分。其他四种货币之间最大差分是 0.16 分。人民币的认知程度得分高，不仅与中国经济强劲增长势头有关，也有中国政府改革人民币汇率机制、推进人民币国际化战略有着重要的关系。[②] 总体来看，金砖国家大多采取有步骤、循序渐进式的资本账户开放模式，这有助于改革进程中的风险控制。

最后，从金融监管和制度发展来看，金砖国家的金融业混业经营程度要低于主要发达国家的水平，这有助于在一定程度上降低金融风险。从监管制度来看，金砖国家普遍采用多头监管模式，有至少两个以上的监管者参与监管。金砖国家的中央银行都参与了银行监管。其中，巴西、印度和俄罗斯都已经建立了显性存款保险制度。与发达国家相比，金砖国家普遍具有较高的银行资本资产比。在五个金砖国家中，除俄罗斯和南非不良贷款率较高外，其余三个国家的不良贷款率均较低。总体来看，金砖国家的金融监管和制度发展仍然具备发展中国家的典型特征，即金融监管服务于稳定和发展的双重需要，而制度基础的建设则表现为一个循序渐进的完善过程。

二　中国与其他金砖国家金融合作的利益

中国践行新兴市场战略的重要抓手或着力点之一就是加强金砖国家金融合作。2011 年 4 月，金砖国家领导人在中国举行了第三次会晤，会后发表了《三亚宣言》，首次表达了金砖国家金融合作意向；2012 年 3 月在印度新德里举行的第四次金砖国家领导人峰会，更是将金砖国家

---

①　货币了解程度主要比较受访者对金砖国家货币的了解程度，主要调查金砖国家货币的国际化程度。5 分表示完全了解，4 分表示比较了解，3 分表示一般，2 分表示不太了解，1 分表示完全不了解。

②　新华指数有限公司、标普道琼斯指数有限公司：《新华—道琼斯国际金融中心发展指数报告（2013）》，2013 年 9 月，第 34 页。

金融合作作为主要议题，并提出建立金砖国家开发银行的构想，这标志着金砖国家的金融合作进入实务开展阶段；2013 年 3 月在南非德班的第五次金砖国家峰会上，各国领导人以共同宣言的方式同意建立一个新的开发银行，并且同意建立一个初始规模为 1000 亿美元的应急储备安排，在构建金融安全网方面取得明显的进展。

中国与其他金砖国家开展金融合作的利益可以分为宏观与微观两个层面。在宏观层面上，金砖国家金融合作可以扩大新兴经济体在国际经济治理与建构更加侧重公平正义的国际金融新秩序中的话语权，能够通过合作来强化金砖国家间的金融救助功能，从而有助于防范或化解金融风险，同时还能够促进各国内部的金融体制机制改革。

首先，金砖国家可以通过合作来倡导更加公平正义的金融新秩序，这符合金砖国家的共同利益。当今世界正在进入一个更加强调公平正义的新阶段。从长远历史的视角来看，近现代人类社会（尤其是资本主义社会）的发展在两股思潮的交替起伏下波动式地前进，一种思潮强调释放市场，另一种思潮强调保护社会。[①] 在释放市场思潮发挥主导作用的阶段，自由平等居于观念的核心位置，强调不同市场主体之间彼此平等、自由竞争，相应的制度安排与公共政策也围绕着如何通过竞争将经济增长的潜力最大限度地挖掘出来。美国主导的新自由主义或"华盛顿共识"是这一思潮的代表性版本。

"华盛顿共识"的实质是"市场原教旨主义"，将市场的作用无限放大，将市场配置资源的有效性作为经济社会发展的唯一标准，忽视了公平、正义等价值对于社会发展的重大意义，将政府维持这些价值的力量与合法性限制到最低限度。例如，"华盛顿共识"中税收改革的实质，是通过再分配手段将经济资源集中到更具生产能力的阶层手中。这一阶层的成员本来在初次分配过程中就获得了更大份额的收入，再分配的基本关切本应该是"损有余而补不足"，以弥合贫富分化，促进社会公平与稳定，但"华盛顿共识"的要求与此背道而驰。又如，自

---

① ［匈牙利］卡尔·波兰尼：《大转型：我们时代的政治与经济起源》，浙江人民出版社2007 年版。

由化的要求，也完全是基于扫清资本在全球扩张的障碍而提出的。而私有化背后的内涵是削弱和侵蚀国家调节市场的经济基础。总之，"华盛顿共识"的经济含义，就是最大限度地解除对市场力量的约束，放任资本的扩张。

客观地说，释放市场能够带来经济水平的提升，但释放市场带来的社会问题，难以由市场化所强调的自由平等本身来解决。缺乏公平正义约束的自由平等，最终会带来社会经济秩序的危机乃至崩溃。例如，在自由放任的金融市场上，缺乏监督的微观主体因为不断变化的信心、诱惑、嫉妒、怨恨、幻觉而行为失当，引发和扩大着危机。此次国际金融危机肇始于美国次贷危机，后者正是崇信市场机制、缺乏金融监管的结果。

随着释放市场的负面影响不断积累，加强监管、保护社会的呼声会越来越高，强调公平正义的诉求也会越来越得到人们的认同。保护社会的核心在于对弱者的照顾。自由竞争虽然带来效率，但也产生弱者或失败者。为了避免社会因为贫富悬殊而变得脆弱，有必要引入公平正义的约束，来对竞争中暂时的失败者予以保护，换取其对现有秩序的认同。

在国际金融危机洗礼后的当今世界，面对公平正义与自由平等之间的紧张，人们权衡的天平开始倒向前者。人们更加担心的不再是竞争及生产的不足，而是分配和消费的不义。追求公平正义越来越成为人心所向、大势所趋。鉴于此，金砖国家有必要顺应这一趋势，在国际金融治理中坚持以公平正义作为规范各国际行为体行动的重要的战略目标。

尽管金砖国家被视为世界经济增长的新兴动力之所在，在某些领域甚至形成了不弱于发达国家的竞争优势，但整体来看，以金砖国家为代表的新兴经济体仍处于经济社会发展相对较低的阶段，按照公平正义的原则，应对其予以有别于发达国家的对待。因此，强调公平正义原则，总的来说有利于金砖国家承担与自身能力及历史境遇相匹配的国际责任，而不至于被发达国家以自由平等的名义加诸过度的责任和负担。与此同时，公平正义原则还要求发达国家承担责任、切实履行承诺，关注发展中国家生存、发展的合理诉求。

公平正义的国际呼吁早已有之。20 世纪 60 年代开始，发展中国家为了摆脱发达国家的控制，发展民族经济，开展经济合作（由于这些国家主要位于南半球以及北半球的南部分，因此被称为"南南合作"）。南南合作的一项核心诉求，就是联合弱小国家向发达国家争取公平正义。但是，由于那时南方国家整体实力很弱，无法有力地制约主导世界的发达国家的行为，除了规模有限的发展援助之外，成效并不显著。

近年来，新兴市场的崛起赋予了超越传统南南合作的新内容，金砖机制为代表的新新合作让发展中国家的话语权得到了前所未有的伸张，追求国际社会公平正义，实际上带有反对发达国家主导一切、操控一切，突出发展中国家在国际社会中之作用的色彩。在此背景下，发展中国家尤其是金砖国家关于公平正义的主张有机会产生世界性的影响，甚至转化为全球层面的政策框架、制度安排，这也符合金砖国家的共同利益。

金砖国家及其领导人实际上也已经意识到了公平正义的重要性，各国不仅强调国内社会公平正义，还特别强调国际社会公平正义。在中国，实现社会公平正义是中国共产党人的一贯主张，是发展中国特色社会主义的重大任务，党和国家领导人在不同场合多次强调"坚持公平正义""公平正义是社会顶梁柱""公平正义比太阳还要有光辉"。2011 年 4 月，胡锦涛主席在金砖国家领导人第三次会晤中提出，"建设公平有效的全球发展体系"。2012 年 9 月，胡锦涛主席在符拉迪沃斯托克会见俄罗斯总统普京时提出七点建议，其中包括"维护国际公平正义"的内容。

巴西政府在 2011 年 6 月发布了消除贫困、为弱势群体提供更多机会的"巴西无苦难计划"，巴西总统迪尔玛在该计划发布仪式发表讲话指出，2003 年至 2010 年，卢拉政府执政 8 年期间，巴西通过实施"家庭奖励金计划"，使全国 2800 万人脱贫，帮助 1.36 亿人迈入了中产阶层，现在根据"巴西无苦难计划"，新政府将调拨 200 亿雷亚尔的预算专款，帮助全国 1600 万赤贫人口在 2014 年前实现脱贫。巴西领导人也一贯重视国际社会的公平正义，曾利用联合国大会等场合，呼吁建立保证国际公平正义的新秩序。2009 年，时任巴西总统的卢拉在联合国辩论中还特别指出，穷国和发展中国家必须增加其在 IMF 和世界银行的控制权，只有更有代表性和更为民主的国际机构才有能力处理国际复杂问题。

　　俄罗斯在苏联解体之后一度陷入混乱，国家被寡头和走私者操纵，经济陷入低谷，1/3 以上的俄罗斯人收入低于最低生活水平。普京担任总统后，积极推动社会公平正义，严厉打击市场寡头，从而维护了社会公平正义。现在，收入低于最低生活水平的俄罗斯人在全国的比例已降到15%以下；民众月平均工资也从 80 美元上升到 500 美元以上。俄罗斯对国际公平正义的理解，矛头直指当前国际秩序的主导者——美国。国际金融危机爆发后，时任俄罗斯总统的梅德韦杰夫呼吁建立一个公正的世界经济和金融新体系，并且明确表示"金融危机导致的问题显示，一个经济体和一种货币占统治地位的时代已经一去不复返了"；普京也指出"目前发生的一切，众所周知，是从美国经济和金融领域开始的。危机，是因为一些具体的人不负责任，一个自命为领导的体系的不负责任。我们看到的是，美国不仅无法保证领导地位，也无法保证为克服危机作出相应的、绝对必要的决定"。俄罗斯强调与中国合作，在国际事务中发挥积极作用，坚持公平正义、追求世界和谐。

　　印度政府也很关注公平正义问题。虽然经济连续数年的高增长为印度积累了财富，在一定程度上改善了国民的生活，但有半数儿童仍处于营养不良状态。如何根据国民实际生活状况合理确定贫困标准、实现社会公正，是印度各界高度关注的话题。2010 年以印度财长慕克吉为首的多名政府部长向国会提交了一份《食品安全法案》草案，规定政府向生活在贫困线以下的公民家庭提供补贴。其后，印度最高法院前法官瓦德瓦主持的委员会公布关于该国贫困标准的报告，该报告认为超过印度人口总数 70% 的家庭都应该获得补贴。关于国际社会公平正义，印度强调应该建立起一套"公平、公正和透明的"机制，确保发达国家能够向发展中国家转移技术，以应对气候变化之类的公共问题。印度总理辛格曾经指出，印度等发展中国家在能源、交通、制造业和农业等领域迫切需要使用环境友好型技术，推动这类技术的转移不仅对发展中国家有益，也符合发达国家的利益。

南非首位民选总统曼德拉有句名言，"只要有贫困、不公正和严重的不平等仍在世界上存在，就没有人能够真正地停歇"。2012 年南非发生的隆明铂金矿骚乱，从反面表明公平正义的重要性不容忽视。自从1994 年结束种族隔离制度后，南非被认为是非洲最稳定的国家之一。丰富的黄金、铂金、钻石等矿产资源一直让南非经济平衡迅速地发展，2011 年作为"非洲的代表"加入"金砖国家"行列，更是给它披上了一件"金色"外衣。但这次流血冲突却暴露出南非社会中潜藏的诸多裂痕，收入差异、贫穷和不平等仍旧撕裂着这个国家。[①] 从国际层面来看，与俄罗斯相似，南非呼吁建立公平正义的经济秩序。南非总统祖马认为，目前的世界经济及金融秩序根本无法代表广大发展中国家的利益，必须予以纠正，只有发展中国家的经济得到长足发展，人类才有望真正消灭歧视。此外，南非还尤其强调发达国家对南非的历史欠账，认为历史上的殖民主义和奴隶贸易给非洲国家造成了深重的灾难，并且是许多发展中国家至今仍异常贫困的主要根源。在制定符合公平正义原则的新秩序时，应当按照矫正原则予以考虑和补偿。

综上所述，体现公平正义原则的国际经济和金融秩序对于迅速发展中的金砖国家至关重要。从国际社会来看，尽管金砖各国对公平正义的侧重点不同，比如俄罗斯侧重于主张新兴经济体在国际社会中的权利，而印度侧重于强调发达国家对于世界（包括发展中国家）的责任与义务，但归根结底都是反对权利和义务不平衡的现状，希望用公平正义的新理念取代弱肉强食的自由竞争理念，指导国际政治经济与金融新秩序的建立。这符合金砖国家乃至广大发展中国家的共同利益。

其次，金砖国家金融合作有助于强化成员国抵御金融风险的能力。比如，金砖国家共同基金或外汇储备库，有望能够帮助成员国应对流动性压力。从某种意义上讲，金砖国家强化抵御风险的金融合作，是对现有机制不满的一种表现。对此，路透社评论道，"此举表明，金砖国

---

① 《矿乱撕破南非"金色外衣"》，http://world.people.com.cn/n/2012/0821/c157278 – 18794728.html。

家和其他发展中国家越来越对美欧国家继续把持 IMF 和世界银行等国际机构感到失望"。这种为推进布雷顿森林机构改革施加压力的说法并非全无依据。早在 2012 年 6 月，路透社就引述一位俄罗斯高层官员的话说，"如主要新兴经济体未能按计划在 IMF 得到更多投票权和影响力，它们可能会联合成立一个对抗危机的基金"。

然而，失望并不仅仅限于对布雷顿森林机构改革的滞后，失望者甚至也不仅仅只是新兴经济体。对 IMF 本身危机预警及救助能力的质疑早已存在，并且正在蔓延。美国企业研究所的终身研究员、曾任 IMF 经济学家的拉奇曼（Desmond Lachman）在 2012 年 10 月写了一篇名为《IMF 的愚蠢失败》的文章，直言尽管 20 世纪 90 年代后期在亚洲和拉丁美洲推行的经济调整方案失败之后 IMF 在这两个地区被视为不受欢迎者，但它从这些失败中汲取的教训十分有限。IMF 在预警方面的作用乏善可陈。过去数年中，IMF 对战后两场最大的经济与金融危机的预警记录都非常糟糕。它未能预测出 2008—2009 年美国房地产及次级贷款市场的崩溃，以及这次危机对世界其他地区破坏性的溢出效应。它也未能就晚近的欧洲主权债务危机做出预警，尽管在危机之前，已经出现了巨大的经济与金融失衡。IMF 在救助危机时的表现难孚众望。亚洲金融危机期间，IMF 对韩国乱开药方加剧危机的历史就不去追述了，此次欧洲主权债务危机中，IMF 也出现了根本性的误诊。起初 IMF 认为，希腊的问题只是流动性问题，而不是偿付能力问题。因此，它在推动公私部门主权债务减记方面过于迟缓。更重要的是，它没有预计到严厉的财政紧缩政策会导致欧洲外围国家严重衰退。直到陷入危机两年多后的今天，IMF 才恍然大悟，认识到欧洲外围国家的财政乘数普遍比 IMF 最初预计的大两倍到三倍。尽管如此，它仍继续推行更加严厉的紧缩。

面对这样一个不可靠的全球经济安全与金融稳定监护者，金砖国家除了"自谋出路""另辟蹊径"，别无他法。

金砖国家都是区域乃至全球层面具备系统重要性的开放经济体，包括产业与金融在内的开放程度还在不断提升，这意味着金砖国家已经面临并且可能还将越来越大地直面大幅资本流动的外部冲击。以金砖国家中已经建立开放金融市场的巴西为例，国际资本只把巴西市场作为无风险或低风险状态下的"掘金地"，一旦出现国际金融动荡，巴西金融资产立即成了国际资本抛售的优先选项。2012 年上半年延续了2011 年国际资本大规模涌入巴西的态势，第一、第二季度资本及金融账户盈余分别达到 234.1 亿美元和 227.1 亿美元。在世界经济前景并不明朗的背景之下，2011 年及 2012 年的大规模资本流入，实际上埋下了未来资本大规模外逃的隐患。2013 年 8 月，巴西出现了资本外逃，巴西雷亚尔大跌，触及 2009 年 3 月以来最低水准。国际资本流动的大进大出可能给巴西未来经济造成严重的影响。

不仅如此，金砖国家还面临发达国家宽松货币政策造成全球流动性泛滥带来的大宗商品价格过度波动的风险。美国和日本的量化宽松政策，以及欧洲的无限量购买欧元区国债的举措，都加剧了未来价格及经济波动的不确定性。在上述背景之下，金砖国家成立共同外汇储备库来应对外部冲击自在情理之中。

最后，通过金砖金融合作可以促进国家内部的金融改革，而国家内部的改革也能够助推金砖金融合作，两者是相辅相成的关系。近年来，中国一直坚定不移地推进金融改革，并以改革促进金融业的发展和稳定，但新的经济发展对中国金融改革提出了更高的要求，况且中国现阶段自身经济发展仍存在着经济增速放缓、经济结构不尽合理、金融市场功能尚不完善、地区发展差异明显等瓶颈因素，也亟待金融改革深入推进。金砖国家的金融合作可以给中国国内金融改革施加外部约束，推动中国商业银行、资本市场及金融宏观调控机制向着市场为基础的方向不断完善。为此，中国应促进金融机构的业务不断创新与发展，避免金融结构的趋同化，加强资本市场监管，加快推进利率市场化改革进程，完善央行通过运用数量型和价格型工具实现货币政策目标的传导机制。同时，继续完善人民币汇率形成机制，努力创造条件进一步增加人民币汇率弹性等。

从微观层面来看，金砖国家都有以银行体系为中心、其他金融类机构多元发展的金融机构体系，金融市场也都并不成熟，还在发展和不断完善的过程中。通过合作可以增进知识与管理经验的分享，促进同行之间的相互学习，甚至可以整合资源、实现优势互补，开展业务，应对欧美金融机构的挑战。南非标准银行与中国工商银行的合作就是金砖国家内部微观领域金融合作的典型。2008 年中国工商银行参股南非标准银行 20% 股权成为这家非洲最大银行的单一最大股东后，双方的战略合作不断深入。2008 年，中国工商银行从南非标准银行获得了12.13 亿兰特现金分红和价值 5.89 亿兰特的股票股息。据测算，中国工商银行从南非标准银行中所获得的投资年回报率约为 7.7%，远高于国外债券投资。截至 2009 年 3 月底，中国工商银行与南非标准银行共开展合作项目 65 个，其中已完成项目 9 个。之所以选择南非标准银行组建联合体，不仅因为其非洲最大商业银行的市场地位，更重要的是基于两家银行之间紧密的战略合作关系。2008 年以来双方根据战略合作协议，全面开展在资源银行、公司银行、投资银行、全球金融市场和投资基金方面的业务合作。通过与南非标准银行合作，一方面，中国工商银行加大了产品线创新力度，积极引进和利用南非标准银行的技术与经验，丰富了金融产品线和境外资源银行业务，获得新的渠道和本土经验，为中国追逐非洲的原材料资源提供便利；另一方面，还得到了一个合作伙伴，帮助它实现进军投资银行业、私人股本和保险业的雄心。对于南非标准银行而言，新资本的注入应使其可以在南非、非洲其他国家乃至国际市场保持强劲增长，而这个国际市场现在应将中国包括在内。

第五章　中国与金砖国家金融合作：
新机遇与新要求

金融业最终是服务于实体经济体的，因此中国金融业走出去也需要服务于中国实体经济的走出去。目前，中国参与全球化的主要方式，已经从吸引外资和出口商品，开始向产业资本输出的形态转变。根据已有的研究，中国的产业资本输出，既不同于市场需求驱动的美国模式，也不同于供给成本驱动的日本模式，而是以资源、技术等要素瓶颈为驱动的中国模式。

在此背景下，金融业在走出去的过程中将面临以下新的机遇和挑战：（1）金砖国家将成为中国产业资本输出的重要目的地。目前中国对其他金砖国家的直接投资占比已经超过10%。（2）资源类投资、基础设施投资将是中国向金砖国家投资的重要内容。此类投资项目的资本规模巨大、投资周期长。（3）金砖国家的投资环境，除了一般的商业风险，还可能存在政治风险。（4）资源类、基础设施类投资通常是大项目，为了争夺大项目和优质客户，中国金融业在走出去的过程中可能出现局部的恶性竞争。为了使中国金融业走出去更好地服务于产业资本的输出，同时利用金砖国家的金融合作改善中国金融业走出去的宏观、微观环境，我们将具体分析：世界银行改革中金砖国家的具体合作方式，以中国为主导的、金砖国家合作为基础的国际银团贷款业务合作，并且分别提出了具体政策建议。

第一节　新时期中国的对外金融战略

一　全球金融秩序的构成

从国际金融体系来看，当前全球金融秩序主要由以下两部分构成:(1)商业金融体系及其监管秩序,后者以《巴塞尔协议》为重要内容。其中商业金融体系包括了货币市场、外汇市场以及各种金融衍生品市场,在商业金融体系的各种市场机构当中,商业银行是其中的核心部分。因此商业银行也就成为监管的重要对象,不断更新的巴塞尔协议就是针对商业银行监管而制定的秩序和规范。(2)国际金融短期、中长期协调,以及在协调秩序中处于核心的国际金融机构。其中,国际金融短期协调包括国际短期资本流动、汇率协调等方面,执行机构为国际货币基金组织(IMF);此外,国际金融中长期协调尤其侧重于开发金融,是以世界银行为代表的执行、协调机构对发展中经济体进行各种形式的开发性援助,以及其他改善贫困状况的福利性援助。

以上两个领域及其相应的协调机构就构成了全球金融秩序。在全球各个经济体的内部,也都有相应的秩序规范以及协调机构。

二　中国对外金融战略的内容

基于全球金融秩序的构成内容,我们首先可以明确中国对外金融战略的目标:推动国际金融短期、中长期协调,以及商业金融体系监管秩序的改革,促进中国对外贸易、直接投资等的发展和升级,为中国经济的全面崛起创造更好的外部环境。

在次贷危机爆发,以及欧债危机面临较大压力的阶段,中国对外金融战略的侧重点是推动国际金融短期的协调,具体的实施内容如下:

(1)中国与其他经济体签署双边本币互换协议,为稳定国际外汇市场创造条件。2008年以来,中国人民银行已与韩国、中国香港、马来西亚、白俄罗斯、印度尼西亚、阿根廷、冰岛、新加坡、新西兰、乌兹别克斯坦、蒙古国、哈萨克斯坦、泰国、巴基斯坦14个国家和地区货币当局签署了总额为1.3万多亿元人民币的双边本币互换协议。

(2)推进本币结算与贷款业务,减少或抵消欧美金融体系带来的流动性问题,便利贸易与投资。中国和其他经济体之间的贸易大都以美元、欧元计算,全球金融危机使美元、欧元持续动荡,这不仅增大了其他经济体货币的汇率波动性，而且给其国际贸易带来结算风险。因此，中国开始推进使用本币进行结算与贷款业务。人民币跨境结算就是这方面最重要的举措，实际上这一措施对于国际金融秩序的重塑也具有长期的战略意义。

（3）直接参与构建金融安全网，筹建应急外汇储备库用于危机救助。2009 年 2 月，以中国提出的清迈倡议多边化为基础，"10 + 3"财长会议公布了《亚洲经济金融稳定行动计划》，规划中的储备库的资金规模提高至 1200 亿美元，并提议建立独立的区域监测实体。2009 年 5 月，"10 + 3"各方进一步对储备库的所有要素达成共识，并确定储备库开始运行的时间，清迈倡议多边化取得了"里程碑式"的实质性进展。中国在其中发挥了重要作用。此外，中国也积极在金砖国家层面推动储备库的建设。2013 年 3 月金砖国家德班峰会的亮点之一莫过于金砖国家拟建立 1000 亿美元的应急储备安排，这是 2012 年 6 月五国在墨西哥洛斯卡沃斯 G20 峰会上共同探讨决定的。在 1000 亿美元的应急储备安排中，中国拟出资 410 亿美元，巴西、俄罗斯和印度各出资 180 亿美元，南非出资 50 亿美元。该应急储备安排的建立将有效缓解金砖国家应对短期流动性压力，并为各国提供相互支持，以进一步加强金融稳定。

（4）增资国际货币基金组织、世界银行等金融机构，增派高级别行政官员，在现有的国际金融秩序框架下，增加自身的发言权。2009 年和 2012 年，中国两次参与向 IMF 增资，增资金额分别达到 200 亿美元和 430 亿美元，增强了 IMF 干预国际金融危机的能力。同时，中国也向世界银行等国际金融机构进行了增资。在此期间，中国还增派了一批具有国际网络技术的金融人才，在国际货币基金组织、世界银行任中、高层行政职务。这些举措都提高了中国在 IMF 的份额、地位和发言权，增加了中国参与制定游戏规则的能力和影响力。

但是，从更长的后危机时代来看，中国的金融战略重点需要转向国际金融的中长期协调、商业金融体系及其监管秩序的规则制定等领域，具体措施如下：

（1）以开发性金融，推动中国资本和商品走出去，并进一步服务于中国的能源安全战略、技术转型升级战略。当前,一方面,多边开发机构对新兴经济体基础设施融资和环保投资等相对有限,一些经济体迫切需要开发性金融的支持;另一方面,以中国为代表的部分新兴经济体的储蓄,则"逆流"到发达经济体。同时,中国自身还面临着进一步增加海外投资机会、稳定国际商品市场、保障能源安全、促进技术转型升级等问题。而开发性金融,不但能够促进中国资本、商品甚至发展模式的输出,还有助于能源、技术等问题的解决,并为其他经济体的经济发展提供动力支持。

(2)倡导公平公正,推动国际货币金融体系的改革。国际金融危机充分暴露了现行国际货币和金融体系的缺陷和不足,随着新兴经济体的迅速崛起,现行国际货币金融体系结构不合理、缺乏代表性等问题越发突出。在国际金融体系改革方面,中国应团结其他新兴经济体,统一协调,坚定立场,要求尽快改革当今不合理的国际金融体系和组织架构。当然,在全球层面,要动摇现行的国际货币金融体系是非常困难的。因此,这一战略的具体实施步骤可以先从区域、局部层面做起。例如:在东亚地区,以"10+3"框架为平台;在中亚地区,以上合组织框架为基础;在金砖国家层面,以金砖银行为雏形,推动国际货币金融秩序的局部变化,以此来形成更大的力量,进而在 G20 的全球平台上,促进全球范围内的国际货币金融秩序发生变化。

三　中国实施对外金融战略的外部环境

中国多年来的持续增长,使自身的经济、金融实力不断增强,为中国对外金融战略的实施创造了如下有利条件:

其一,中国银行业等金融机构的股份制改造基本完成,市场化程度不断提高,中国的银行等金融机构越来越多地参与到国际金融的竞争、合作当中,影响力逐渐扩大。

其二,在短期协调的流动性国际协调方面,中国在国际货币基金组织中的份额已经调高至第三位,仅次于美国和日本,发言权得到提升;另外,在区域层面,中国提出的清迈协议多边化,也已获得重要进展,并在此基础上建立了规模可观的外汇资产池;在双边层面,中国也已经与约 20 多个经济体签订了超过 1 万亿元人民币等值的双边本币互换协议；最后，发端于人民币跨境贸易结算的人民币国际化也正在推进之中。

其三，从中长期的开发性金融来看，中国在世界银行中的份额和地位也正在提高，以林毅夫为代表的中国学者获得了世界银行的高级职位，提出了新结构主义，为输出中国发展模式作出了贡献。

四 中国对外金融战略的挑战

尽管如此，中国的对外金融战略仍然面临以下问题或挑战：

其一，缺乏中国主导的、与中国国家利益能够实现一致的金融合作及其协调机构。例如，亚洲开发银行是美、日作为主要股东的机构，中国在其中缺乏主导权。即使在上合组织中，中国国家利益的实现机制也面临着不甚通畅的困境。在 2012 年 6 月的北京上合峰会上，出于俄罗斯对中国主导权的担忧，中国的多项经济、金融提议均受到挫折。可见，中国需要推动金融合作秩序的重塑，并使其能够服务于中国的国际贸易与对外投资，为中国经济、金融的发展，以及政治利益的实现提供良好的外部环境。

其二，目前中国内部的金融体系正处于改革进程中，这种从不完善走向成熟的过程，决定了中国的对外金融战略会面临诸多新问题。例如：中国的汇率制度改革尚未完成，人民币汇率仍然缺乏弹性，官方对汇率的干预仍然较多，交易规则仍然面临诸多限制；中国的资本与金融项目仍未完全放开，企业对外投资、贸易中也面临着一些资金使用的便利性问题。由于上述原因，中国在对外金融合作过程中，例如人民币加入 SDR、获得市场经济地位的承认等方面遇到了阻力。此外，由于利率市场化在实质意义上尚未完成，作为资金价格的利率仍然存在扭曲，也使得国内企业的投资行为存在扭曲，进而影响着国际资本流动，以及对外投资、对外金融战略的正常开展。因此，中国对外金融战略的推进，要求我们加速推进内部金融体系的改革。

第二节　金砖国家与中国金融业走出去

一　中国金融业走出去,服务于要素驱动模式的产业资本输出

　　首先,中国金融业的走出去,应服务于产业资本输出。凭借全球第二大经济体和第一大出口国的地位,中国已经当之无愧地成为世界工厂。在此过程中,中国积累了对发展中国家和转型经济体都有借鉴意义的发展、建设经验,同时依靠自身发展初步实现了资本积累,生产能力不断扩张,在全球分工网络中的地位不断提高,经济版图不断扩大。过去30多年的改革开放,尤其是中国加入 WTO 以来,中国参与全球化主要体现为输入资本和技术、输出贸易产品,获取外国市场的需求,不断融入全球贸易体系中,并逐渐参与规则的制定与调整。在接下来的阶段,中国参与全球化的潮流,将更多地体现为资本输出,其主体将是中国的跨国公司和跨国金融机构。两个主体背景实际上对应的是产业资本和金融资本。

　　金融最终是服务于实体经济的,中国金融业走出去的道路也是如此。中国金融业走出去的渠道有两种:一种是通过自身直接走出去,例如银行业、证券业、保险业在机构设置、管理模式上的国际化;另一种渠道则是通过支持产业资本的输出,在业务上走向国际化。两种渠道互相促进,相辅相成。

　　其次,中国产业资本输出是模式要素驱动模式。与现有的国际经验、模式不完全相同,中国产业资本输出模式具有自己的独特性,这种独特性可以概括为"要素驱动模式",这决定了中国金融业走出去也具有相应的特殊性。从国际经验来看,以第二次世界大战后美国、日本的产业资本输出为代表,国际直接投资主要可以分为需求驱动型和供给驱动型。

　　需求驱动型的产业资本输出:这种类型的直接投资有两种原因:一种是由于本国企业面临其他国家的贸易壁垒;另一种是由于空间距离远,运输成本过高。因此,其投资的目的地往往是需求市场的所在地,即市场在哪里,投资就去向哪里。这正是美国早期产业资本输出的特点。研究者通常称之为"美国模式"。①

供给驱动型的产业资本输出主要是由于本国企业在本国面临的生产成本越来越高，例如土地价格上升、劳动力工资上涨等，丧失了供给方面的比较优势，所以企业也会向国外转移产业。在这种情况下，资本输出对目的地的选择依据并不是需求市场所在地，而是生产成本是否低廉、生产配套网络是否完善。这也被称为"日本模式"。② 显然，与美国模式相比，日本模式的驱动原因、目的地选择依据均有不同。

中国的情况比较特殊，研究者对历年中国对外直接投资企业数据进行整理，结果发现：中国企业对外投资的分布中，投向资源类的占41%，投向技术类的占27%，两者之和为68%。如果单从制造业来看，资源类和技术类分别占比34%、35%，两者之和为69%。可见，现阶段中国产业资本走出去的模式，与前面两种模式不同。

究其原因，现阶段中国企业面临的主要压力，不是来自市场需求，也不是来自国内生产成本的上升，而是资源和技术等要素的瓶颈。因此，目前中国的产业资本输出可以概括为要素导向型，而且主要集中于资源、技术这两种要素。因此，投资的目的地主要是资源禀赋充裕的经济体，或者是拥有技术优势的发达经济体。

从中短期角度来看，由于中国企业发展的主要瓶颈仍将是资源、技术，而且由于中国本土生产配套网络的固有优势，中短期内难以发生大规模的产业外移，所以，在此期间中国的产业资本输出难以转向美国模式或日本模式。相反，中国以要素驱动为主导的产业资本输出将会持续较长时间。但是，随着时间的推移和中国产业结构的升级，中国的低端产业必将向外转移（供给驱动模式）。

二　产业资本输出对金融业走出去的要求及出现的问题

首先，金砖国家将成为中国产业资本输出的重要目的地。从中短期来看，中国的产业资本输出，将主要表现为要素驱动主导，尤其是以资

---

① 后来美国的对外投资特点也发生了变化。
② 后来日本的投资模式也发生了一些变化。

源、技术的投资为主。从这个角度来看,金砖国家中的南非、俄罗斯、巴西,都将是中国产业资本输出的重要目的地。事实上也是如此。截至2010 年,中国的对外直接投资存量中,上述三国分别占比5. 35%、3. 59%、1. 19%,合计超过10%。① 从更长期来看,如前文所分析,随着时间的推移,人口老龄化和产业结构的不断升级,中国的低端产业必将向外转移(供给驱动模式)。从目前发展中经济体的人口规模、经济体量来看,只有印度这样的经济体具有相应的承接能力。因此,虽然目前对印度投资存量仅占全部的0. 62%,但潜力很大。从这个意义上来说,金砖国家的金融合作,为中国产业资本输出,进而使金融业走出去提供了重要的机会。

其次,资源类投资需要先期开发的支持。中国对南非、俄罗斯、巴西的产业资本输出,主要集中于资源类行业,而资源产品的开发、生产通常对基础设施要求较高,例如,海陆运输、通信、给水、能源的生产和供给等。这些基础设施具有网络性特征,一旦建成,对于资源企业之外的经济个体也具有正的外部性。因此,如果完全靠企业自身来提供基础设施,则产量将是不足的。但问题是,上述国家的基础设施往往是不足的,这就涉及开发性金融的支持。不仅如此,资源类投资通常是资本密集型行业,因此资本规模巨大,投资周期也较长。在东道国本身缺乏资金支持的情况下,这就对中国的金融业走出去提出了要求。除了上述三国外,对于印度的资本输出也存在这个问题。印度以基础设施投资匮乏而闻名,中国对印度的产业资本输出也将不可逾越地面临基础设施问题。

再次,金砖国家存在两类重要的投资风险。与成熟的发达经济体不同,金砖国家的投资面临两类重要风险:其一,商业风险。对当地人文、经济环境的不熟悉,以及对国际经济环境的不了解,使投资经营面临诸多风险,通常是直接对利润收益产生影响。其二,政治风险。东道国政局变化,或国内其他政治因素的影响带来的经营风险,通常是直接对投资本金产生影响。例如,近年来在俄罗斯发生的浙商价值上百

---

① 这一计算剔除了中国香港特区、英属维京群岛、开曼群岛。

亿的森林被俄官方没收、华人市场被强制关闭等；2012 年年初以来南非愈演愈烈的罢工运动等。这不但是产业资本输出的挑战，同时也对金融业走出去提出了更高要求。

最后，在金融业走出去的过程中出现了局部的恶性竞争。这主要有两个原因：（1）在要素驱动模式下，中国走出去的产业资本所对应的往往是大型企业。因为只有大型企业拥有资金、国际网络的优势，并能够承受一定的投资风险。相反，中小企业即使能够走出去，其对风险的承受能力也较弱，因此对金融行业来说并不是优质客户。在此情况下，金融业在支持中国产业资本走出去的过程中，容易出现互相争抢客户，甚至恶性竞争的情况。（2）由于中国对外直接投资主要集中于基础设施、资源开发、技术类企业的并购等项目，这些项目规模庞大而国内资金相对充裕，因此国内金融机构在走出去的过程中也容易出现恶性竞争的情况。

三　金砖国家金融合作为金融业走出去提供了历史机遇

中国金融业走出去的路径，可以概括为"两个阵地"和"三条战线"。两个阵地：上海国际金融中心、香港国际金融中心。三条战线分别是指：（1）国际货币金融体系改革。这将为中国金融业走出去提供宏观环境的保障。（2）商业金融层面。（3）开发性金融。金砖国家的金融合作，包括了官方层面的合作，也将包括商业机构之间的合作，因此在上述三条战线上均为中国金融业走出去提供了机遇。

利用好这一机遇，可以采取的措施有：（1）金砖国家的合作将有利于推进国际货币金融体系改革，改变只有美国独大的格局，改善中国金融业走出去的宏观环境。我们将以世界银行的改革为例，具体可参见本章第三节的内容。（2）在商业金融领域，发展国际银团贷款业务（实际上也适用于开发性金融领域），在商业机制上推动中国金融资本、东道国资本的利益一致性，在一定程度上分散投资风险，同时也有利于减少国内金融机构的恶性竞争。事实上，这也同样适用于开发性金融领域。（3）在开发性金融领域，增加基于多边平台的项目合作，例如区域开发性金融机构的平台，这个平台可以是参与现有的，也可以是新创建的、中国具有所有权的多边平台；同时，也可尝试有针对性地将特区模式和工业园模式运用于其他金砖国家。

第三节　国际货币金融体系改革与金砖国家金融合作

以美国为代表的发达经济体处于国际金融体系的核心地位，而金砖国家均处于外围。在现行的国际货币金融体系中，核心经济体对全球金融系统具有负面的溢出效应，例如多轮货币数量宽松政策（QE）导致国际流动性泛滥，国际热钱流动频繁。此外，核心经济体的价值观也主导着主要国际金融机构的经营理念，例如华盛顿共识就深刻地影响了国际货币基金组织（IMF）和世界银行（WB）等机构的运作模式和行为准则。2009 年年初，中国人民银行行长周小川提出创建超主权储备货币、改革国际金融体系的呼吁，很快就得到了俄罗斯、巴西等国的积极响应。可以预见，金砖国家的金融合作，将在国际货币金融体系改革中起到重要作用，并为中国金融业走出去创造更为有利的宏观环境。

2008 年全球性金融危机之后，G20 峰会成为全球经济治理最重要的多边机制。根据 G20 在 2009 年匹兹堡峰会的承诺，2010 年年初，世界银行发展委员会最终通过了投票权改革方案。这次改革促成了世行的投票权重组——由发达国家向发展中国家转移 3.13 个百分点，发展中国家的整体投票权由 44.06% 提升至 47.19%。其中，中国的投票权，也由 2.77% 上升至 4.22%，一跃成为仅次于美国和日本的第三大股东国（见图 5-1）。与此同时，日、英、法、德投票权均有不同程度的削减。金砖国家中除了中国的份额大幅提升外，南非份额略有下降（下降 0.08 个百分点），俄罗斯份额持平，巴西和印度的份额分别略有上升（分别上升 0.18 个、0.14 个百分点）。总体来看，金砖国家的份额由 11.21% 上升到 12.9%，上升了 1.69 个百分点。

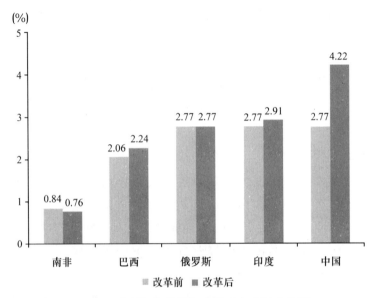

图 5 - 1　世界银行投票权改革后金砖国家份额

资料来源：世界银行。

一　美国一家独大的现状未得到根本改变

在目前的世界银行游戏规则中，重大决定需要有 85% 的绝对多数投票权同意，才能获得通过。美国仍然维持着 15.85% 的投票权，对重大决议仍然具有最终的否决权。这意味着，任何改变世界银行现状的决议，都需要有美国的同意方能实现，因此美国能够通过这一机制有效地维护其既得利益。

回顾世界银行否决权变化的历史，在 1945 年世界银行成立之初，美国占有世界银行 35% 的投票权份额。当时，重大决议只需要 80% 的多数投票权就能通过，由于美国 35% 的投票权一家独大，在此条件下美国拥有对任何决议的否决权。此后，由于国际经济格局的发展和变化，美国在世界银行中的投票权份额逐渐被其他国家取代，其投票权降至不足 20% 的水平。在此情况下，美国已经无法保证其绝对否决权。因此，美国推动世界银行在 1989 年通过了一项修正决议，该决议规定世界银行通过重大决议的多数票比例提升至 85%。这样，通过修改游戏规则，美国仍然保持着独有的否决权。中国等发展中国家的投票权增加，就目前阶段而言仍然处于量变的阶段，尚难以对美国的绝对控制权产生有效的挑战。

与美国15.85%的投票权相比，中国所占权重仍然有很大差距。这就决定了中国应该争取在两个方面有所作为：其一，直接提高自身的投票权；其二，通过提高可控制的投票权份额，来增强自身对总体投票权的实际驾驭能力。

二　美国对重大决议的促成能力受到削弱

如前所述，虽然美国对重大决议的否决权没有任何动摇，但是美国对重大决议的促成能力正在相对受到削弱。1989年，虽然重大决议的投票通过率由80%提高到了85%，美国就此保住了否决权；但是，美国促成重大决议的能力也受到了限制。以美国的投票权为16%为例，在80%的通过率下，美国只需要额外争取到64%的投票权；而在通过率为85%的情况下，美国则需要额外争取到69%的投票权。可见，投票权机制的改革，虽然有利于美国保留其否决权，但是并不利于美国在世界银行促成新的重大决议。在此，否决权可以看作维持现状的能力；而促成新的重大决议，则可以看成是改变现状的能力。

与此同时，金砖国家的投票权份额，已经从11.21%上升到12.9%，只要再额外联合一定的份额即可同样对重大决议形成否决权。例如，法国的份额是3.75%，金砖国家加上法国的份额将明显超过15%，这一格局将对美国企图为自己量身定做的新的游戏规则产生较大约束。

三　中国需提高份额并通过合作推动世界银行改革

中国与美国的投票权分别是4.22%和15.85%，两者差距悬殊，这就决定了我们的策略要从两个方面着手：一方面，中国要继续争取自身投票权的增加；另一方面，中国应通过与其他国家合作，尤其是与金砖国家的合作，来增强中国对总体投票率的实际影响力。具体而言，可以采取以下几个方面的措施。

其一，对世界银行股权调整的细则，提出修改的动议。如前文所述，目前股权调整细则基于三个方面的考虑：该国在全球经济中的权重；该国对世界银行的融资贡献；该国对世界银行的直接发展贡献。这三者权重依次为75%、20%和5%。

一方面，对于中国和其他金砖国家而言，经济总量的持续上升以及对美国的超越是一种长期趋势。但是，从中短期而言，各个金砖国家的经济总量还是显著低于美国。另一方面，金砖国家的外汇储备占到全球40%以上，在融资来源方面的重要性却迅速增强；而美国的财政却捉襟见肘，时常受到财政悬崖的困扰。因此，在世界银行新的增资计划提出时，金砖国家应当有条件地响应，而具体的条件就是：在世界银行股权调整的细则中，适当削减"该国经济占全球经济权重"这一项的比重；同时，要求提高"该国对世界银行的融资贡献"之权重。当然，这必将影响到美国在世界银行的股权比重，美国也必将反对此项动议。但金砖国家可以此作为增资条件，经过权衡获取一些改变，从而使制度设计更有利于金砖国家投票权的提升。

其二，美国可能试图再次降低15%的否决权标准，对此金砖国家要有所准备。在可预见的未来，由于金砖国家经济的强劲发展，美国在全球经济中的地位，以及对世界银行的融资贡献都将相对下降。按照现有的股权调整方案，美国的投票权将进一步下调，其否决权将面临现实的威胁。届时，美国很可能会再次要求降低否决权的标准（例如，降至13%）。

对此需要注意到：（1）在短期内，这种提议在维持美国否决权地位的同时，也会增加中国等大国的否决能力；（2）但是，从长期来看，则会延缓美国否决权的退出，并且导致否决权面临贬值；（3）再者，随着中国经济、金融地位的提高，获得否决权是必然的。所以，中国应联合金砖国家，力争15%的否决权不被再次降低，或至少延缓这一过程。

其三，按照否决权（15%）的目标，建立起相对稳定的、可以联合行使否决权的国家。例如金砖国家加上法国，投票权份额就达到16.65%，甚至超过了美国。这就意味着：美国要通过一项新的决议将比以前困难得多，比如"一个调低否决权门槛的新方案"。这样，随着美国实体经济地位以及融资贡献的相对下降，则美国丧失独有否决权将成为必然。为了掌握否决权，这些联合行使否决权的国家，需要具有相对稳定性，甚至成为一种机制。从理念上来说，这些国家对于改变现行国际货币体系应该具有较强的认同感——这种认同感可能不仅来源于经济原因，也可能来自政治考虑。从保守的角度来看，如果这些国家能够稳定地联合行使投票权，从而保证现行规则不变，则随着中、美实体经济地位和融资贡献的相对变化，美国失去独有的否决权地位将只是时间问题。

第四节　中国与金砖国家金融合作发展前景

中国与金砖国家金融合作发展的前景广阔，但归纳起来有三大支柱：一是国际金融危机防范与救助（避免风险）；二是建立发展导向的金融机构与金融市场合作机制（获取利益）；三是建立金融领域的交流机制与对话平台，在内部协调一致的基础上，呼吁全球货币金融体系改革，向发达国家争取金融话语权（争取权力）。

一　金融危机防范与救助

金砖国家面临发达国家宽松货币政策造成全球流动性泛滥带来的大宗商品价格过度波动的风险。美国和日本的量化宽松政策，以及欧洲的无限量购买欧元区国债的举措，都加剧了未来大宗商品价格及经济波动的不确定性。为了应对这些风险，一种可行的办法是金砖国家成立共同外汇储备库。在这方面，"清迈倡议"多边化而成立的东亚外汇储备库为金砖国家组建共同储备库提供了借鉴，但金砖国家可能无法也没有必要完全照搬东亚模式。

首先，在东亚外汇储备库中，中日韩与东盟国家采取了"自我管理"的形式，而没有汇集真实的资产池。如果金砖开发银行能够成立，那么与之并行的金砖共同基金以集中管理的方式运作可能是更好的选择。

其次，东亚成立了东盟与中日韩宏观经济研究办公室（AMRO）来负责评估区域经济，并明确东亚储备库资金不与 IMF 挂钩部分的使用机制及条件，金砖共同基金显然也有必要成立类似的监测管理机构。作为主要新兴经济体之间成立的跨区域合作机制，金砖经济监测的难度比东亚可能更大，最初可以从金砖国家经济形势的信息共享、同行审议做起，逐步深化。

在贷款条件方面，为了避免 IMF 条件的苛刻性，提升新兴经济体合作的效率和信任感，可以考虑比东亚储备库初始的脱钩比例稍高一些。但是，东亚储备库资金使用及救助机制本身也未经过来自现实的"压力测试"，难以判断其有效性。金砖机制在借鉴其方法时应持更谨慎的态度。

更重要的是，包括金砖国家在内的新兴经济体仍然缺乏一套类似于"经济自由化"为核心的"华盛顿共识"那样的、具备坚实理论基础并且明确而具体的行动纲领来取代前者，为国际经济发展与风险监控提供详细的指导。惟其如此，才更需要金砖国家在包括共同储备库在内的合作机制与合作内容上不断创新，为以公平正义为约束条件的竞争观，以及包容性发展的发展观，创造新的经验。

二　建立包容性发展导向的金融机构与金融市场合作机制

发展是金砖合作的核心价值，公平正义是金砖发展的约束条件。鉴于此，我们需要一种新的增长观，一种以公平正义为约束条件的竞争观，其核心价值就是包容性发展。建立包容性发展导向的金融机构与金融市场合作机制就是落实金砖合作核心价值的最重要的载体。

当前，金融机构的合作主要就是规划好、设计好、创办好金砖开发银行。金砖开发银行的成立将成为金砖国家金融合作的重要里程碑，从促进全球经济增长、推动全球治理机制改革、加强金砖国家合作以及深化金砖国家对外合作等方面来看，都具有十分重要的意义。这部分内容十分重要，本书将专门论述。

金融市场的合作包括本币资金跨境流动、证券市场及股票市场的合作。关于本币资金跨境流动，可以考虑以本币进行对等的资本账户开放或投资。采用本币结算以后，本币流出以后的回流问题需要解决，需要各国政府允许由贸易项下产生的本币资金可以跨境流动进行投资，在国内开设账户，进行债券、股票等投资本币回流到国内进行投资，不会产生冲击风险。实行资本账户的开放，有利于对外贸易和投资的发展，同时风险较小，实现了投资货币、区域和资产的多元化；在贸易项下的资金流动开放以后，可以相互允许各自的企业到对方国家的股票市场和债券市场发行股票和债券，使用主权货币但不兑换为储备货币，这样，货币开放就可以趋向多元化，风险也可以分散。

金砖国家债券市场的发展也具有重要的积极意义：一是可以优化五国的金融体系，降低和缓解金融系统的风险，并使得区域内资金达到有效配置，这一点对于以间接融资为主、债券市场相对落后的中国尤为重要；二是可以拓宽各国外汇储备的使用渠道，降低对美国金融市场的依赖；三是有助于货币互换协议等其他金融合作项目的作用的发挥。

在多边框架指导下，五国经济体在本国债券市场上引进合作对方国的投资者，发行双边本币债券，从而培育双边本币债券市场。随着区域内直接投资的发展，各国政府系统的金融机构可通过用本国货币发行债券对进行跨国直接投资的本国企业提供必要的资金支持。五国可以尝试建立金砖国家债券基金，来促进各国债券市场的发展。

金砖国家股市合作应该包括以下三个方面的内容：股票市场监管的合作、证券交易所的合作和交叉上市。股票市场监管的合作包括政府间通过签订双边或多边的条约、谅解备忘录，以及建立各国监管机构的访问制度和信息交流机制，共同对股票市场进行监管；证券交易所的合作主要有跨境交易，认购股权联合开发证券和利率产品等方面；交叉上市方面，可以允许符合条件的境外公司通过发行股票或存托凭证的形式在本国的交易所上市。

三　加强内部协调，争取国际金融话语权

建立和完善金砖国家金融领域的交流机制和对话平台是推动合作机制化建设的必要举措，也是进一步深化金融合作的基础。成员国之间

借助"金砖峰会",在金砖国家银行合作机制的基础上,建立和完善中央银行货币政策协调与业务合作机制、五国财长对话机制及金砖国家银行联合体等平台。通过平等的磋商来解决各成员国之间的政策冲突、金融监管透明度、金融政策协调、相关信息披露,并在此基础上寻求深层次共识,协调金融合作进程。此外,在培养金融行业人才、金融信息交换和共享、金融领域项目库建设等方面也应当形成必要的协调机制。

除了为金砖国家间合作奠定基础之外,加强内部协调的另外一项重要任务是在国际金融治理平台上用一个声音说话,在国际货币金融体系改革等议题上,为金砖国家争取更大的话语权,进而推动改革向有利于包括金砖国家在内的广大发展中国家的方向前进。金融危机以来,全球治理机制的改革已经取得了一些进展,新兴经济体的地位有所提高,但是还远远不够。这主要表现在,世界银行、IMF在内的全球多边经济机构的改革进展缓慢,难以反映金砖国家地位的上升,以及全球经济格局的变化,并且地区性国际经济组织的改革尚未启动。通过加强内部协调,可以在G20等更具代表性的国际治理平台上发挥集体行动的优势,迫使欧美发达国家考虑加速对现有国际货币金融体系的改革。

金砖国家在提升新兴市场经济体在国际金融机构中的地位和投票权,改变现有贸易规则、国际金融监管规则都由发达经济体主导制定的格局方面存在共同诉求。特别提款权的份额和投票权涉及储备货币地位。如果金砖国家在SDR中的占比高、投票权大,则可以改变国际货币以三大储备货币为主的格局,增加其他货币作为储备货币。新兴经济体还可以基金组织的债券购买为基础,要求改革SDR定值货币参照体系,定期调整不同货币的参照权,并不断扩大SDR规模,新增加规模比例的分配根据国家经济金融实力的变化进行,这样,就可以将人民币、卢布等逐渐列入储备货币。

在金融监管方面,尽管在国际金融危机之后,无论是发展中国家还是发达国家,都认识到有必要对金融机构、金融产品和金融市场(包括对冲基金、信用评级机构和企业高管薪酬)实施更加严格的监管和监督,将"影子银行"纳入监管范围之内,并对金融部门实施改革,增强资产负债表约束和市场基础设施的建设，降低具有系统重要性的金融机构带来的风险以及减少道德危害等。但是发达国家金融部门利益集团力量十分强大，即便其政府认识到缺乏监管的危害性，推动相关监管的阻力也非常巨大。《巴塞尔协议Ⅲ》在中国等发展中国家的进展非常迅速，但在发达国家却一再被推迟，除了发达国家政府为了保增长而妥协之外，金融利益集团的影响也是重要原因。为此，金砖国家可以通过内部交流、知识分享、同行学习，在新的国际金融监管框架（尤其是对国际资本流动的监管）的完善方面作出贡献，并以一致的立场将其上升为通行的国际经济规则，从而在国际金融秩序构建中，发挥金砖国家集体的影响。①

第五节　金砖国家的褪色和中国的机遇

一　金砖国家面临的问题

世界经济格局的重大变化，正在悄然酝酿、推进之中。但是，从2013年开始，伴随着新兴市场国家结构性问题的日益突出以及外部环境风向的转变，其经济增长动力遭到质疑。自2013年美联储考虑缩减量宽的货币政策以来，金砖国家的表现开始出现分化，除中国之外的金砖国家普遍出现货币表现不佳、股市低迷、资金面临外逃之势，越来越多的人认为，金砖国家正在经历"褪色"。

金砖国家目前正在遭遇的危机，从外部原因看，主要是美联储货币政策从2013年下半年以来的转向，以及此前对这种转向的预期，导致国际资本普遍从新兴经济体流出，尤其是从金砖国家流出。在此背景下，一些新兴经济体由于危机以来对资金流入过于依赖，这使它们的货币汇率、金融市场就不可避免地受到冲击。

例如，2008年金融危机以来，大量的国际热钱流入南非、印度、

---

① 本节文献资料主要来自桑百川、刘洋、郑伟《金砖国家金融合作：现状、问题及前景展望》，《国际贸易》2012年第12期；白洁、商海岩《金砖国家产业互补性与中国产业结构升级研究》，《经济问题探索》2012年第7期；李娅、华伟《金砖国家国际金融合作协调机制研究》，《理论学习》2011年第9期。

巴西，在美国货币政策转向的背景下，如果这些年来积累的热钱也出现逆流，则南非的全部外汇储备将消耗殆尽，印度的外汇储备将剩下不到1/3，巴西情况稍好，但也有一小半的外汇储备缩减。

此外，俄罗斯在这方面的压力虽然较小，但是俄罗斯经济非常依赖于石油、天然气的出口。在美国货币政策由超级宽松向审慎从紧的转向过程中，美元将在相当长一段时间内面临升值趋势。在此背景下，以美元计价的石油、天然气价格将发生振荡，从而使俄罗斯处于弱势之中。实际上，自2013年以来，全球主要大宗商品价格就一直面临疲软之势，这一趋势必将进一步延续。因此，俄罗斯经济也面临重重困难。

由此可见，新兴经济体遭遇的这种危机与美联储货币政策的周期性有关，但这并不是一个长期趋势。从长期角度来看，市场投资者们仍然看好金砖国家在未来的投资机会。例如，最早提出金砖国家概念的吉姆·奥尼尔，在2014年2月为一家欧洲智库完成的一份研究报告中再次指出：到2020年，德国、意大利的最大出口目标市场，将是以金砖国家为代表的新兴经济体，而不是它们现在的欧元区贸易伙伴。

但是，金砖国家目前所面临的"褪色"危机，不仅与外部环境的变化有关，实际上也同国内经济、金融结构问题相联系。要改变这种情况，新兴经济体一方面需要致力于重建国际货币体系；另一方面也需要注重自身的经济体制改革。

具体来看，印度始终困扰于低效率的民主制度之中，基础设施建设过于滞后，经济的区域分割、产业分割严重；与此同时，支持经济增长的人口红利，却因教育瓶颈、产业结构问题而难以释放。对于巴西来说，其结构性问题也非常突出：庞大的社保体系、沉重的赋税、日益萎缩的制造业、严重落后的基础设施，都成为经济增长的制约因素。俄罗斯经济的问题是，一直过于倚重能源、资源出口，产业结构不合理，腐败问题严重，市场运行效率较低。南非也一直困扰于劳动力市场的供求不匹配、产业结构不合理、收入差距过大等问题，尤其是不合理的产业结构，使其很容易受到欧洲、中国经济放缓的影响，尤其是大宗商品价格走软的时候。

　　"金砖国家"最早是高盛公司提出来的一个投资概念。投资概念本来就有周期性，不可能所有的金融产品、金融市场永远都具有绝对的投资价值。从这个意义上来说，金砖国家的确褪色了。但从长期的经济增长前景来看，这些国家都具有巨大的国内市场、丰富的自然资源、庞大的人口基数、较低的经济起点，发展潜力非常可观。因此，只要金砖国家能够锐意改革、克服目前的发展瓶颈，就仍然是国际投资最值得关注的市场之一。

二　中国的机遇

　　金砖国家的褪色，对中国来说可能是一个机遇，中国可以借此推进改革、营造有利的国际经济环境。

　　首先，推动中国主导的多边金融合作，推进国际金融体系改革。目前金砖国家的金融、经济领域，在一定程度上都面临内外交困的处境，因此，巴西、印度、俄罗斯、南非对于金砖国家开发银行的金融合作的潜在需求、动机都更加强烈了。中国应利用这一有利时机，推动金砖国家开发银行朝着有利于中国的方向组建。

　　其次，在其他金砖国家面临经济减速、资本外逃的情况下，中国应继续鼓励对外直接投资，为国内企业投资并购有价值的项目积极创造条件，这在一定程度上也可以转移国内的过剩产能，推动国内的产业升级，促进中国在国际范围内的生产网络布局。辅助的措施，除行政审批程序上需要进一步简化之外，国内金融体系改革也需要跟进。

　　再次，中国还可以有条件地与其他金砖国家开展双边金融合作，提高中国在国际金融体系中的实际地位和影响力。对于其他金砖国家可能发生的金融风险，中国有必要进行跟踪分析，研究其发生危机的可能性，并为之做好相应的金融救助预案。例如：以合适的条件，通过双边货币互换，直接向对方提供流动性；或者通过商业银行渠道，向对方贸易企业提供贸易融资便利；或者以此为契机，推动双边贸易以人民币结算；等等。

　　总之，以金砖国家"褪色"为契机，中国可以顺势而为，基于互助共赢的原则，实现金砖国家的集体崛起。

第六章　中国与金砖国家金融合作机制的现状与问题

第一节　中国与金砖国家金融合作机制的现状

2009—2015 年，金砖国家共同携手、圆满完成七次峰会，会议取得丰硕成果。其中，金砖国家间金融合作机制进展尤为迅速。中国与金砖国家的金融合作机制萌芽于 2009 年 6 月在俄罗斯叶卡捷琳堡举行的首次峰会，正式合作起步于 2010 年 4 月在巴西巴西利亚举行的第二次峰会。其后，随着 2011 年 4 月中国海南三亚峰会（吸收南非加入）、2012 年 3 月印度新德里峰会、2013 年 3 月南非德班峰会、2014 年 7 月巴西福塔莱萨峰会以及 2015 年 7 月俄罗斯乌法峰会的成功举办，中国与金砖国家的金融合作也开始由最初的构想、倡议逐步走向务实合作与具体实施。金砖金融合作机制的产生与发展，不仅有利于为金砖国家基础设施建设、高新技术合作和国际贸易往来提供多样化的金融服务，有助于金砖成员共同抵御金融风险，而且还会极大地增强金砖各国在国际重大事务中的话语权和影响力，显著提升各国的国际地位与软实力。

一　货币互换稳步推进

为加强金砖国家间的金融合作，便利相互之间的经贸往来，共同维护金融稳定，2013 年 3 月在南非德班举行的第五次峰会上，中国人民银行与巴西中央银行签署了中巴双边本币互换协议，互换规模为1900 亿元人民币/600 亿巴西雷亚尔，有效期 3 年，经双方同意可以展期。这是中国央行与金砖国家间签署的首个货币互换协议。基于该互换协议，巴西中央银行可根据自身需要将得到的人民币注入本国金融体系，巴西企业从中国进口商品时不必再用美元作为交易货币，而可直接从本国金融机构借入人民币进行结算。中国出口企业则会收到人民币计值的货款，这可有效规避汇率波动风险，降低汇兑成本。在2015 年 7 月的乌法峰会上，金砖国家领导人一致认为"在金砖国家间交易中扩大本币使用潜力巨大，并要求相关部门继续讨论在贸易交往中更广泛使用本币的可行性"。而在此之前，中国央行早已与韩国、马来西亚、阿根廷、新加坡、新西兰、土耳其等全球 20 多个国家和地区建立货币互换协议，总资金规模超过 1 万亿元人民币。

二　本币结算和贷款业务规模不断扩大

2010 年 4 月于巴西举行的金砖峰会上，中国国家开发银行、俄罗斯开发与对外经济活动银行、巴西开发银行、印度进出口银行签订了旨在为金砖国家经济技术合作和贸易发展提供多样化金融服务的《"金砖四国"银行合作机制备忘录》，这标志着金砖国家银行合作机制正式成立。

在 2011 年 4 月的三亚峰会上，为了加强各金融机构之间的合作，改善成员国之间的经济和商业关系，加强在金融、证券和其他金融机制方面的合作，支持金砖国家成员国间的进出口贸易，中国国家开发银行、巴西开发银行、俄罗斯开发与对外经济活动银行、印度进出口银行和南非南部非洲开发银行共同签署《金砖国家银行合作机制金融合作框架协议》。根据该框架协议，五家银行将在四个方面开展深入合作：稳步扩大本币结算和贷款的业务规模，服务金砖国家间贸易和投资的便利化；积极开展项目合作，加强金砖国家在资源、高新技术和低碳、环保等重要领域的投融资合作；积极开展资本市场合作，包括发行债券、企业上市等；进一步促进成员行在经济金融形势以及项目融资方面的信息交流。

随着金融合作逐步推进，一些具体项目已经取得实质性进展。早在2010 年 12 月，俄罗斯就已开始在国内进行人民币对卢布挂牌交易，扩大人民币跨境结算规模。2011 年中俄两国又签订新的双边本币结算协定，将本币结算范围由原来的边境贸易扩大到一般贸易。2011 年 4 月，金砖国家签署的《金砖国家银行合作机制金融合作框架协议》中提及"稳步扩大本币结算和贷款的业务规模，服务金砖国家间贸易和投资的便利化"，经过近一年的研究和准备，2012 年 3 月，金砖国家在印度新德里签署了两份具有实质意义的文件——《金砖国家银行合作机制多边本币授信总协议》和《多边信用证保兑服务协议》，这是金砖国家金融合作最直接、最实际的进展。协议涉及贸易融资、投资项目等多个领域，贷款数额将视未来业务的开展而定。在 2013 年 3 月的德班峰会上，金砖国家进出口银行和开发银行达成《可持续发展合作和联合融资多边协议》。同时，为满足非洲大陆经济快速增长及其导致的基础设施资金方面的巨大需求，五国还达成《非洲基础设施联合融资多边协议》。此外，中国央行还与南非储备银行签署了《中国人民银行代理南非储备银行投资中国银行间债券市场的代理投资协议》等。这些协议以多边促进双边的方式推动金砖国家境内以各国官方货币进行商品贸易、服务与投资活动，必将有力推动各国经贸往来，扩大投融资规模和促进国民经济的快速发展。在 2014 年的巴西峰会上，金砖国家签署了《金砖国家银行合作机制创新合作协议》，且出口信贷保险机构签署了技术合作谅解备忘录，这将为金砖国家之间不断扩大贸易机会提供更好的支持。2015 年的《乌法宣言》显示，金砖国家一致同意各自的国家开发银行或机构同金砖国家新开发银行签署合作备忘录，以进一步加强相互间的金融合作和经贸往来（见表 6 - 1）。

表 6 - 1　　　　　　　近五年中国与金砖国家主要金融合作协议

签订时间	协议名称
2011 年 4 月	《金砖国家银行合作机制金融合作框架协议》
2012 年 3 月	《金砖国家银行合作机制多边本币授信总协议》 《多边信用证保兑服务协议》

续表

签订时间	协议名称
2013 年 3 月	《可持续发展合作和联合融资多边协议》 《非洲基础设施联合融资多边协议》 《中国人民银行代理南非储备银行投资中国银行间债券市场的代理投资协议》 《中国人民银行与巴西中央银行双边本币互换协议》
2014 年 7 月	《金砖国家贸易和投资合作框架》 《金砖国家银行合作机制创新合作协议》
2015 年 7 月	《金砖国家电子商务合作框架》 《金砖国家经济伙伴战略》

资料来源：根据相关部门网站资料整理。

开展本币结算和贷款业务对各国益处颇多，既是服务金砖国家贸易投资合作发展的客观需要，也是对金融机构提高融资效率的新要求。原因在于：一是金砖国家之间开展本币结算，有利于推动国际货币体系向多元化发展，冲击美元的霸权地位。二是推行本币结算和本币授信，可以规避外汇波动风险，克服经贸或投资活动中业务结算复杂、汇率风险大、汇兑成本高和交易费用高等难题，有利于建立高效、平等的金融合作体系。三是鉴于金砖国家中人民币的币值最为稳定，且中国的经济总量、外汇储备、对外贸易等宏观经济指标份额最高，因此，各成员国在进行贸易和投资时使用人民币的可能性更大。这将有利于打破人民币仅限于在周边国家进行贸易结算的现状，更好地推进人民币国际化进程。四是本币结算制度还可有效保护相关成员国的利益，提升总体福利水平。整体而言，金砖国家实行本币结算和贷款业务将有效降低汇率风险，降低贸易和投资成本，刺激各成员国间贸易和投资总量的上升，进一步促进各成员国间经济金融的务实合作。

三 积极探索证券市场方面的合作

据估计，到 2050 年金砖国家的股市市值将增长 66 倍。加强金砖国家间资本市场的协调合作，不仅有利于拓宽各成员国的融资渠道，满足投融资主体多元化发展的需求，而且有利于提高金融机构的融资效率，优化市场资源配置。2011 年 10 月，在南非举行的国际证券交易所联会会议上，巴西证券期货交易所、俄罗斯莫斯科银行间外汇交易所、印度孟买证券交易所、中国香港交易及结算所有限公司、南非约翰内斯堡证券交易所宣布成立金砖国家交易所联盟。这五家证券交易所是一个包含市值超过 9 万亿美元、拥有 9481 家注册公司的巨大资本市场。2012 年 3 月 14 日，该联盟五个创始成员又宣布，从 2012 年 3 月 30 日起各成员交易所的基准股市指数衍生产品在彼此的交易平台互挂，实现用本币买卖交易，以为金砖国家提供多元化的投融资渠道，提高资金的使用效率。

在联盟合作的第二阶段，五家交易所还计划合作开发代表"金砖国家"的新股市指数相关产品，将其在各交易所的衍生产品及现货市场实现相互上市；在联盟合作的第三阶段，还可能合作发展其他资产类别的相关产品及服务等。金砖国家间证券业务和资本市场合作的逐步加深，将对完善金砖国家金融体系，优化金融结构，提高融资效率，优化资源配置，推动各国国民经济健康稳定发展起到不可忽视的重要作用。

四　金砖国家新开发银行正式启动

鉴于当前的多边开发机构对金砖国家基础设施融资和环保投资等相对有限、部分新兴经济体储蓄"逆流"到发达国家，以及为加强新兴经济体间的合作等原因，印度提出了建立金砖国家开发银行的倡议，该倡议很快得到了其他四国的响应。根据提案，该机构将是由金砖国家主导的新开发银行，即主要由金砖国家出资与管理，以满足金砖国家以及其他新兴与发展中经济体的特定投资需求。

在国际金融危机和欧洲主权债务危机的双重打击下，世界经济增长缓慢，复苏乏力。此时提出构建金砖新开发银行计划，旨在探索全球经济可持续增长的新模式。较之目前世界两大经济组织——IMF 和世界银行，金砖新开发银行将更加积极和灵活地通过促进发展中国家基础设施、医疗卫生等方面的建设，而不是僵化地照搬国际货币基金组织与世界银行的贷款条件。该计划也从另一方面反映出新兴市场和发展中国家对美国和欧洲国家长期把持世界两大金融机构领导人位置的不满，金砖国家期望通过建立新的开发银行，超越现有的发展援助模式，通过金砖新开发银行来实践新兴国家自身的发展理念和合作方式，让这个世界变得更具包容性，让更多的发展中国家分享彼此的经验、知识、技术与利益，同时增强其在国际金融体系中的话语权。

2012年3月19日在华盛顿特区召开的金砖国家财长会议上，各国代表就成立新开发银行工作组达成共识。2012年3月29日，在印度新德里举行的金砖国家领导人第四次会议上，五国对于设立新开发银行表达了共同立场，提出要"探讨建立一个新的开发银行的可能性，以为金砖国家和其他发展中国家基础设施和可持续发展项目筹集资金，并作为对现有多边和区域金融机构促进全球增长和发展的补充"，并指示各国财长们审查该倡议的可能性和可行性，成立联合工作组进一步研究。

为对金砖国家新开发银行的可能性和可行性展开研究，金砖国家成立了金砖国家新开发银行工作组。工作组提出了建立新开发银行需重点讨论的领域和问题，这些问题主要包括以下七个方面：银行职能、成员与开放性问题、资本结构、治理结构、信用评级、智库功能以及促进其他领域合作。此外，随着对金砖国家新开发银行可行性研究的深入，各国普通采取了稳健审慎的态度，适度放缓了进度安排，对可行性报告的完成及新开发银行的成立不设严格的时间表等。

2013年3月27日，在南非德班金砖国家第五次峰会上发布的《德班宣言》中，五国领导人基于财长们的研究报告，认为建立一个新的开发银行是可能和可行的，同意建立金砖国家新开发银行，并提出银行初始资本应该是实质性的和充足的，以便有效开展基础设施融资。但本次峰会并未就开发银行的资金规模、具体功能、选址等细节问题达成共识。2014年7月，在巴西福塔莱萨举行的第六次峰会上决定签署成立金砖国家新开发银行协议，为金砖国家以及其他新兴市场和发展中国家的基础设施建设、可持续发展项目筹措资金。金砖国家开发银行法定资本1000亿美元。初始认缴资本500亿美元，由创始成员国平等出资。在2015年7月的乌法峰会上，金砖国家领导人表达了对新开发银行协议生效的欢迎，并在峰会前夕召开了新开发银行理事会首次会议。预计新开发银行将在 2016 年年初批准首批投资项目。

金砖国家新开发银行协议的顺利签署，是金砖国家基于长远合作的愿景和共同利益，彼此照顾其他成员重大关切的结果。银行的机构与人员设置充分考虑到了全部金砖成员的利益。新开发银行的总部落户中国上海，首任理事会主席来自俄罗斯，首任董事会主席来自巴西，首任行长来自印度，同时在南非设立非洲区域中心。这样的安排明显有别于世界银行及国际货币基金组织，在这两个机构中，美国高居治理金字塔的顶端，独占一票否决权。与这种显失公平的内部治理结构相比，金砖国家新开发银行的治理更加体现了"国际关系民主化"的内涵和要求。

五　构建金融安全网，共同筹建应急外汇储备库

2013 年 3 月金砖国家德班峰会的亮点之一莫过于金砖国家拟建立 1000 亿美元的应急储备安排，这是 2012 年 6 月五国在墨西哥洛斯卡沃斯 G20 峰会上共同探讨决定的。在 1000 亿美元的应急储备中，中国出资 410 亿美元，巴西、俄罗斯和印度各出资 180 亿美元，南非出资 50 亿美元。应急储备安排的建立体现了金砖国家未雨绸缪、构建金融安全网、防范金融危机对其冲击的远见卓识。该应急储备安排的建立将有效缓解金砖国家应对短期流动性压力，并为各国提供相互支持，以进一步加强金融稳定。应急储备安排也可作为一道增加的防线，为补充现有国际外汇储备安排、加强全球金融安全网作出贡献。在 2014 年 7 月的福塔莱萨峰会上，金砖国家有关部门负责人共同签署了建立初始资金规模为 1000 亿美元的应急储备安排协议。在 2015 年 7 月的乌法峰会上，与会领导人表示欢迎金砖国家完成关于成立应急储备安排协议的批约程序，该协议在当月底前生效。这一机制"在帮助成员国应对短期流动性压力方面具有积极的预防作用，将有助于促进金砖国家进一步合作，加强全球金融安全网，并对现有的国际机制形成补充。该机制旨在通过货币互换提供流动性以应对实际及潜在的短期收支失衡压力"。

此外，为进一步提高金砖国家在经济、贸易、金融、科技、商业等

各领域的务实合作，金砖国家还至少成功举办了三届贸易部长会议、三届金融论坛、四届工商论坛、五届智库论坛等。为加强金砖国家在开发技能、银行、绿色经济、制造业和工业化等领域的合作，促进商业、技术转让和私人领域投资，培育金砖国家内部合作能力，在德班峰会上五国决定成立工商理事会和智库理事会。首届工商理事会共有 25 名理事，每个成员国 5 名。金砖国家工商理事会将成为加强和促进金砖国家内部经济、商贸、投资的一个重要平台。为加快在节能、能效、能效技术研发等领域的国际合作，2015 年 5 月金砖国家举行了第一届能效正式会议，并支持俄罗斯于 2015 年年底举办第一届金砖国家能源部长会议的倡议等。

六　推进国际货币体系改革，加强国际金融政策协调

国际金融危机充分暴露了现行国际货币和金融体系的缺陷和不足，随着新兴经济体的迅速崛起，现行国际货币金融体系结构不合理、缺乏代表性等问题越发突出。

在国际金融体系改革方面，金砖国家统一协调，坚定立场，要求尽快改革当今不合理的国际金融体系和组织架构。

首先，金砖国家积极寻求增强在国际组织中的影响力。合作形式主要是共同要求提高在 IMF 以及世界银行的份额及投票权。在历次金砖国家峰会上，各国都会表达对 IMF 及世界银行改革步伐缓慢的担忧。2009 年 9 月，G20 匹兹堡峰会为 IMF 份额改革设立了目标，理事会于 2010 年 12 月 15 日通过了关于份额和执董会改革的决议，份额总增资规模为 100%，向"有活力的新兴市场和发展中国家"转移超过 6 个百分点的份额。2012 年 1 月 14 日的数据显示，金砖国家在 IMF 中的份额已经有所提升。尽管如此，与新兴经济体日益增长的经济实力相比，其代表性不足问题仍然十分突出。在世界银行也存在新兴经济体代表性严重不足的问题，新兴经济体代表的份额也落后于七国集团发达经济体，其合法性也越来越受到广泛质疑。2010 年 4 月 25 日，世界银行通过了投票权改革方案，将发展中国家在世界银行的整体投票权提高到 47%。改革后，金砖国家的投票权份额上升到 13.1%。其中，中国的

投票权几乎翻了一番，跃居成为第三大股东国，仅次于美国和日本。与此同时，七国集团成员的投票权份额都有不同程度的下降。但总体来看，与金砖国家的经济规模相比，其应该拥有的投票权份额与现实还存在较大差距。金砖国家认为现在迫切需要按照已有共识，落实2010年的治理和份额改革方案，并敦促美国遵守承诺，在2015年9月中旬之前批准2010年改革方案。金砖国家一致认为，IMF改革应能增强包括撒哈拉以南非洲在内的最贫困成员的发言权和代表性。

其次，金砖国家支持改革和完善国际货币体系，建立稳定、可靠、基础广泛的国际储备货币体系，并提议就特别提款权在现有国际货币体系中的作用进行讨论，包括关于特别提款权一篮子货币组成问题。

再次，金砖国家支持IMF推动其监督框架更加全面和公正，希望加强国际金融监管，加强各国政策的协调与合作，以促进全球金融市场和银行体系的稳健发展。

最后，金砖国家认为国际金融机构负责人应通过公开、透明、择优的程序遴选，并确保向来自新兴市场经济体和发展中国家的人选真正开放。世界银行和IMF作为当今世界举足轻重的两大金融组织，其领导职务不应由欧美人世袭垄断，这一现状如得不到有效解决，那些继任者就不可能对当今国际金融架构进行真正的改革，更不可能真心代表广大新兴经济体和发展中国家的利益。五国还认为世贸组织新任总干事应是来自发展中国家。

在金融货币政策协调方面，鉴于当前发达经济体采取的量化宽松或变相宽松货币政策导致流动性过剩的负面效应正在向新兴市场经济体溢出，导致新兴经济体和发展中国家面临汇率、资本和大宗商品价格过分波动的风险，金砖国家一致要求发达经济体采取负责任的金融和货币政策，避免导致全球流动性过剩，并采取结构性改革来削债减赤、增加就业、促进增长。

第二节　中国与金砖国家金融合作机制的问题

金砖国家间的金融合作虽已起步，但如何进一步深化，将设想中的合作落到实处，让金砖国家金融合作机制发挥应有的作用，还面临诸多需要解决的问题。一是从短期来看，金砖国家经济基本面面临困难，如果应对失当，可能因为金融保护主义的兴起等问题而影响金融合作机制的机制化水平进一步提高。二是从中长期来看，金砖国家金融合作机制所依赖的政治与经济基础较为脆弱，可能影响既有金融合作机制的正常运作。三是金砖国家金融体系本身的发展不够健全，这也限制了金砖国家金融合作机制达到应有的水平。

一　部分金砖成员的经济面临暂时困难

2007 年美国次贷危机以及 2010 年欧洲主权债务危机的爆发，让以往新兴经济体总是处于经济危机薄弱环节及策源地的局面发生了根本性改变。危机之后的双速复苏景观，更让其他处于凄风惨雨中的发达市场，对以金砖国家为代表的新兴市场经济发出"风景这边独好"之叹。在发达市场遭受美国次贷危机、欧洲主权债务危机的连番重创背景之下，金砖国家突然站到全球经济治理的前台，成为维持世界经济增长的中流砥柱。凭借其经济增长上不俗的表现，金砖国家正在改写世界政治经济格局。

金砖国家的崛起得益于经济全球化的迅速扩张。但是"成也萧何、败也萧何"，在一个全球化的世界里，它们很难长久置身发达市场的危机之外。自 2012 年以来一些金砖国家的发展遭遇困境，充分表明主权债务危机长期化带来的发达国家货币宽松政策常态化，不仅可能压垮发达市场，而且正在拖垮新兴市场。在国际金融危机中表现出"一枝独秀"的"金砖"国家，已经出现"松动"的迹象。因为农业歉收、消费信贷需求下降、天然气出口减少等因素的影响，俄罗斯 2012 年实际 GDP 增长率由上年的 4.3% 下滑至 3.4%。由于欧洲经济疲软、全球大宗商品价格不断下降等因素影响，俄罗斯石油与天然气出口收入大幅减少，经济增长持续走弱，2013 年实际 GDP 增长率仅为 1.3%。2014 年美国和欧盟由于"乌克兰问题"启动对俄罗斯的经济制裁，也给俄罗斯增长造成严重冲击。2014 年俄罗斯经济几乎陷入停滞（增长率为 0.6%）。2015 年石油、天然气等大宗商品价格暴跌，让俄罗斯经济雪上加霜，全年负增长 3.7%。巴西是金砖国家中主要的农产品、矿产品等大宗商品出口国，其经济受近年国际大宗商品价格深度下跌的冲击也非常严重。不仅如此，巴西国内政局动荡还削弱了政府管理经济的能力。在外需不振、内需萎缩交相影响之下，巴西 2015 年陷入严重衰退，经济负增长 3.8%，通货膨胀率高达 10.7%。南非采矿业、制造业、建筑业等支柱性行业均表现疲软，国内罢工频发，失业率近两年都在 25% 以上，经济增长持续下滑，实际 GDP 增长率由 2011 年的 3.2%，下滑至 2015 年的 1.3%。中国经济增速虽然在金砖国家乃至世界主要经济体中均保持了相对较高的增速，但由于进入增长速度换档期、结构调整阵痛期和前期刺激政策消化期三期叠加阶段，增速也出现放缓的趋势，2012 年至 2015 年实际 GDP 增长率分别为 7.7%、7.7%、7.3% 和 6.9%。印度经济在 2012—2013 财年也一度遭遇大幅下滑，由上财年的 6.6% 下降至 5.1%。但是，在逐渐释放的人口红利、不断改善的外商投资环境以及国际大宗商品价格下跌等因素支持下，印度经济出现反弹。2013—2014 财年、2014—2015 财年印度经济增速分别为 6.9% 和 7.3%，成为全球增长最快的大型经济体之一。金砖国家经济表现的分化，特别是其中一些国家经济显著减速乃至陷入衰退，让"金砖崩溃论"的声调有所上扬。有人认为，整体来看金砖国家的黄金成色减退，正在快速"砖化"。

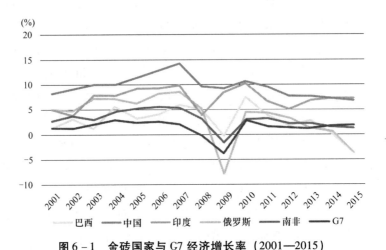

图 6 - 1　金砖国家与 G7 经济增长率（2001—2015）

资料来源：巴西、中国、俄罗斯和南非 2015 年 GDP 增长率数据分别来自巴西地理统计局、中国国家统计局、俄罗斯联邦统计局和南非统计局，其他数据均来自 IMF 数据库。

国际评级机构对金砖国家的经济颓势迅速做出了反应。2012年6月，标准普尔发表了《印度是否会成为金砖国家中第一个失落天使？》的报告，并对印度经济现状发布"降级"警告，认为印度国内GDP增速放缓、经济政策面临巨大的政治障碍可能成为其失去投资级主权债务评级的主要因素。随后惠誉也将印度的主权信用评级从"稳定"下调至"负面"。同期，巴西多家金融机构被穆迪下调评级。而南非此前早已被三大评级机构将主权信用评级下调为"负面"。2012年11月号的美国《对外政策》杂志刊发了安东尼·范阿格特米尔题为《关于金砖国家的再思考》的文章，对金砖国家发展态势做出悲观倾向的评论，提出金砖国家竞争力正在下降、已经不是最佳投资场所、政治动荡将成为破坏金砖崛起的祸根等观点。其后，拉奇尔·莎尔曼在美国《外交》2012年11—12月号上发表了《破碎的金砖》一文，认为未来十年美国、欧洲和日本的经济将会缓步增长，金砖国家等新兴市场经济表现将会分化，由于金砖成员之间经贸联系有限且没有政治或者外交政策方面的共同利益，金砖合作的"保质期"已过。与发达市场相比，新兴市场国内秩序对外部冲击的敏感性更高，尽管危机的源头在发达市场，但不排除金砖国家甚至可能先于发达市场出现突然的崩溃。

金砖国家经济面临严峻挑战，可能对其金融合作带来两大负面后果：一是国内事务压倒国际合作，造成金砖金融合作的停滞不前。二是国内金融保护主义抬头，造成金砖金融合作机制的倒退。例如，征收金融交易税等措施，可能阻碍金砖国家间金融合作机制的进一步深化。

二　金融合作依赖的经济联系比较脆弱

第一，金砖国家之间的经济合作不具备地缘优势。欧洲一体化进程表明，区域金融合作的深度根本上取决于本地区经济一体化的程度。而金砖国家之间的合作属于跨区域合作，巴西位于南美洲东部，南非地处非洲的最南端，两者隔着大西洋；中、俄、印三国虽然接壤，但俄罗斯的远东和中国的东北、西北都是其国内经济发展相对落后的地区，中、印则受到地理条件的阻隔，且在双方交界处还存在领土争议。地理结构和国家分布对经济一体化的不利影响，是金砖国家开展务实金融合作的一大障碍。

第二，金砖国家经济增长对第三方外部市场的依赖制约了各自的可持续发展能力和彼此的合作潜力。俄罗斯、巴西和南非的经济较深程度依赖于国际大宗商品市场，中国的制成品和印度的外包服务业对发达国家市场依赖度也很高，金砖国家整体表现出外向型增长的特征，经济发展的内生动力有所欠缺，这制约了各国的长期可持续增长能力。经济持续较快增长才能为金融务实合作提供坚实的业务基础。此外，一旦经济潜力不足的预期形成，金融基础设施方面的投资也将出现短缺，这将为金砖国家之间的金融合作制造另一重障碍。

第三，金砖国家现有的经济合作水平和层次较低。金砖国家各成员之间的经济合作仍主要表现为贸易层面的合作，即便是贸易合作，其规模相对于金砖成员与非成员之间的贸易规模来说也偏小。在产业链、资本市场等方面的深度合作尚未开展。在各层次的经济合作之中，贸易合作的"黏性"最低。一旦遇到外部政治或经济上的较大冲击，合作破裂的成本很低，各方容易放弃合作，甚至出于贸易保护的目的，各自为政、以邻为壑。因此，金融大规模支持贸易合作为基础的经济合作的信心不足。只有当经济合作的层次上升到产业链合作等更高层面，合作的退出成本非常高时，金融支持才能全力跟进。

三　金融体系发展不够健全

在金砖国家中，除南非金融体系较为健全外，其他四国的金融体系仍处于发展的较低阶段，其主要特征就是以商业银行为主导、间接融资的比重较高、资本市场发育不健全、直接融资受到较多管制等。金融体系的不健全，一方面阻碍了各国金融效率的提高，制约金融资源的优化配置，不利于金砖国家金融合作深化；另一方面金砖国家对金融业务有较多的政策性限制，并且各国金融政策时有变化。这些都使得金砖国家金融体系面临较大的不稳定性，人为限制了金砖国家金融合作的深入开展。

四　金融合作机制的若干问题

在上述背景之下，中国与金砖国家金融合作机制面临若干问题。第一，金砖金融合作仍较为松散，机制化水平提升乏力。无论是为了更大程度地增加金砖国家内部的金融合作收益，还是为了更好地解决全球货币金融问题，都要求金砖金融机制更加正式化，需要一套固定的执行机构来进行管理和协调。但目前以及将来相当长时间之内，这样的机构很难成立。2013年《德班宣言》虽然已经明确表示，"在符合各自国内法律和具有适当安全保证的条件下，建立一个初始规模为1000亿美元的应急储备安排是可能和共同期待的"，但并未提及创设与东盟与中日韩宏观经济研究办公室（AMRO）类似的区域监管机构来提供支持和协调。2014年《福塔莱萨宣言》虽然解决了金砖国家开发银行的初始资本金规模、出资结构、所在地、人员与机构设置等重大事项，但运营模式等技术性细节尚未落实，并且区域性监管机构仍未有所涉及。总之，在共同的外部风险压力不大的条件下，金砖金融合作机制化水平提升的动力不足。

第二，金融合作机制的方向虽已敲定，但缺乏操作细节。例如，金砖国家的五大银行虽然已经签署了《金砖国家银行合作机制多边本币授信总协议》以及《多边信用证保兑服务协议》等文件，旨在通过扩大五国间的本币贸易结算和本币授信，减少贸易往来的成本，促进双边投资，中国尤其希望通过这些协议扩大本币贷款，但缺乏激励兼容的操作性措施来实现上述目标。本书课题组与俄罗斯科学院学者交流时获知，俄方有部分人士认为，美元还是国际支付结算的硬通货，受限于可兑换性的约束，人民币交易的风险仍不容忽视。

第三，促进金砖金融合作机制建设的知识准备和智力支持不足。金砖金融合作机制之中尚未包含固定的机构化的智库设施，金砖国家金融机构缺乏在特定领域开展多边合作的经验。例如金砖国家金融合作机制下拟创设的金砖开发银行，不像世界银行那样拥有同时提供建议和资金来发展农业或扫除妇女文盲等问题的诸多经验，也难以在短时间内具备其他多边性地区银行那样的业务能力。①

第四，金砖金融合作机制还存在领导力不足的问题。与现有的国际金融合作机制及组织不同，金砖金融合作机制中不存在无可置疑的领导者。所有的参与者都是地区性乃至富有世界影响的国家，但没有一个国家的金融体制安排先进到能为其他国家所共同认可和推戴，不得不对外模仿，这进一步打击了金砖金融合作机制的内部权威性。

第三节　中国与金砖国家金融合作机制面临的挑战

中国与金砖国家金融合作机制面临金砖国家内部、发达国家、其他发展中国家以及其他国际机构与组织等方面的挑战。妥善管理和应对这些挑战，是金砖国家金融合作机制正常运行和不断演进的必要前提。

一　金砖国家：利益诉求存在差异，可能掣肘合作深入发展

金砖国家在全球治理改革方面具有许多相近立场并形成诸多共识，但也面临许多相同或相似的困境。不容忽视的事实是，由于金砖国家在政治经济体制和发展模式方面差异较大，尤其是在资源禀赋、产业优势和体制模式上各不相同，导致在重大经济战略问题上缺乏足够的共识和交集，从而存在着明显的利益分歧。

较为突出的问题包括：中印、中俄和俄印之间的历史恩怨和现实纠葛；中国与印度、巴西在经贸和人民币汇率上存在纠纷；中国与俄罗斯、巴西在能源、矿石资源等大宗商品价格上旷日持久的谈判；俄罗斯在碳减排问题上与基础四国的立场不一；俄罗斯在发展援助问题上与其他金砖国家存在意见分歧；巴西和印度对中国汇率政策的批评，以及南非对中国投资的戒备心理等。再如，对于争取在国际经济和金融秩序中更大话语权的问题上，改革后的世界银行投票权结构中金砖国家份额虽总体有所上升，但个体却增减不一。具体来看，中国收益最大，其次为印度和巴西，而俄罗斯和南非的投票权份额不升反降。有关

---

① ［法］阿兰·弗亚：《金砖国家只是一个幻想》，《参考消息》2012年4月10日，第10版。

金砖国家新开发银行的总部选址、成员构成的开放性、出资比例和资本结构、治理结构、运行效率等问题，金砖国家内部也存在较大分歧。

综上不难看出，金砖国家间经济、政治、历史等现实问题和利益冲突，将使它们之间的货币金融合作很难独善其身，以上问题如不能得到很好的解决或妥协，则很可能影响或迟滞金砖国家间的货币金融合作进程。

二　发达经济体：防范与打压，维护自身国际主导权

随着金砖国家间金融合作机制逐步成熟，很多程序与合作也开始更加务实有效，这难免会引起发达经济体的戒备与不安。人民币、卢布等金砖国家货币在国际社会中的重要性和认可度增强，必然或多或少冲击欧美国家在国际金融体系中的既得利益和霸权地位，欧美国家必然会阻碍金砖国家的金融合作进程，干扰金砖国家金融务实合作以及金砖国家货币国际化。

例如，作为能源大国的俄罗斯，本就有用本国货币作为石油、天然气结算货币以挑战美元地位的意图和行动，早在 2006 年，俄罗斯就组建了以卢布为结算货币的石油交易所。普京认为，由美国的纽约商品期货交易所和英国的伦敦期货交易所来决定俄罗斯原油价格是不合理的。俄罗斯不仅自己这么做，还有意推动独联体内的石油、天然气贸易以卢布结算，接下来再把卢布结算扩展到与亚洲和欧洲的交易，同时争取伊朗、阿尔及利亚、委内瑞拉、墨西哥等产油国组成以卢布作为结算货币的石油联盟。这一做法显然与美国的根本利益是冲突的。

又如，人民币的国际化同样有与美元争夺流通域及铸币税的功能存在。有关专家测算，一旦人民币成为国际货币，中国每年因人民币国际化而获得的铸币税收益至少可以稳定在 25 亿美元左右。如果人民币的购买力能够在较长的时期内保持稳定，并且人民币的国际化区域逐步扩大，那么到 2020 年人民币国际化带来的国际铸币税收益可能为300.2 亿美元。这些铸币税收益如果实现，相当部分是从既有主要国际货币美元手中夺过来的。美国之所以能长期维持贸易逆差而不予弥补的基本条件，就是美国通过美元动用了全球约 2/3 的净储蓄。如果人民

币从美元那里分割了相当部分的铸币税收益，对美元动员全球资源的霸权将是极大的削弱，这也是美国难以容忍的。金砖国家金融合作包含了货币合作的内容，尽管没有明确表示这种合作以制约美元霸权为目的，但寄希望于美国等主要国际货币既得利益集团善意忽视金砖金融合作中"去美元化""去欧元化"等内容对它们的潜在威胁，未免过于一厢情愿。

当今的国际金融秩序、规则与架构，全球性组织或众多区域性组织，几乎都是在发达经济体主导下制定成型，如 IMF、世界银行、世贸组织、欧洲复兴开发银行、欧洲投资银行、亚洲开发银行、泛美开发银行等，发达经济体绝不会轻易妥协或放弃自身在国际事务中的主动地位。

金砖国家金融合作的进程和成果将由新兴国家经济体主导，并主要面向其他新兴与发展中经济体，这些成果正开始在经济金融、国际贸易、高新科技、绿色低碳、减贫、基础设施建设和可持续发展等众多领域发挥作用，这可能弱化发达经济体在发展中国家群体中的影响力，触动发达经济体在全球或区域范围内的政治与经济利益，削弱其现有的国际地位，对其主导的国际秩序和规则带来潜在冲击和挑战。基于此，发达经济体必然心存戒备与不安，甚至采取一些措施来掣肘金砖国家的发展与合作。例如，颇值得警惕的一种情况是，否定金砖国家发展经验与金砖合作机制的独特性与合法性。用部分金砖成员当前及今后一段时间可能的一时经济放缓，来否定金砖国家危机前长期经济增长与危机期间维持明显快于发达国家复苏的双速增长的成绩。选择性地忽视金砖成员国在改革开放、技术与体制创新、人力资本积累、基础设施改善等方面的持续努力与长足进步，将其增长归结于发达国家货币政策的变化等外生或短期的因素，或国内"扭曲"资源配置的"国家资本主义"政策，着重强调金砖成员国结构性问题里中长期变量的负面影响（例如，俄罗斯的人口负增长及其与巴西对能源和大宗商品出口的依赖，中国面临的老龄化对"人口红利"的挤压，印度的腐败问题，南非的高失业与艾滋病泛滥等）。总之，利用不同场合强调金砖国家与金砖合作的成绩是不足为奇的、作弊实现的和不可持续的。在可以预见的未来，发达经济体与新兴经济体关于国际规则与架构主导权的争夺将日趋激烈。

尽管如此，在此背景之下，过度强调金砖国家与发达国家之间的对抗性反倒并不可取。2014 年福塔莱萨峰会上金砖国家开发银行取得重大进展后，金砖国家"对抗欧美霸权"的论调陡然放大。其主要观点是，金砖国家开发银行和应急储备安排分别对应欧美把持的世界银行和国际货币基金组织，前者为新兴市场和发展中国家提供面向基础设施等建设项目的开发性融资，后者提供应对金融危机冲击的紧急援助资金，其设立的目的是另起炉灶，最终取代这两个"布雷顿森林体系的产物"。在此论调中，金砖国家俨然成了对抗旧秩序的新领袖，仿佛凭金砖国家之力就要开创一个新世界出来。这一论调高估了金砖国家的"雄心"和力量。

诚然，金砖国家开发银行的出台有新兴市场对发达国家主导的国际货币金融体系不满的因素存在，但这并不意味着前者要取代后者。金砖银行首先要解决的是新兴市场与发展中国家开发性资金错配的问题。一方面，新兴市场与发展中国家基础设施建设存在巨大的缺口，投入的不足影响了它们经济增长潜能的发挥；另一方面，新兴市场又积累了大量的外汇储备，以极低的利率借给发达市场。其中，重要的原因是按照发达市场以"华盛顿共识"为基准的开发标准，新兴市场与发展中国家的许多项目都不符合投融资要求。

按照"华盛顿共识"的标准，一国如果不符合利率、汇率、资本准入自由化，没有严格的私有化及产权保护，向这些国家投资的风险是很大的。因此必须附带严格的条件，要求对象国实现"政府角色最小化、快速私有化和自由化"，否则不宜进行投资。金砖国家新开发银行则是要通过一套更适合新兴市场和发展中国家的风险评估准则，从发达国家不愿投资的市场中，寻找合适的基础设施等投资项目，从而让本身积累的外汇储备得到更有效率、回报率更高的使用。从这个意义上说，金砖国家新开发银行的目标市场与发达国家现有的目标市场是错开的。如果说发达国家玩的是"主板"市场，金砖国家要发掘的则是"创业板"市场，谈不上谁要取代谁。

当然，这并不意味着金砖国家新开发银行对现有的国际货币金融秩序完全没有影响，也不意味着新开发银行只是现有秩序的单纯补充。如果金砖的标准在实践中得到更多的有效验证，发达国家完全可能对已有的标准进行调整，或者索性也参与到"创业板"中来，从而让主流的货币金融秩序变得更有效率，更反映全球借款人的需求。但是，在此之前，金砖国家新开发银行以及金砖应急储备安排可能更需要向世界银行和国际货币基金组织等机构学习，从它们几十年积累的操作技术中汲取经验。鉴于此，如果非要说金砖国家新开发银行对"西方金融霸权"构成了挑战的话，这也是一种建设性的挑战，是指向竞争性共荣的挑战，其最终的结果很可能是在传统规范与新兴经验合流的基础上，形成更加公平并且更有效率的国际经济新秩序。

从中国方面来看，"对抗论"也是不能成立的。中国领导人提出的中美新型大国关系，核心就是"不冲突，不对抗，相互尊重，互利共赢"。这意味着，中国没有意愿搞一个平行的全球治理体系来与现有的体系对抗。回顾改革开放以来的经历，中国是现有全球经济治理体系的重要受益者之一，改善和维护这一体系才是中国利益之所在，又怎会想着去摒弃或颠覆它呢？

三　其他新兴与发展中经济体：猜忌与"搭便车"心理并存

金砖国家的金融合作成果主要面向金砖国家、新兴经济体和发展中经济体，但毋庸置疑的是，这些成果的最大受益者肯定首先是金砖国家。其他新兴与发展中经济体对这些成果到底能给其带来多大的实惠难免心存疑虑。金砖国家进出口银行和开发银行在德班峰会上达成的《可持续发展合作与联合融资多边协议》、为推动非洲大陆快速增长达成的《非洲基础设施联合融资多边协议》、重申对非洲基础设施可持续发展的支持以及继续推进金砖开发银行建设等措施，都令非洲及其他新兴与发展中国家信心大增，而其对金砖国家未来发展的预期也会越来越高。一方面，这会给金砖国家带来一定外部压力；另一方面，金砖国家合作如果受阻，不能有效落实这些业已达成的协议和决定，必会引发其他新兴与发展中经济体对金砖国家合作机制的质疑，打击其对该合作机制的信心。

其他新兴与发展中经济体对金砖国家金融合作成果也存在"搭便车"心理，希望从金砖国家的经济与金融发展当中分得一杯羹。如金砖国家新开发银行的宗旨与定位主要是支持新兴与发展中经济体基础设施建设与可持续发展，其他新兴与发展中经济体尤其关注新开发银行的软贷款窗口政策，及其是否能够方便地得到为减少贫困与经济发展所需的优惠贷款，并希望这些贷款附带很少甚至没有苛刻的使用与还款条件等。

四　国际金融组织：担心受到新的挑战

随着金砖国家会晤机制不断完善和发展，其金融合作机制也在不断取得一系列实质性成果，如组建金砖国家新开发银行、建立 1000 亿美元的应急储备安排、签署货币互换与贷款协议和多边融资协议等。其中，最实质、最具影响力的成果莫过于组建金砖国家新开发银行。金砖国家将其定位于对全球增长和发展领域的现有多边和区域金融机构的补充，但毋庸置疑的是，它的组建必然会对现有的国际金融组织和架构带来冲击，并在未来与现有国际金融组织在多个领域形成强有力的竞争。

长期以来，由于欧美在事实上控制着世界银行和 IMF 等国际金融组织，因此它们在很大程度上沦为欧美外交政策的工具，对新兴与发展中经济体的困难与需求并不真正关心，这注定其适用性和实际作用甚微，甚至遭到一些国家民众的抵制。如在 2008 年的亚欧人民论坛上，印度的参会者甚至提出"世界银行滚出去"的口号。对于金砖国家金融合作机制的成果，世界银行集团在表面上表示欢迎，并提出愿与即将成立的金砖国家新开发银行在减贫、提高发展中国家福祉等方面开展紧密合作。但同时，其对新开发银行的资金来源、选址、人选、治理结构和评级等细节问题表达了关注。IMF 对这一提议也迅速做出反应，表示将密切注视金砖国家的这一计划。这些表态均透露出其既对这一新组织的强烈兴趣，却又难掩内心的不安，背后折射出的实质是表面支持、实则排斥的复杂心理。

究其原因，金砖国家金融合作机制的实质性成果在未来可能会与国际基金组织、世界银行集团等国际金融机构形成一定竞争，并逐步威胁其现有国际地位，这将迫使它们进行认真有效的改革，增加新兴与发展中国家的投票权与否决权，公开、公平、公正地遴选组织首脑等，这当然是它们不愿看到的，因而其表面支持、实则排斥的心理也就不言而喻了。

综上所述，金砖国家金融合作与发展注定历经坎坷，难以一帆风顺。国际社会对于金砖国家金融合作前景的质疑从未中断，在可预见的将来，这些质疑仍将继续存在。金砖国家合作不应被一些外部杂音所扰，要坚定信心，做好迎接更大、更新挑战的心理准备。毕竟只有紧密合作，才能发展共赢。正如习近平在德班峰会上的讲话所言："志合者，不以山海为远。"只要金砖国家坚定对自身发展道路的自信，对金砖国家合作的自信，不为任何风险所惧，不被任何干扰所惑，金砖国家的事业就一定能够兴旺发达。

第七章 开发性金融与金砖 国家金融合作

金砖国家在全球经济中的地位极为重要,发展前景广阔。按照目前的发展势头,到 2050 年,世界经济格局将会大洗牌,全球新的六大经济体将变成中国、美国、印度、日本、巴西和俄罗斯。但是,金砖国家目前的发展在开发性金融方面面临着瓶颈:金砖国家有巨大的基础设施投资需求,但与此同时,金砖国家的融资需求尚难以得到满足。因此,开发性金融成为金砖国家金融合作的最重要议题。

但是,目前金砖国家开发性金融合作中存在的问题却制约了这方面的合作进程:(1)对于中国而言,其他金砖国家的投资大环境存在各种不利因素,如官僚腐败、体制低效、税负重、基础设施欠缺等。(2)国际舆论对新殖民主义的批评和担忧。(3)不同的金砖国家在参与合作过程中,有不同的侧重点和利益考虑,例如俄罗斯在参与合作中更多地考虑主导权和其他政治因素。(4)目前尚缺乏中国具有所有权的国际多边合作平台。(5)通过新的多边合作平台来推动中国金融走出去,如金砖银行等平台,也存在一定的风险。

第一节 金砖国家金融合作前景广阔

金砖国家在全球 GDP 中的占比大幅提升。1995 年,金砖国家在全球 GDP 中的占比为 15.7%,到 2011 年,这一比例提高到了 26.5%,甚至超过了美国(见图 7-1)。进一步地从增量贡献来看,1995 年,金砖国家对全球经济增长的增量贡献为 26.2%,而 2011 年这一贡献比例达到

49.4%。这近一半的增量贡献比例意味着，金砖国家对全球经济增长的
增量贡献，与全球其他所有经济体的增量贡献几乎相当（见图7-2）。

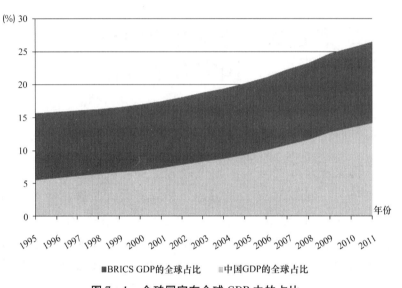

图7-1　金砖国家在全球GDP中的占比

资料来源：根据世界银行的购买力平价（PPP）数据进行计算得到。

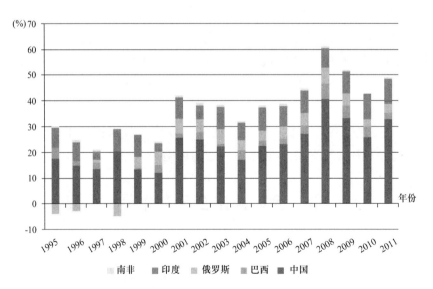

图7-2　金砖国家对全球经济增长的增量贡献

资料来源：根据世界银行的PPP数据计算。

根据高盛公司2003年的预测，金砖国家将于2050年彻底改变全球经济格局。其中：巴西将于2025年取代意大利的经济位置，并于2031年超越法国；俄罗斯将于2027年超过英国，2028年超越德国；中国可能会在2041年超过美国，从而成为世界第一经济大国；印度可能在2032年超过日本。到2050年，世界经济格局将会大洗牌，全球新的六大经济体将变成中国、美国、印度、日本、巴西和俄罗斯。

从之后各个机构的预测数据来看，高盛公司的预测实际上是相对保守的，事实的发展可能比这一预测更为快速。随着2008年全球性金融危机的爆发，发达经济体的金融体系受到重大冲击，陷入第二次世界大战以来最严重的经济衰退；而新兴经济体，尤其是金砖国家则成为拉动全球经济复苏的主力。在上述背景下，全球经济格局的演变将进一步加快。在外部因素利好的大背景下，从金砖国家的内部因素来看，金砖国家依然具备可持续发展的基础和潜力。

首先，从供给面的要素来看，金砖国家在自然资源和劳动力等要素禀赋方面的比较优势非常明显，这将为后续发展奠定坚实的要素基础。此外，金砖国家的人口结构也具备后发比较优势。比如，印度目前的儿童赡养率接近48%，而老人赡养率不足8%，这意味着印度继中国之后，将处于年轻劳动力充裕的阶段，有机会享受"人口红利"所带来的发展机遇。

其次，从供给面的产业升级潜力来看，产业升级和经济结构调整也可能带来持续的经济增长动力。在金砖国家中，除中国的制造业比较发达，已进入工业化较高阶段之外，巴西和南非都是农业大国；印度主要依靠服务业，制造业并不发达；而俄罗斯经济较为依赖于资源类行业和重工业，产业结构较为单一。依据经济发展规律，从传统的农业国过渡到现代工业化国家将是必然趋势，这意味着巴西和南非依然面临工业化所带来的巨大潜在机遇。中国、印度和俄罗斯也可以在现有经济结构的基础上，通过产业优化升级，进一步实现均衡发展。此外，从城市化率来看，中国、印度和南非的城市化率都远低于70%，这意味着在今后的相当长时间内，由城市化进程所带来的经济增长动力可以持续发挥作用。

最后，从需求面来看，金砖国家的国内消费市场日益扩大。随着经济快速发展，人均收入等指标快速增长，金砖国家的消费需求和消费结构都将大大提升。随着富裕阶层的不断扩大，对高档商品和各种金融商品的需求将进一步增加。到2050年，金砖国家将拥有超过8亿中产阶层人口，超过美国、西欧与日本中产阶层人口的总和；他们利用富余资金投资股市的现象将非常普遍，金融资产将迅速积累，股市市值预计将增长66倍；金砖国家将在能源、天然资源、资本三大市场扮演主角，成为全世界最重要的消费市场。

第二节　金砖国家开发金融存在巨大资金需求

一　金砖国家基础设施投资需求旺盛

资金需求主要来自经济发展和转型过程，尤其是城市化过程所伴随的建设需求，另外，也有一部分来源于中国基础设施投资在经济赶超过程中所体现出的示范效应。

在五个金砖国家中，中国的基础设施投资需求是最大的。截至2011年，中国的城市人口刚超过总人口的一半，城市化还有很长的路要走，因而基础设施投资需求还将长期持续增长。从1978年以来的历史数据来看，中国的GDP每增长1个百分点，城市人口增加0.43个百分点；而中国的城市化率每上升1个百分点，投资率上升0.275个百分点。

中国城市基础设施和城市面貌的改善，如高速公路网和高速铁路网的建设，以及机场、港口等交通设施的建设，对新兴发展中经济体产生了很大的示范效应，各国纷纷出台一些基础设施投资规划。

印度在基础设施投资方面也有巨大的潜在需求。目前印度经济已经开始了高速增长，但是城市基础设施和道路交通状况还很落后。尤其是城市人口仅占30%、总人口却达到12亿并且还在不断增加，在可预见的未来，其快速经济增长引起的城市化进程需要大量的基础设施投资。印度已经出台了一份1.2万亿美元的基础设施投资计划，其投资规模占2010年印度GDP的60.3%。

巴西、俄罗斯和南非的城市化水平虽然相对较高，但快速发展同样产生了大量的基础设施投资需求。其中巴西在 2010 年出台了两阶段"加速增长计划"（2011—2014），其中包括大约 8700 亿美元的基础设施投资，约占 2010 年巴西 GDP 的 38.9%。俄罗斯则由于石油出口方向的变化，对管道建设等能源相关基础设施的需求增长非常快。

二　金砖国家融资需求尚未得到满足

与投资需求相伴随的是巨量的融资需求。印度、巴西和南非是储蓄不足和经常账户逆差国家，国内储蓄不能满足国内投资需求，需要依靠外部资金流入来支持国内投资增长。基础设施投资就特别依赖国际开发机构提供的融资便利。

中国和俄罗斯是储蓄过剩和经常账户顺差国家，一般认为其国内投资可以通过国内融资来实现，甚至国内资金还可以进行对外净投资。但实际上，中国和俄罗斯的储蓄投资转换体系并不完善，基础设施投资的国内融资渠道也并不畅通。

中国国内的基础设施投资有很大一部分是靠地方政府来完成的，但地方政府的财政收入与其财政支出功能不匹配，依靠土地和融资平台为基础设施建设来融资的模式已经产生了很大的问题。要改变这一模式，关键在于财税体制改革和地方政府的融资体制改革，其中开发性融资将是一个重点领域。

另外，中国在海外工程承包中承担着很多国外的基础设施建设任务。2011 年中国共新签海外工程承包合同 1423 亿美元，完成营业额 1034 亿美元。中国在非洲、亚洲、中东的工程承包市场上占有的市场份额分别达到了 38.7%、22.7% 和 13.8%。随着全球工程承包模式的变化，越来越多的工程承包商要承担融资的任务，中国在这方面也存在着较大的融资需求。

现有的多边开发机构对金砖国家基础设施融资能起到一定补充作用。2010 年年末世界银行、亚洲开发银行、泛美开发银行和非洲开发银行的贷款余额分别为 1836 亿美元、460 亿美元、630 亿美元和 128 亿美元，合计贷款余额为 3054 亿美元。这些贷款可以部分解决金砖国家的基础设施融资问题。但总体来说，现有多边开发机构能够提供的融资额度很有限。按10%的贷款余额增长率来看，大约只能增加305亿美元的开发贷款，这对于解决金砖国家的基础设施融资问题可以说是杯水车薪。如果金砖国家的开发性融资需求不能得到很好的解决，则金砖国家的经济发展将面临严重的制约，进而影响到金砖国家的发展前景，因此，开发性金融成为金砖国家金融合作的重要议题。

三　金砖国家在开发性金融领域的合作大有可为

首先，开发性金融目标是弥补金融体制落后和市场失灵，实现政府的发展目标。因此开发性金融对于金融市场发展滞后、融资渠道不畅的区域经济具有较大的吸引力。其次，开发性金融是经济处于发展初期的重要金融形态。根据陈元同志的论述，各国经济的发展一般要经历建设、产业、消费三个阶段，而开发性金融在建设阶段是大有用武之地的。可见，开发性金融与经济、金融的发展阶段密切相关。对照金砖国家目前所处的发展阶段，可以预见，开发性金融将大有可为。

第三节　金砖国家与发达经济体的趋势脱钩

21世纪以来，以金砖国家为代表的新兴经济体与发达经济体增长趋势的脱钩，是以国际收支失衡加剧为背景的，因此难以持续。危机之后，欧洲和日本的复苏疲弱、美国的再工业化，以及以跨太平洋伙伴关系协定/跨大西洋贸易与投资伙伴关系协定（TPP/TTIP）为代表的世界贸易规则重塑，都使过去的这种趋势脱钩模式更加难以为继。目前，中国的国内经济改革、对外走出去战略，将在需求端为其他新兴经济体提供新的大市场机会，在供给端通过直接投资改善其他新兴经济体的潜在增速水平。因此，中国将有望在以金砖国家为代表的新兴经济体与发达经济体的良性趋势脱钩中扮演关键的历史性角色。这种脱钩的实现，将使国内经济改革与外部经济环境的塑造（其具体实现途径之一正是开发性金融合作）进一步深度契合，为中国的包容性发展提供具体的实现机制，为中国在战略机遇期的内外经济政策提供统一的战略框架。在此过程中，中国的经济实力，将向更为具体的经济影响力转变，进而提升国际经济规则的局部，甚至全局的制定、协调能力，并从中获得实际利益。

一　以金砖国家为代表的新兴经济体与发达国家的趋势脱钩：对中国具有重要意义

进入 21 世纪以来，以金砖国家为代表的新兴经济体与发达经济体的经济脱钩成为广受关注的话题。2006 年 1 月，英国《经济学人》杂志购买力平价的测算[1]表明，2005 年以金砖国家为代表的新兴经济体占全球产出的比例，首次超过 50%。而且可以预见的是，未来以金砖国家为代表的新兴经济体在全球贸易中的比重还在不断地上升，未来 5 年其对全球增长的贡献在 2/3 左右。

但是，过去的优异表现，是否意味着以金砖国家为代表的新兴经济体已经撑起了全球经济增长的半边天，实现了与发达国家的真正脱钩？这种脱钩是趋势意义上的，还是波动意义上的？脱钩的内在机理是怎样的？进而这一脱钩是否能够持续？

另外，从未来 4 年的战略机遇期[2]来看，发达经济体的发展趋势、经济战略对以金砖国家为代表的新兴经济体的增长意味着什么？在这种背景下，中国的内部改革、外部开放战略，在以金砖国家为代表的新兴经济体与发达经济体的脱钩过程中将发挥何种作用？

从中国外部环境视角来看，以金砖国家为代表的新兴经济体[3]与发达经济体的趋势脱钩，将是 21 世纪以来中国面临的战略机遇期内，国际经济环境的重大变化之一。这种变化本身对世界经济大格局的重要

---

① The Economist, "Emerging Economies: Climbing Back", www. economist. com/node/5420756, 2006 - 1 - 19.

② 战略机遇期是 2002 年党的十六大提出的，是指"21 世纪头 20 年，对我国来说，是一个必须紧紧抓住并且可以大有作为的重要战略机遇期"。按照战略机遇期的时间界定，中国已经度过了 16 年的战略机遇期，还剩余 5 年战略机遇期。

③ 为了从国际外部环境角度来讨论新兴经济体脱钩的意义，因此将新兴经济体的范围界定为：除了中国之外的新兴经济体。之后，除非特别说明，本书使用的新兴经济体口径，均不包括中国的情况。

性不言而喻。但这种变化，对正处于战略机遇期的中国来说，意味着什么？

首先，中国的内部经济结构改革将与国际外部环境的塑造深度契合。

国内经济结构的改革、调整，对外开放政策的进一步推进，例如扩大内需、鼓励对外直接投资、过剩产能的部分向外转移、人民币国际化、组建金砖发展银行等措施，都将有助于以金砖国家为代表的新兴经济体与中国经济进行实体经济挂钩，以及金融市场的挂钩，同时也有助于其同发达经济体的相应脱钩。这将使国内经济改革与外部经济环境的塑造进一步深度契合，为中国的包容性发展提供具体的实现机制，为中国在战略机遇期的内外经济政策提供一个统一的战略框架。

其次，这将有利于中国改变外部经济环境中的不利因素，并顺势创造有利的外部经济条件。包括中国在内的金砖国家与发达经济体在实体经济、金融部门的双重脱钩，将有助于打破"斯蒂格利茨怪圈"[①] 的魔咒，使中国成为金砖国家趋势脱钩驻锚对象的同时，也有助于中国进一步多元化出口市场，改变不利的国际投资头寸分布状况，提高中国在国际分工体系中的局部甚至全局地位。

最后，基于国际经济格局的转变，以及中国在其中可望扮演的关键角色，中国将更有可能、更为充分地将已有的经济实力和影响力兑现为现实的国家利益。在深化内部改革、进一步发展对外开放的过程中，中国将帮助以金砖国家为代表的新兴经济体实现与发达经济体在一定程度的脱钩，同时帮助其他金砖国家在更大程度上与中国经济挂钩。在此过程中，中国的经济实力，将向更为具体的经济影响力转变，进而提升国际经济规则的局部，甚至全局的制定、协调能力，并使规则为我所用、对我有利。

---

① "斯蒂格利茨怪圈"是指，在国际资金循环中出现了新兴市场国家以资金支援发达国家（如许多东亚国家持有巨额外汇储备）的得不偿失的资本流动怪圈（Capital Doubtful Recycling）。其表现为新兴市场国家在以较高的成本从发达国家引进了过剩资本后，又以购买美国国债和证券投资等低收益形式把借来的资本倒流回去。

二　趋势"脱钩"

在全球金融危机爆发之前，人们常常使用"脱钩"一词形容新兴市场和发达国家之间的关系，其内在含义是新兴市场在经历了多年的快速发展之后，国内的经济结构和制度体系都已经趋于成熟，再加之自然资源、人力资源禀赋和后发优势，使得新兴市场的经济增长已经不再需要依赖发达经济体。

上述关于"脱钩"现象的描述实质上讨论的是发达国家和新兴市场国家在增长趋势意义上的脱钩，也是本书关注的"脱钩"。但是，在现实的经济学讨论中，人们讨论的"脱钩"多是波动意义上的脱钩，关注的是发达国家和新兴市场国家在波动意义上的关联性[1]，或者是不加区分地关注经济增长（同时包含趋势和波动）的关联性。[2] 研究的基本结论分歧较小，新兴市场国家无法与发达国家实现波动意义上的脱钩，这主要是因为发达国家仍在金融市场上占据绝对主导，新兴市场国家无法避免这一冲击，金融危机会加强这一影响。[3] 为了避免与波动意义上的"脱钩"混淆，我们采用"趋势脱钩"这一措辞。

将趋势脱钩单独进行讨论有以下几个优点：第一，趋势脱钩更贴近金砖国家中长期的增长目标，良性的脱钩应当来自国内经济治理和政治制度的完善，这将带来经济潜在增长水平的提高，这是一个趋势意义上而非周期意义上的变动；第二，当前的国际货币体系及国际金融市场决定了短期内波动意义上的脱钩难以实现，这一"脱钩"的讨论对于金砖国家的长期增长帮助不大；第三，贸易和长期投资在金砖国家的迅速发展以及中国的崛起，使得在实体经济层面对趋势脱钩进行讨论变得更加迫切。据此，我们将趋势脱钩（De‑trending）界定为一个经济体

---

①　例如：Rose, Andrew, "Business Cycles Become Less Synchronised Over Time: Bebunking 'Decoupling'", *VOX*, 1 August 2009。

②　例如：IMF, World Economic Outlook Chapter 3, "Dancing Together? Spillovers, Common Shocks, and the Role of Financial and Trade Linkages", October 2013。

③　Eduardo, Levy Yeyati, and Tomas Williams, "Emerging Economies in the 2000s: Real Decoupling and Financial Recoupling", *Journal of International Money and Finance*, Vol. 31, No. 8, 2012, pp. 2102－2126.

（或一类国家群体）与另一个经济体（或另一类国家群体）的经济增长趋势（或加权经济增长趋势）的差异。这一差异越大表明二者的趋势脱钩幅度越高，而差异越小则表明二者的趋势挂钩幅度越高。

三　发达国家无法帮助以金砖国家为代表的新兴经济体可持续脱钩

在危机前，以金砖国家为代表的新兴市场，其与发达国家之间的趋势脱钩，实际上有赖于发达国家相对稳定的外部需求；在危机之后，这一外部需求迅速下降，因而使得趋势脱钩也变得不可持续。以金砖国家为代表的新兴市场和发达国家，是否能够回到此前的这种脱钩状态？以金砖国家为代表的新兴经济体，其经济增长能否再度成为带动全球经济增长的引擎？这都成为下一步外部经济环境走势判断的一个很重要的内容。

我们对于上述问题的看法是否定的，原因有二：第一，发达国家在未来很长一段时间都将面临去杠杆的问题，并且从目前的情况来看，复苏的根基尚不牢固，强劲内需恐难再现；第二，发达国家难以容忍此前大规模的贸易赤字再度出现，开始通过订立新的贸易规则来改变现有贸易格局，希望通过贸易促进经济增长，在这个过程中，新兴市场被排除在外，固有的低成本竞争优势将被削弱。

（一）发达经济体正在经历复苏，但正面溢出效应相当有限

从整体来看，发达经济体的各部门，普遍积累了大规模的债务问题，因此，在后危机时代，由于背负着去杠杆压力的包袱，发达经济体的复苏之路将充满崎岖。其中，欧洲、日本的去杠杆化成效并不明显；美国的实体经济复苏虽然较好，但其再工业化、重振制造业的战略，势必将对已有的进口贸易形成部分替代。

从欧洲的情况来看，金融危机之后，欧洲国家着力推进成员国的财政巩固，结果是政府债务余额占 GDP 比例总体有所下降，但紧缩的财政加剧了经济形势的恶化，这导致私人部门的债务负担比例进一步明显上升，并使得各部门加总的债务负担更为沉重；私人杠杆率的恶化还导致了私人部门投资、消费需求的疲弱。在此背景下，2013 年下半年以来，伴随着 Carmen M. Reinhart 和 Kenneth S. Rogoff 对政府债务的研

究遭到质疑①，欧洲主要国家之间，对于是否继续严格执行财政巩固也出现了争论和动摇，其间短期内适度宽松财政政策、长期中进行财政巩固的声音占据了上风。但由于欧洲国家政府债务已经普遍处于相当高的水平，再加上劳动力市场缺乏弹性，税收、福利体系改革面临困难等基本原因，欧洲国家的经济复苏势头仍面临诸多结构性的制约因素。

日本的情况似乎稍好，自2012年年末以来，安倍经济学在货币、汇率、金融市场领域初见成效，实体经济增速也明显回升。但是，日本的债务问题也更为严重，2012年第二季度末，日本各部门的总债务占GDP比例为506%，其中政府部门的债务占GDP比例为230%。虽然日本债务大部分为国内居民之间的负债，同时日本还拥有全世界最大规模的海外净资产；但是，研究表明，2020年前后日本的净储蓄将消失。这意味着2020年前后，日本的国民净储蓄将无法支持国债负担的上升。实际上，如果考虑到国债负担是以一定速度上升的，则这个临界时点会明显早于2020年。基于这方面的考虑，安倍经济学也将积极推动财政巩固，尤其是在2014年，这一比率已经提升至8%。

另外，由于大地震之后，原先占全部能源13%的核电无法使用，导致日本对能源进口的依赖更为严重，因此货币宽松导致的贬值，使得能源进口成本上升，从而对日本经济形成了负向的供给冲击，因此货币宽松对日本实体经济的拉动也要大打折扣。再加上预期财政巩固政策效果的反向抵消，货币政策效果将再次缩水。在推行结构改革面临重重阻力的背景下，日本经济的复苏从中期来看仍不容乐观。

美国的实体经济复苏势头虽然良好，但其再工业化、重振制造业的战略，势必将对已有的进口贸易形成部分替代。2009年11月，美国政府提出了再工业化战略。美国再工业化战略是对全球制造业产业布局

---

① Reinhart 与 Rogoff 在2010年《美国经济评论》上发表的论文，研究了国际经验后指出：一旦一国政府债务占 GDP 比率超过90%，则该国中位数经济增长率将会下降1个百分点。这篇文章产生了较大影响，甚至被认为，为欧债危机爆发后 IMF 与德法等国要求南欧国家实施财政巩固政策提供了理论依据。而在2013年，另外几位美国经济学家发现，Reinhart 与 Rogoff 的论文在数据计算过程中存在操作失误，在样本选择过程中存在主观偏差，其加权方法也令人质疑。但随后，Reinhart 和 Rogoff 对质疑进行了两次回应和反击。Reinhart, Carmen M., and Kenneth S. Rogoff. 2010. "lrowth in a time of debt." American Economic Review, 100 (Z): 573 - 78.

的重构，其中涉及低端制造业从中国转移以进一步降低成本、中端制造业的发展和回流以夯实美国实体经济基础、高端制造业的创新和创造以支撑美国未来经济增长。[①] 再加上近年来美国页岩气革命带来的能源成本优势，美国再工业化战略，将在其国内、外市场上，对以金砖国家为代表的新兴经济体的出口竞争力形成一定的替代压力。其中，美国工业生产能力对国外进口商品的替代将是最为直接的影响。

（二）发达国家致力于改变贸易格局

此前，以金砖国家为代表的新兴市场的大规模顺差对应的是发达国家的大规模逆差，这是脱钩得以实现的基础。但是危机之后，发达国家已经决意改变其在贸易领域所处的地位，提升本国竞争力，扭转赤字局面，开始重新制定贸易领域的游戏规则，其中美国的举措最为显著。在金融危机爆发之后的 2008 年，美国正式宣布加入 TPP 谈判，而在此前的很长一段时间内，美国在国际贸易政策领域都鲜有实质作为。在 TPP 谈判的目标中，美国非常明确地表示，TPP 是美国制定新贸易规则的范本，反映了美国对国际贸易的重视，并希望 TPP 能够成为美国改善贸易失衡的重要规则与手段，让贸易对促进美国经济增长和就业发挥更加重要的作用（国会文件）。除此之外，美国和欧盟也决意开展 TTIP 谈判，欧盟将这项谈判可能带来的潜在收益作为欧洲复兴的一个重要契机。至此，TPP 和 TTIP 以及它们背后所代表的新型贸易规则，已经将主要发达经济体美、欧、日悉数囊括其中。不同于以往的是，这些贸易谈判都具有高规格的特征，所涉及的领域也不仅仅是传统的货物贸易领域，还包含服务贸易和投资，对于一国经济体的内部运行状况也多有要求，例如对透明度、竞争中性、知识产权、环境保护等规则的要求。

发达国家主导的新型贸易规则具有高质量、高标准的特征，这也使得金砖国家和其他新兴市场国家在短期内难以加入其中，即便加入，也需要付出较高的代价。并且从目前的情况来看，G20 中所包含的主要

---

① 李丹：《美国再工业化战略对我国制造业的多层级影响与对策》，《国际经贸探索》2013年第6期。

金砖国家大多都没有加入新贸易规则的谈判，客观而言，新贸易规则中的诸多内容对于金砖国家是难以实现的。

在过去，以金砖国家为代表的新兴市场国家是 WTO 规则的受益者，但是自从多哈回合陷入停滞之后，WTO 就逐渐被各种双边和多边的区域贸易规则所架空。尽管在 2013 年 12 月刚刚结束的 WTO 部长级峰会上，达成了首个全球自由贸易协定，但是 WTO 要想恢复原来的影响力，还有很长的路要走。

在这种情况下，发达国家通过订立高质量的贸易协定，实质上是尽可能地提高自身的贸易竞争力，而暂时没有参与新型贸易协定谈判的金砖国家，本国的贸易就将受到负面影响。对于金砖国家来说，面临的第一个问题就是贸易转移效应，订立了新型贸易协定的国家，由于本区内的贸易壁垒将非常低，目标是去除所有产品的关税，因而会更加倾向于选择与已经缔约的国家进行贸易往来，以金砖国家为代表的新兴市场国家，由于在增加值链中处于相对低端的位置，产品的可替代性较强，可能会丧失较多的市场份额。第二个问题与第一个问题相类似，除了最终产品之外，以金砖国家为代表的新兴市场国家，还出口较多的原材料，但是新型贸易协定中的"原产地规则"对利用来源于非协定成员国的原材料生产出的产品在享受优惠关税时存在限制，因此，原材料的出口也会受到限制。第三个问题则是以金砖国家为代表的新兴市场国家在新规则面前并没有优势，比如提高环境、劳工标准，保护知识产权等要求都会使得金砖国家的成本进一步上升，与发达国家已经率先实现上述标准不同，金砖国家还有很长的路要走，在这个过程中，金砖国家的竞争力会被进一步削减。

发达国家通过制定新贸易规则提升竞争力，以金砖国家为代表的新兴市场国家到目前为止并没有行之有效的应对之道，要回到此前的贸易顺差十分困难，因而，以金砖国家为代表的新兴市场国家依赖此前的方式恢复与发达国家的趋势脱钩已几乎不可能。

四　中国可能为其他金砖国家的良性脱钩提供条件

从良性长期趋势脱钩来看，中国可为其他金砖国家提供的有利条件包括两个方面：首先，从需求端来看，中国内部消费需求的挖掘，将为其他金砖国家提供更大的最终品销售市场，从而在一定程度上，抵消发达国家经济疲弱带来的负面影响；其次，从供给端来看，中国的对外直接投资蓬勃发展，尤其是对其他金砖国家的直接投资迅速上升，也将从供给面改善其他金砖国家的增长潜力。

具体来说，从需求端来看，中国正在推进的改革，将健全社会福利体系、缩小收入差距、提高劳动收入在国民收入分配中的占比等，这些因素都将有助于激发国内的消费需求，促进国内消费市场规模的扩大。一方面，这有利于改变目前中国经济过度依赖于投资、出口驱动的模式，使经济增长的结构更为协调，从而也更为具有可持续性；另一方面，在其他主要经济体消费市场萎靡的情况下，这也将为世界再创造出一个巨大的、活跃的最终产品消费市场。如果中国的 GDP 总量为 50 万亿元人民币，即使不考虑经济增长，消费在 GDP 中比重每提高 1 个百分点，则消费市场规模将上升 5000 亿元人民币（约合 830 亿美元）。IMF 最近的研究表明，2011 年和 2012 年，中国是世界上消费市场增长最快的国家，而且在 2013 年，很可能还是如此。[①] 因此，对于其他金砖国家的出口目标来说，正在日益崛起的中国消费市场，将在很大程度上对发达经济体疲弱的最终消费市场起到替代作用。

此外，从以下三个角度来看，中国因素将改善其他金砖国家的供给能力，从而提高其潜在经济增速。

第一，金砖国家的开发建设存在巨大资金需求缺口。以基础设施投资为例，以金砖国家为代表的新兴经济体的需求普遍旺盛。这方面需求主要来自经济发展和转型过程，尤其是城市化过程中所伴随的建设需求，另外一部分也来源于中国基础设施投资在经济赶超过程中所体现出的示范效应。以金砖国国家为例，印度在基础设施投资方面就有巨大的潜在需求；巴西、南非的城市化水平虽然相对较高，但快速发展同样产生了大量的基础设施投资需求。俄罗斯则由于石油出口方向的

---

① Steven Barnett，"China: Fastest Growing Consumer Market in the World"，作者为国际货币基金组织亚太地区主管，http://blog - imfdirect. imf. org/2013/12/02/china - fastest - growing - consumer - market - in - the - world/，本文于 2013 年 12 月 2 日刊于 IMF 网站。

变化，对管道建设等能源相关基础设施的需求增长非常快。但是另一方面，以金砖国家为代表的新兴经济体进行开发建设的资金需求，还远未获得满足。像亚洲开发银行这样现有的区域机制安排，甚至世界银行等国际多边机制安排，都远远无法满足新兴经济体日益上升的投资、融资需求。

第二，中国的对外直接投资规模在迅速上升。2012 年中国对外直接投资的流量创下历史新高，达到 772 亿美元，排名世界第三位。其占全球 ODI 流量的比率在近年来也迅速上升，由 2003 年的 0.5% 上升至 2012 年的 6.0%。[①] 随着中国不断放宽企业对外直接投资的审核限制，以及各种鼓励措施的出台，中国对外直接投资规模还将继续上升。

第三，中国新一届政府强调国内产业结构升级，对于过剩产能处理，提到"转移一部分"策略，与此同时，推动企业走出去的措施也在陆续出台。这些措施，都与中国对外直接投资和其他金砖国家更加紧密地联系了起来。此外，随着中国的工业园区模式、经济特区模式等发展模式的输出，尤其是中国在资金、技术、人才等方面对其他金砖国家基础设施工程的协力开发建设，都将有利于其他金砖国家改善经济的供给能力。

第四节　金砖国家开发性金融合作现状与问题

在开发性金融领域，金砖国家具有很强的合作意愿。而且，俄罗斯和南非的资源、巴西的资源以及农林业、印度的劳动力和服务业、中国的制造业和资金优势，这种很大程度上的互补优势，也为金砖国家的开发性金融合作开辟了巨大的空间。但是目前来看，由于以下原因，金砖国家的开发性金融合作受到了一定的制约。

一　东道国的投资大环境存在不利因素

对于中国而言，其他金砖国家的投资大环境存在各种情况的不利因

---

① 李国学、王永中、张明：《2013 年第一季度中国对外投资报告》，中国社会科学院世界经济与政治研究所国际投资研究室国际投资研究系列（IIS）讨论稿，2013 年 3 月 18 日。

素。例如，南非和巴西的贫富差距问题严重，犯罪率较高；俄罗斯和印度的政府官员腐败问题较为严重；尤其是印度的基础设施还十分欠缺，而且对于国外资本进入，很多行业还保留着较多的限制措施。此外，俄罗斯经营环境恶劣，官僚腐败，体制低效，国家对经济干预程度过高，税负重。因此，金砖国家之间进行开发性金融合作，虽然有较强的合作意愿，但是受到以上不利因素的影响，相关合作发展明显受到了制约。

二　国际舆论对"新殖民主义"的污蔑和误解

在开发金融的合作领域，中国是资金的主要提供者。从中国对外直接投资的存量来看，中国投向亚洲、非洲和拉丁美洲的比例分别为 38%、17% 和 4%，合计近六成。[①] 由于中国的对外直接投资大部分投向发展中国家，而且约有 41% 是投向资源类的，因此引发了西方社会对国际格局变化及其自身利益的担忧，并将中国的这种动向视为"新殖民主义"。英国前外交大臣杰克·斯特劳就曾经声称，"中国今天在非洲所做的，多数是 150 年前我们在非洲做的"。不仅如此，很多西方媒体也大肆炒作中国在非洲搞所谓"新殖民主义"。这些舆论对非洲学者和官员产生了一定影响，并对中国在金砖国家的开发性金融合作中发挥更大作用产生了一定的消极影响。

三　金砖国家合作拥有不同利益考虑

在金砖国家中，俄罗斯地位特殊，它是唯一的前超级大国，又是唯一身兼发达国家（八国集团成员）和新兴经济体双重身份的国家。俄罗斯参与金砖国家机制，出发点在于，如何把国内经济潜力转化为国际政治实力，增强其在国际政治格局中的分量，加重同发达国家打交道的筹码，充当发达经济体和新兴经济体之间的纽带和桥梁。在参与国际多边组织中，俄罗斯的这种意图已经表现得很明显，以俄罗斯参与上海合作组织的过程为例：2012 年 6 月在北京的上合组织峰会上，中方提议成立上合组织开发银行（资金将主要来自中国）；打造上合组

---

① 已剔除中国香港特区、开曼群岛和英属维京群岛。

织框架内的自由贸易区，成员国通过降低关税逐渐与世界标准接轨。但是由于俄罗斯的掣肘，上述提议未能通过：俄方虽然表示不反对建立上合组织的开发银行，但希望在俄、哈已建成的，而且俄方处于控股地位的欧亚开发银行基础上成立上合开发银行；对于自贸区的提议，俄罗斯也认为时机尚未成熟。可见，虽然中国提出并得到上合组织成员国政府总理会议批准的《上合组织成员国多边经贸合作纲要》，计划到2020年实现货物、资本、服务和技术的自由流动的目标；从中可见，俄罗斯与中国争夺上合组织主导权的意图明显。但是在金砖国家的开发性金融合作中，这种主导权之争也将难以避免，并将影响到这一合作的顺利开展。

四　中国尚缺乏具有主导权的国际多边合作平台

在国际金融领域的多边合作平台中，与中国有关的机构，例如世界银行、国际货币基金组织、亚洲开发银行等，中国都不具有所有权，因此其发言权、领导力受到了制约。上海合作组织是第一个总部在中国，并且以中国城市命名的多边平台，在一定程度上中国具有所有权。但是该平台的功能目前仍主要局限于军事、安全等方面，其经济、金融功能较弱。金砖国家的开发性金融合作需要有一个多边的合作平台，而且应是一个实体机构。可以预见的是，中国必将在金砖国家合作中扮演最为重要的角色，因此推动该多边机构的建立，并使中国掌握其所有权便成为重要的一步。这部分内容涉及金砖开发银行的问题，我们将在本书第八章专门进行分析。

五　金砖银行等新的多边合作平台存在一定风险

首先，现有的多边平台，例如世界银行、亚洲开发银行等，其运行机制是较为成熟的。但中国对于如何领导和运转一个国际开发性多边机构并不熟悉。其次，目前金砖国家的合作形式较为松散，各国在开发性金融领域的合作，容易受到政治等其他因素的影响。最后，世界银行、亚洲开发银行以及其他区域性的国际开发性金融机构，它们已经吸收了现存较为优质的项目或客户，在此背景下，新的机构如金砖银行如何获得自己的竞争优势也是一个很大的问题。

六 现有国际开发性金融机构的收效甚微

即使是现有的成熟机构，其开发性金融业务的发展过程中也出现了很多问题。以世界银行为例，其发展经历了三个阶段：（1）从第二次世界大战后到 20 世纪 60 年代，世界银行的贷款支持发展中经济体提高储蓄率，以促进经济增长，但这种开发性金融的援助方式，往往由于发展中国家的体制问题、腐败侵蚀而事倍功半。（2）此后一直到 20 世纪 80 年代，世界银行的关注点从增长转向分配问题，注重将开发性金融直接面向穷人，从而直接解决贫困问题。但是这种微观的、头痛医头的做法实施成本较高，收效也不具有持续性。（3）由于前述问题，以及以东欧国家转型为背景，此后世界银行的开发性金融重点转向于帮助发展中国家树立市场经济的运行体系，例如针对发展中国家的政策、市场体系调整提供改革贷款。同时，世界银行也更加重视清洁的水源、粮食安全等具体问题。但是长期以来，由于欧美在事实上控制着世界银行，因此世界银行并不真正了解发展中国家面临的问题和约束条件，甚至在很大程度上沦为美国外交政策的工具。因此，世界银行的开发性金融对发展中国家的适用性和现实效果就相当有限。此外，世界银行的开发性金融政策，还引起了一些发展中国家民众的反感。

金砖国家在开发性金融领域的合作过程中，出现了上述难题。这些问题无疑也阻碍了中国在此过程中可能发挥的重要作用，使得金砖国家之间的开发性金融合作滞后于五国多边关系的发展。当然，中国在推进金砖国家的开发性金融合作中，也有其特殊的优势：（1）中国作为最大的发展中经济体，其经济在多年来实现了持续强劲增长，因此对其他发展中国家具有一定的示范作用。（2）当前中国经济改革正面临经济结构调整、产业结构升级的考验。通过对周边国家的开发、建设，中国也可以在更广阔的空间实现产业转移，拓宽中国的经济腹地，并有机会将其他金砖国家纳入以中国为核心的国际分工体系当中。

第八章　金砖国家新开发银行机制建设

第一节　新开发银行的缘起与进展

一　斯蒂格利茨报告

金砖国家新开发银行的倡议源于诺贝尔经济学奖获得者斯蒂格利茨（Joseph Stiglitz）和伦敦经济学院教授斯特恩勋爵（Nicholas Stern）的一份报告。[1] 在该份报告中，他们分析了国际机构的权威数据后发现，新兴市场国家一方面存在较大的投资需求，另一方面又存在大量可以调动的闲置资金。国际能源机构（IEA）出版的《2010 年世界能源展望》指出，"就能源部门来说，未来 25 年将需要 33 万亿美元的投资，预计其中 64% 的投资需求来自新兴与发展中经济体"[2]。为了合理、有效利用新兴市场国家的资金，满足其日益增长的投资需求，斯蒂格利茨提出，新兴与发展中经济体需要建立一个金融中介系统。其中，最可行的方案是，由新兴经济体主导成立一个以充分利用过剩储蓄来满足其投资需求为宗旨的南—南开发银行（South – South Development Bank）。斯蒂格利茨的提议还基于这样一个背景，即现有多边开发机构对新兴经济体基础设施融资虽然能起到一定作用，但相对于新兴经济体日益增长的需求来说，作用仍十分有限。截至 2010 年年末，世

---

[1] Joseph Stiglitz and Nicholas Stern, "An International Development Bank for Fostering South – South Investment: Promoting the New Industrial Revolu tion, Managing Risk and Rebalancing Global Savings", September 2011, http://www. maisdemocracia. org. br/blog/2013/01/17/o – banco – dos – brics – em – marco/.

[2] International Energy Agency, *World Energy Outlook 2010* .

界银行、亚洲开发银行、泛美开发银行和非洲开发银行等现有主要开发银行的贷款余额总计只有 3054 亿美元，远远不能解决新兴市场国家的基础设施融资问题。按 10% 的贷款余额增长率计算，现有主要多边开发机构大约每年只能增加 305 亿美元的开发贷款。

二 印度的倡议

在斯蒂格利茨报告的基础上，印度向其他四个金砖国家提出了共同建立一个新开发银行的倡议，该银行由五个金砖国家主导。[①] 印度提议建立金砖国家开发银行的理由主要包括以下四个方面：第一，流向新兴与发展中国家的资本，包括官方发展援助，不足以弥补与基础设施和环保投资相关的巨大资金缺口，并且全球危机与发达国家财政紧缩进一步削弱了发达国家的开发性融投资能力，而设立金砖国家主导的开发银行将是弥合资金缺口的一个实质性步骤；第二，相当一部分新兴经济体的储蓄通过投资于国债和其他高信用等级资产而"逆流"至发达国家，因此利用新兴市场国家的储蓄来满足金砖国家和其他发展中国家的资金需求，便是解决这一问题的一个合理途径；第三，由于南—南国家开发银行将由以金砖国家为代表的新兴经济体主导，并决定其资金配置，因此有助于引导资金流向最需要的地方，以实现资金的更有效利用；第四，在当前全球金融动荡的形势下，建立南—南国家开发银行将是新兴市场经济体迈向自强自立的重要标志，这在当前新兴经济体的稳定作用日益增强且成为全球经济增长引擎的环境下，显得非常重要。

为了便于其他金砖国家就新开发银行的成立进行讨论和研究，印度对开发银行的目标、资金来源、业务活动、资本结构以及进度安排等进行了初步筹划。根据印度提案，其宗旨在于建立由金砖国家主导的开发银行，即主要由金砖国家和其他新兴经济体出资与管理，以满足金砖国家以及其他新兴与发展中经济体的特定投资需求。因此，金砖国

---

① 在印度倡议初期，将拟成立的开发银行定名为"金砖国家主导的南—南开发银行"（BRICS-led South – South Development Bank）。

家倡导建立的开发银行不是对现有国际金融架构的背离或挑战，其目的在于作为其他现有多边机构的有效补充，以满足金砖国家和其他发展中国家的特定投资需求。因此，该开发银行的建立将成为发展中国家之间甚至发展中国家与发达国家之间重要的联系桥梁。

印度提出建立金砖国家开发银行的倡议得到了其他四国的响应。2012年3月19日，在华盛顿特区召开的金砖国家财长会议上，各国代表就成立新开发银行工作组达成共识，并决定将由印度和南非担任新开发银行工作组的联合主席。

三　第四次金砖国家峰会之后的进展

2012年3月29日，金砖国家领导人第四次会议在印度新德里举行。会上，金砖国家领导人对于成立合作开发银行表示了浓厚的兴趣，并表达了共同立场，并在会后发表的《德里宣言》中对金砖国家开发银行的宗旨和目的进行了规划。宣言指出，五国领导人"探讨了建立一个新的开发银行的可能性，以为金砖国家和其他发展中国家基础设施和可持续发展项目筹集资金，并作为对现有多边和区域金融机构促进全球增长和发展的补充"[①]。可见，拟成立的开发银行的宗旨是满足金砖国家和其他发展中国家基础设施和可持续发展项目的资金需求。它的成立只是对现有多边和区域金融机构的补充，弥补其在满足新兴与发展中国家需求方面的不足。同时，《德里宣言》还指示财长们"审查该倡议的可能性和可行性，成立联合工作组进一步研究，并于下次领导人会晤前向我们报告"。为了对开发银行的可行性展开充分研究，德里行动计划提出举行专家会议讨论建立一个新的开发银行问题。这标志着金砖国家合作进入了实质性阶段，同时也标志着金砖国家领导人由过去就全球和金砖国家间宏观层面的磋商转入了经济金融务实性的全面合作。金砖国家开发银行的成立有可能成为新兴与发展中国家之间未来深化金融合作的新航标。

金砖国家领导人峰会后，五国成立了金砖国家开发银行工作组，以

---

① 《德里宣言》，新华网，新德里2012年3月29日电。

便于对金砖国家开发银行的可能性和可行性展开研究。随着研究的进一步深入，工作组提出了建立开发银行需重点讨论的领域和问题。这些问题主要来自银行职能、成员与开放性问题、治理结构、资本结构、信用评级、智库功能以及促进其他领域合作七个方面。其中，银行职能包括银行关注的主要领域，例如对基础设施的硬贷款和软贷款，包括跨境项目、减贫、发展性问题等；银行的会员构成问题包括会员是仅限于金砖国家还是金砖国家加上其他新兴市场国家、发展中国家、发达国家和国际金融机构等；银行的治理结构包括股权/配额的分配、行长人选、总部选址、高级管理层等；资本结构包括与财力调配相关的事项，以及对银行资本结构的建议等；信用评级包括如何降低风险以提高银行的信用评级、降低借款成本，使之接近现有的多边开发银行（MDBs）的借款水平等；智库功能包括如何为金砖国家、新兴经济体和发展中国家的重点研究提供平台；其他领域合作包括促进金砖国家、新兴经济体和发展中国家内部的贸易和投资等。

2013年3月27日，第五次金砖国家领导人峰会发表《德班宣言》，五国领导人正式同意建立一个新的开发银行。《德班宣言》指出，"由于长期融资和外国直接投资不足，尤其是资本市场投资不足，发展中国家面临基础设施建设的挑战。这限制了全球总需求。金砖国家合作推动更有效利用全球金融资源，可以为解决上述问题做出积极贡献。2012年3月，我们指示财长们评估建立一个新的开发银行的可能性和可行性，为金砖国家、其他新兴市场和发展中国家的基础设施和可持续发展项目筹集资金，作为对全球增长和发展领域的现有多边和区域金融机构的补充。根据财长们的报告，我们满意地看到建立一个新的开发银行是可能和可行的。我们同意建立该银行，银行的初始资本应该是实质性的和充足的，以便有效开展基础设施融资"[①]。

2014年7月15日，金砖国家领导人第六次会晤在巴西福塔莱萨举行，会议发表《福塔莱萨宣言》。根据《福塔莱萨宣言》，金砖国家开发银行法定资本1000亿美元。初始认缴资本500亿美元，由创始成员

---

① 《金砖国家领导人第五次会晤德班宣言》，《人民日报》2013年3月28日第3版。

国平等出资。银行首任理事会主席将来自俄罗斯，首任董事会主席将来自巴西，首任行长将来自印度。银行总部设于上海，同时在南非设立非洲区域中心。[①] 这标志着金砖国家开发银行正式进入筹建阶段。

2015 年 7 月 9 日，金砖国家领导人第七次会晤在俄罗斯乌法举行，在巴西福塔莱萨金砖国家领导人第六次会晤期间签署的新开发银行协议正式生效。本次会晤前夕，在俄方主持下新开发银行理事会召开首次会议，临时董事会和前期管理团队为银行尽早运营发挥了重要的推动作用。7 月 21 日，新开发银行在上海宣布正式开业。

第二节　各方对新开发银行的态度

一　印度：谋求开发银行的主导作用

印度关注的是有更多的来自多边机构的融资，并且这方面的需求非常大。多年来，印度都是依靠世界银行等多边开发机构的支持。截至 2012 年上半年，世界银行对印度的贷款超过了 380 亿美元，但这对于印度的巨大国内基础设施投资需求来说还比较有限。近 30 年来，印度经济保持了持续的快速增长。尽管受金融危机影响有所放缓，但仍处于较高增长水平。与经济长期快速增长相对应的是，城市基础设施和道路交通状况还很落后。根据世界银行统计数据，截至 2013 年年底，印度总人口达到 12.52 亿人，居世界第二位，但城市人口只有 32%。快速的经济增长引起城市化进程的加快。根据印度计划委员会编制的第十二个五年规划（2012—2017），印度将加大在基础设施的投入和建设速度。印度在"十一五"期间，基础建设投资规模约为 5000 亿美元，占 GDP 的比重为 7.55%；"十二五"期间，印度的基础设施领域投资将达到 1 万亿到 1.2 万亿美元，将是"十一五"期间的两倍多，占 GDP 的比重为 8%—8.5%。尽管如此，印度国内基础设施投资仍存在较大缺口。印度是一个储蓄不足和经常账户逆差的国家。2011 年，印度经常账户占 GDP 的比例为 - 2.8%，国内投资和储蓄占 GDP 的比

---

① 《金砖国家领导人第六次会晤福塔莱萨宣言》，《人民日报》2014 年 7 月 17 日第 21 版。

例分别为34.4%和31.6%。国内储蓄不能满足国内投资需求,需要依靠外部资金流入来支持国内投资增长,基础设施投资就特别依赖国际开发机构提供的融资便利。在印度担任金砖国家峰会主席国之际,印度政府积极倡导建立一个新的开发银行,一方面是希望以此来满足国内的上述需求;另一方面是希望以其为载体创造更加广阔的国际空间和促进国际影响力的不断提升。

二　南非:期待设立软贷款

对于金砖国家开发银行的作用,南非想借此创造就业机会,缓解严峻的国内就业形势。多年来,南非经济发展需要解决的一个重要问题是长期居高不下的失业率。根据 IMF 统计数据,2010 年南非的失业率为24.9%,尽管 2011 年有所下降,但仍高达 24.5%,居金砖国家之首。在金砖国家领导人新德里峰会上,南非总统祖马表示,金砖国家开发银行"在帮助发展中国家创造就业方面具有巨大潜力"。这充分表明了南非政府对金砖国家开发银行的期待。此外,南非的基础设施投资需求不断增加。2011 年,南非 GDP 实际增长率恢复到 3.15%,尽管其城市化水平相对较高,但经济的快速发展同样产生了大量的基础设施投资需求。然而,2011 年南非储蓄占 GDP 比例为 16.5%,投资占 GDP 比例为 19.8%,国内储蓄同样不能满足投资需求,因而对外部资金的需求较大。在金砖国家开发银行的模式选择上,南非倾向于政策性银行,主要想争取软贷款,强调其减贫和促进发展的职能。同时,南非也对金砖银行总部选址非常关注,并争取在南非设立金砖国家开发银行非洲区域中心。

三　巴西:强调对可持续发展的促进作用

随着城市化进程的发展,巴西基础设施投资需求不断增加。因此,金砖国家成立开发银行,在满足巴西的投资需求上的作用是显而易见的。2011 年巴西的 GDP 实际增长率为 3.9%,比上年下降 3.7 个百分点,2012 年为 1.8%。经济的大幅下滑迫使巴西政府出台了一系列的经济刺激计划,加大了基础设施的投资规模。2010 年,巴西提出两阶段

"加速增长计划"（2011—2014），其中包括大约 8700 亿美元的基础设施投资，约占 2010 年巴西 GDP 的 38.9%。与印度和南非一样，巴西的储蓄占 GDP 比例低于投资占 GDP 比例，经常账户表现为逆差，国内投资增长同样需要依靠外部资金流入。但是，一方面，巴西从现有全球和区域多边开发性机构获得较大的投资支持。除了世界银行、IMF 等全球机构，巴西从区域多边开发机构也获得了较大的贷款份额。2010 年，巴西占泛美开发银行的贷款份额为 18.1%，占安第斯开发集团的贷款份额为 18.8%。另一方面，巴西已主导了一个大型开发银行，并不断提高自己的地位，而巴西在新银行的建立上，较难发挥主导作用。为此，巴西对新开发银行的积极性不够强烈。此外，在金砖银行的功能与目标上，巴西曾强调拟议中的金砖银行应发挥其在促进各国可持续发展上的作用，主张将其命名为可持续开发银行。总体来看，正如巴西工业与贸易部长皮曼德尔（Fernando Pimentel）所言，金砖国家在成立合作开发银行方面存在共同利益，顺应了当今的经济需求，同时金砖国家开发银行将成为五个经济体加强协作的全球性工具。

四　俄罗斯：新开发银行不局限于南南合作

在印度最初提出成立新的开发银行倡议时，俄罗斯的积极性不是太高，这一方面因为俄罗斯希望促进上海合作组织成员国之间在货币银行领域的合作；另一方面俄罗斯也担心这一银行给其他成员带来更大的收益，而自己所获的收益较小，所以态度较为犹豫。俄罗斯的基础设施投资需求，主要来自经济转型过程所伴随的建设需求。近年来，由于石油出口方向的变化，俄罗斯对管道建设等能源相关基础设施的需求增长非常快。但与印度、巴西和南非不同，俄罗斯是储蓄过剩和经常账户顺差国家。2011 年，俄罗斯储蓄和投资占 GDP 的比例分别为 28.63% 和 23.16%，经常账户余额占 GDP 的比例为 5.47%。一般认为其国内投资可以通过国内融资来实现，甚至国内资金还可以进行对外净投资。实际上，俄罗斯的储蓄投资转换体系并不完善，基础设施投资的国内融资渠道并不畅通，新的开发银行可以为俄罗斯提供融资便利。此外，在成立新开发银行的问题上，俄罗斯还有其政治上的考虑，例如担心金砖银行的成立会给俄罗斯发展与发达经济体的关系带来障碍、担心中国影响力的增加而对其产生威胁等。为此，俄罗斯不主张将其建设成为南南合作的平台，反对将其命名为"南—南开发银行"。这一方面由于俄罗斯作为八国集团的成员身份，并不认同自身为南方国家中的一员；另一方面由于俄罗斯主张将其扩大到发达经济体，从而成为南北合作的纽带。但这并不表示建立金砖国家开发银行将损害俄罗斯的利益。金砖国家开发银行的建立，将会产生溢出效应（spill – out effect），带动金砖国家各个领域的深入合作。

五　国际社会：反应不一

在金砖国家提出建立开发银行后，包括国际开发机构、一些发达经济体以及广大发展中国家的国际社会都对其予以密切关注，并且反应不一。

世界银行希望加强与金砖国家开发银行之间的合作，但认为建立新银行的难度很大。2012 年 4 月 3 日，在博鳌亚洲论坛早餐会上，时任世界银行行长的佐利克（Robert B. Zoellick）表示应该支持这一倡议，并应该推动其发展，同时与之建立合作关系。世界银行曾与现有区域性开发银行保持了良好的合作关系，对于这样一个新的跨区域银行，要想各方都能得到很好的发展，就必须进行各种形式的合作。同时，世界银行也十分关注金砖国家开发银行在成立过程中将面临的问题和困难。佐利克指出，建立一个银行不是一件容易的事情，肯定有一些敏感的问题，比如谁担任行长、总部在什么地方、怎么样筹资等，另外还有银行的评级问题。

IMF 担心来自金砖国家开发银行的竞争。在金砖国家开发银行倡议提出后，IMF 对这一计划迅速做出反应，基金组织总裁拉加德（Christine Lagarde）在华盛顿布鲁金斯学会就此发表声明，表示密切注视巴西、俄罗斯、印度、中国和南非这一计划，并隐隐透露出一种不安。正如俄罗斯金融市场研究所分析家伊戈尔·科斯季科夫（Igor Kostikov）所言，金砖国家开发银行的建立可以看作同基金组织等国际金融机构的一种竞争，迫使它们进行改革，而通常来说它们都不愿意改革。因此，金砖国家开发银行既引起基金组织的强烈兴趣，又引起种种不安。

发达经济体担心带来新的挑战。现有的所有全球以及绝大多数区域性开发机构都是由发达经济体主导的，而拟成立的金砖国家开发银行将由新兴经济体主导。对发达经济体来说，金砖国家开发银行的成立与发展将对现有的全球金融构架产生潜在冲击。同时，金砖国家开发银行主要面向新兴与发展中经济体，为它们的基础设施建设和经济发展提供资金，这有可能弱化发达经济体在发展中国家群体中的影响力。尽管发达经济体尚未公开反对金砖国家开发银行的成立，但也不能掩盖对这一倡议付诸实践的担忧。

其他发展中经济体表示期待金砖国家开发银行带来的实惠。由于金砖国家开发银行的宗旨与定位主要是服务于新兴与发展中经济体的需要，以许多非洲国家为代表的广大发展中国家对这一银行的成立充满了期待。这些国家尤其关注新开发银行的软贷款窗口，从而使其能够得到减贫与发展所需要的优惠贷款。

第三节　新开发银行的战略意义

一　深化金砖国家合作

金砖国家合作机制建立后，世界各国对这一机制反应不一。一些乐观人士认为，金砖国家正在打破少数国家长期垄断全球经济事务的不公平局面，反映出国际社会的发展和进步，因而具有强大的生命力；而一些持悲观论调的分析家强调五国在政治制度、经济结构和文化传统等领域的差异，认为金砖国家合作只是权宜之计，难以形成一个团结的整体在世界舞台上发挥重要作用。目前，金砖国家经过七次峰会的努力，已经建立了理念基础，相互之间的务实合作得到不断深入，合作领域不断拓展。从贸易、投资等领域的合作不断向金融合作拓展。

近年来，金砖国家的经济实力不断增强，金融实力大幅提升，在国际金融领域应当拥有更大话语权。但是，国际货币体系在短期内很难

发生重大调整，那些在国际金融体系中长期处于主导地位的发达国家
也不会轻易做出让步。因而要完善现行国际货币框架、加快国际货币
体系改革进程，亟须在国际体系中处于弱势地位的新兴经济体进行实
质而且有效的合作。全球金融危机的爆发，暴露出现行国际货币金融
体系的诸多弊端，改革国际货币金融体系和防范国际金融风险成为世
界各国的共同诉求。在此背景下，金砖国家加强多种形式的金融合作，
具有特殊意义。

当前，金砖国家探讨成立新的开发银行，正是金砖国家努力推进彼
此之间金融合作的重要表现。毫无疑问，金砖国家开发银行的成立将
成为金砖国家金融合作的重要里程碑，具有重要的现实意义。

首先，金砖国家开发银行的成立可以进一步促进金砖国家之间的团
结合作，共同提高金砖国家在全球治理中的地位。金砖国家开发银行
作为一个国际性的机构，其业务可以覆盖全球，在对现有多边开发银
行形成有效补充的同时，也可以进一步影响现有多边开发银行的改革，
甚至改变金砖国家在全球治理改革中的被动局面。由于在现有国际组
织中投票权受到限制，金砖国家并没有自己的平台。金砖国家开发银
行建立以后，金砖国家就形成了自己独立的平台。通过这个平台，金砖
国家可以对全球基础设施融资、发展援助、国际金融体系改革等问题
产生更大的影响。同时，通过开展对发展中国家的业务，可以扩大金砖
国家在发展中国家的影响力。

其次，金砖国家开发银行的成立可以促进金砖国家之间的贸易与投
资联系。近十年来，金砖国家在全球经济中的地位不断上升，占全球
GDP 的比例从 2005 年的 8.3% 上升到 2010 年的 17.7%。特别需要关注
的是，金砖国家已经成为全球的重要需求国，在对全球出口不断增长
的同时，金砖国家在全球进口中的比例不断上升，到 2010 年已经占到
了全球进口的 18.8%。如果金砖国家开发银行能够加大对贸易融资上
的支持，金砖国家的企业就有可能在全球贸易市场上更有作为。就金
砖国家内部而言，虽然没有关税等贸易政策的调整，但金砖国家表现
出了更紧密的经贸关系，有较明显的贸易转移的特点。以巴西为例，
2000 年，巴西出口到金砖国家的比例只有 3.68%，而到 2010 年则占到

巴西全部出口的 20.11%，同期，巴西从金砖国家进口的比例也从
4.10%上升到了 19.97%。除了巴西之外，中国、印度、俄罗斯和南非
同其他金砖国家之间贸易的比重都成倍增长。原因在于，虽然金砖国
家之间没有形成关税减让、增加准入等贸易政策优惠，但由于各方政
府搭建的合作平台，使得各国的商业界、企业家增进了对其他成员国
经商环境的了解，并提高了他们对金砖成员国市场的信心，因而增加
了金砖国家之间的经贸往来。金砖国家开发银行的成立将为五国企业
家搭建新的平台，增强对成员国市场信心，从而推动贸易投资活动的
深入开展。

总之，金砖国家在全球经济中的地位不断上升，但在全球的战略地
位却不如经济地位。究其原因，是因为缺乏可以主导或影响全球治理
的工具，金砖国家开发银行的建立，不仅可以增强金砖国家在全球治
理中的地位，也可以进一步提升金砖国家在全球经济中的地位，并且
可以通过提供贸易融资来促进金砖国家之间的贸易，为金砖国家建立
更紧密的经贸关系、继续深化务实合作打下基础。

二　对改革国际经济治理产生积极作用

金融危机以来，全球治理机制的改革已经取得了一些进展，新兴经
济体的地位有所提高，但是还远远不够。究其原因，主要是受以下两个
因素的影响。

第一，全球多边经济机构的改革进展缓慢。2008 年秋季，世界银行
集团同意开始两阶段的改革，以提高发展中国家和转型经济体（DTC）
在世界银行的参与程度，包括增加 DTC 国家的投票权、股份、在执行董
事会中的人数、对 DTC 国家关于发展的看法做出回应等内容：（1）增加
DTC 国家的投票权。根据新的股权计算公式，将 DTC 国家在国际复兴开
发银行（IBRD）的投票权从 42.6% 提高到 47.2%。同时，将 DTC 国家
在国际开发协会（IDA）的投票权从 40% 提高到 46%。（2）建立独立的
配股原则。要求建立和 IMF 配额相一致但又不一样的股份分配方法，欢
迎新的 IDA 出资，以及保持发达成员和 DTC 成员之间的投票权平衡。
（3）对 IBRD 和 IDA 的股份结构进行定期评估。每 5 年对 IBRD 和 IDA 的

股份结构进行评估，以保证股份结构能够反映各自的经济占比以及对世界银行集团的贡献。（4）增加来自DTC国家的董事。在保持其他国家董事不变的情况下，增加两名来自撒哈拉以南非洲国家的董事，使撒哈拉以南非洲地区在世界银行的执行董事达到3名。（5）修改《世界银行章程》。修改《世界银行章程》是为了修改关于基本投票权的规定，提高基本投票权的提议已经得到理事会的批准，正在征得成员国的同意，已经有80%的成员国（占70%的投票权）同意，但离85%的投票权还有一定的距离。由此可以看出，经过这一轮的投票权改革以后，金砖国家的投票权确实有所提高，从11.26%提高到了13.10%，尤其是中国、巴西、印度的投票权都得到了较大的提高。但是，世界银行的改革还有许多方面不尽如人意：一是金砖国家的投票权仍然不够。2010年，金砖国家在全球GDP中的份额达到17.7%，并且份额仍在不断上升。此外，金砖国家有着比欧美国家更为稳健的财政状况。可见，金砖国家当前在世界银行的投票权份额与其经济实力很不配。二是没有改变美国的"独家否决权"。投票权改革之后，美国的投票权为15.85%，下降了0.51个百分点，但仍然拥有足够多的投票权（大于15%）以否决《世界银行章程》的修改，也就是说，在修改章程上美国仍然独享"否决权"。除了世界银行以外，包括IMF在内的其他国际经济组织改革也非常缓慢，难以反映金砖国家地位的上升，以及全球经济格局的变化。

第二，地区性国际经济组织的改革尚未启动。相对于世界银行，还存在一些地区性开发银行，这些机构本应更好地代表新兴市场和发展中国家的利益，但遗憾的是，其改革比国际多边开发性银行的改革还要迟缓。

根据各地区性开发银行公布的数据，金砖国家在亚洲开发银行、泛美开发银行和非洲开发银行的投票权都非常有限（见表8—1）。以亚洲开发银行为例，金砖国家投票权仅有12.2%，不及日本一个国家的投票权（14.5%）。在泛美开发银行，美国一国就占有30.0%的投票权，而金砖国家只占到10.8%的投票权。非洲开发银行也是一样，金砖国家的投票权（6.3%）还不如美国一国的投票权（6.4%）。

表8—1　　　　　　金砖国家在地区性多边开发机构中的投票权　　　　单位:%

	金砖国家	美国	日本
亚洲开发银行	12.2	5.0	14.5
泛美开发银行	10.8	30.0	5.0
非洲开发银行	6.3	6.4	5.3

资料来源：根据各多边开发机构公布资料计算整理。

通过建立金砖国家开发银行，推动金砖国家在基础设施融资领域的合作，势必对现有多边开发机构造成压力，迫使欧美发达国家考虑加速对现有多边开发银行的改革。

三　中国主动参与国际经济治理的重要举措之一

21世纪以来，中国在国际经济中的话语权总体上得到了较大提升。但与中国目前的经济总量相比，还远不相符。为此，一些国内外学者认为，中国其实还没有进入现有国际经济制度的核心和深层，而只是一个西方主导的"国际经济治理"的"被领导者"。例如，中国至今在世界上仍未获得"市场经济地位"；中国在世界银行和IMF中的投票权虽有提高，但并非实质性改善中国在这些全球机构的治理和决策机构的地位；在人民币加入IMF的特别提款权问题上，西方国家对中国附加不少条件；等等。

当前，中国之所以未能获取相应的全球经济话语权，主要有以下三个方面的原因。

一是从外部来看，存在来自既得利益国家（集团）的阻碍。现存国际经济治理框架延续了60多年，已经形成了深厚的利益格局，任何一个后来者加入这个体系分割其利益，都会遇到以美、欧、日为代表的既得利益国家（集团）的阻挠。比起许多发达经济体，中国真正参与到国际经济治理的时间还不长，很多国际规则都没有参与制定，只是作为一个被动的接受者，同时对很多规则的运行与利用还不熟悉。而现存制度的既得利益者会运用已有的全球经济治理工具，逼迫中国做出让步，或者把中国排除在已有的治理权力之外。

二是从内部来看，中国自身建设还不完善。当前，中国自身确实还有很多问题和需要改进的地方。例如，在中国的市场经济国家地位问题上，除了意识形态的原因外，还包括对中国的商业环境、法律完善程度、市场开放程度以及公平、诚信等商业道德的不认同。在这些方面，既有一些西方国家的夸大其词，也有客观上源于中国自身的问题。再如，在人民币加入 IMF 特别提款权的问题上，IMF 的规则是，作为特别提款权的货币首先要实现自由兑换和流通，而人民币至今没有国际化。这些中国自身存在的问题成为以美、欧为代表的国际社会阻挠中国进一步提升规则制定权的借口。

三是来自中国应对某些国际经济治理规则的失误。这里的失误，不是指在"学习"和"适应"规则过程中难免会产生的失误，而是指中国在应对规则时对其利弊认识不够、对一些规则过分重视或轻视，从而带来一些不必要的损失。例如，在中国的市场经济国家地位问题上，尽管中国成为市场经济国家有助于减少西方对中国商品的反倾销指控和投资贸易壁垒，但当少数国家一再表现出只想以此从中国索取更大利益而无意承认中国的市场经济国家地位时，再去争取已无实质意义，反而陷自己于被动，从而致使美、欧等国家将其作为从中国索取利益的筹码。

国家之间的博弈不是零和游戏，也不是天然的对抗关系。中国的发展与繁荣，并不是挑战当今的世界体系和国际秩序，而是在这个框架内构建与各国的合作。现有的国际体系虽然有不尽如人意的地方，但也有积极的因素。中国参与国际经济治理，目的就是要把不尽如人意的地方改正过来，朝着更加公正合理的方向发展，其核心是确保包括中国在内的广大发展中国家有平等的发展权。同时，中国积极参与国际事务，承担力所能及的义务和责任，旨在继续在国际经济体系中发挥建设性作用，并同各国一道分享发展机遇、应对各种挑战，使中国的发展惠及更多的国家和地区。

金砖国家开发银行是中国主动参与国际经济治理、提升国际经济地位的重要举措之一。和其他金砖国家一样，建立金砖国家开发银行可以提高中国在全球治理改革中的地位、促进现有多边开发银行的改革、促进中国的出口。除此之外，推动金砖国家开发银行还可以起到形成中国在全球治理中的主导权、加快国内建设国际金融中心的步伐等作用。具体来说，金砖国家开发银行对中国的战略意义包括以下四个方面。

首先，金砖国家开发银行是中国在全球治理中谋求主导权的重要举措。在现有多边体系下，即使各国际经济组织完成改革以后，中国的投票权仍然会受到制约与牵制，中国难以拥有主导权。建立金砖国家开发银行以后，中国可以在金砖国家开发银行中获得主导权，借助这一平台对发展中国家的影响力，提高中国在全球治理中的话语权。

其次，金砖国家开发银行的成立加快建设国际金融中心的重要举措。从各方面条件来看，中国更有实力成为金砖国家开发银行的总部。通过将总部设在中国，可以加快国内建设国际金融中心的步伐，提高中国金融业的竞争力。

再次，金砖国家开发银行的成立是中国推进海外工程承包企业融资的重要举措。在所有金砖国家中，中国海外工程承包的竞争力是最大的。根据中国商务部统计数据，2013 年中国对外承包工程新签合同额 1716.3 亿美元，对外承包工程业务完成营业额 1371.4 亿美元；截至 2013 年年底，中国对外承包工程业务累计签订合同额 11698 亿美元，完成营业额 7927 亿美元。中国在中东、亚洲、非洲的工程承包市场上都占有较大的市场份额。随着全球工程承包模式的变化，越来越多的工程承包商要承担融资的任务，导致中国企业在海外工程承包中融资的压力越来越大。对此，金砖国家开发银行正好可以提供相应的融资，帮助中国工程企业在海外做大做强。

最后，参与金砖国家开发银行是人民币国际化的重要举措。随着人民币汇率形成机制的进一步完善，以及资本项目改革的完成，人民币国际化的探索阶段可能很快就会过去。在人民币进入加速国际化的阶段，金砖国家开发银行可以起到很好的作用。比如，可以通过金砖国家开发银行向全球提供人民币融资，将现有的金砖国家间的人民币贸易结算和人民币信贷扩大到全球范围。

第四节　筹建新开发银行的重点问题

金砖国家新开发银行的成立有可能成为新兴与发展中国家之间未来深化金融合作的新航标。作为一个跨区域的新兴经济体之间的多边开发机构，金砖国家开发银行在开创之初，将面临比现有多边开发机构更多的问题与挑战，例如银行职能、成员开放性、资本结构、治理结构、信用评级、总裁任免、总部选址等。这些问题的解决不仅需要借鉴现有多边开发机构的经验，还需要在许多问题上创新思想，寻找合适的解决方案。下面就金砖国家开发银行创立的几个重要问题一一加以讨论。

一　职能定位

目前，世界主要多边开发机构有世界银行、欧洲复兴开发银行、欧洲投资银行、亚洲开发银行、泛美开发银行、非洲开发银行和安第斯开发集团等。从现有多边开发机构的宗旨和职能来看，主要包括以下四个方面：一是减贫和促进发展。第二次世界大战以后建立的多边机构，包括世界银行、亚洲开发银行、非洲开发银行，可以说是开发银行的传统目标。二是促进社会弱势领域的发展。欧洲投资银行、美洲开发银行、欧洲投资银行都有这一职能，主要是服务于中小企业、微型企业。三是促进可持续发展。以应对气候变化、环境保护和可持续发展为目标，欧洲投资银行是比较典型的，当然其他的多边开发机构也多少有类似目标。四是促进区域发展和融合。欧洲复兴开发银行主要为东欧国家转型服务，而安第斯开发集团则为本地区一体化服务。

关于金砖国家开发银行的宗旨与职能，金砖国家领导人在第四次峰会上曾达成基本共识，并在第五次峰会上得到进一步确认。在《德里宣言》和《德班宣言》中，五国领导人明确指出，金砖国家开发银行旨在为金砖国家、其他新兴市场和发展中国家的基础设施和可持续发展项目筹集资金，作为对全球增长和发展领域的现有多边和区域金融机构的补充。由此可见，拟成立的金砖国家开发银行的宗旨是为金砖国家、其他新兴市场和发展中国家服务，其主要职能包括两个方面，即促进基础设施建设融资和可持续发展。它的成立只是对现有多边和区域金融机构的补充，以弥补其在满足新兴市场与发展中国家需求方面的不足。为此，金砖国家开发银行作为以发展融资为核心业务的跨区域金融机构，既要面向金砖国家，还要支持其他发展中国家，同时，还要成为沟通发展中国家和发达国家的桥梁。与现有多边开发机构不同的是，金砖国家开发银行不仅应为新兴和发展中国家提供发展融资，也要积极促进新兴经济体对发达国家的投资；这不仅有利于新兴经济体的发展，同时也将促进发达经济体的经济复苏。

二　成员资格

现有多边开发机构的成员构成，根据创立之初的成员资格设定，总的来说有以下几种类型：一是绑定获得成员资格。例如国际复兴开发银行向 IMF 的成员、亚洲开发银行向联合国亚洲和远东经济委员会（ECAFE）的成员开放成员资格。这虽然是一种绑定，但也是一种选择。这种选择性与多边开发机构的战略意图密切相关。二是自动获得成员资格。这主要是在新成立的多边开发机构作为某一国际组织的附属机构时，该国际组织的成员自动获得附属机构成员资格。例如国际开发协会是世界银行集团的机构之一，美洲开发银行是美洲国家组织的专门机构之一，其成员资格对所属国际组织开放。三是面向特定地域。这主要是指区域性的多边开发机构对区域内国家开放成员资格，例如欧洲复兴开发银行、亚洲开发银行、非洲开发银行和美洲开发银行等。

从现有的经验来看，金砖国家开发银行的成员资格可能有两种模式：一是参照区域性多边开发机构模式，将成员国限定在金砖国家范围内。二是参照全球性多边开发机构模式，向特定全球多边组织的成员国开放。但由于金砖国家开发银行宗旨与战略意图的特殊性，这两种模式均存在弊端。对于前者而言，如果成员国仅限于金砖国家，不仅影响金砖国家开发银行的业务范围和未来业务发展，也使金砖国家在经济上结盟的意图过于明显，从而为外部世界所孤立。对于后者而言，由于金砖国家开发银行不是现有国际组织的附属机构，也难以找到与之相适应的国际组织进行成员资格绑定，那种简单复制式的成员资格认定也不适用。因此，在成员资格问题上，新的开发银行必须进行创新。建立之初可先限于金砖国家范围内，未来可逐步向金砖国家以外的多种类型国家开放会员资格，也即是，既包括金砖国家和其他新兴市场与发展中国家，又包括发达国家，甚至还可以考虑国际金融机构、主权财富基金以及商业银行等。

三 股权分配

关于成员国的股权分配，现有多边开发机构法定资本的初始认缴总体上有以下几种情形和特点：一是一国主导型。例如国际复兴开发银行成立时美国的股份比重占 34.9%，而紧随其后的英国和苏联的股份比重分别为 14.3% 和 13.2%，还不及美国的一半；美洲开发银行成立时美国的股权份额达到 41.2%，而位列第二的巴西和阿根廷的股份比重均为 12.1%。尽管后来这些开发机构的股权分配比例有所变动，但美国的绝对优势地位仍未改变。二是大国分享主导型。例如德国、英国、法国和意大利在欧洲投资银行的出资比例最高，均为 16.17%；德国、英国、法国、意大利和日本在欧洲复兴开发银行的出资比例最高，均为 8.66%；秘鲁、委内瑞拉和哥伦比亚占安第斯开发集团实缴资本比例均约为 20%。三是区域优先型。在区域性的多边开发机构中，一般而言，股权分配主要以区域内成员为主，同时区域内成员在股权分配上具有一定的优越性。例如，欧洲投资银行和安第斯开发集团等区域性多边机构的股权只分配给区域内成员；在亚洲开发银行的股权分配中，日本、中国、印度和印度尼西亚等区域内国家的份额均高于美国。四是相对分散型。例如非洲开发银行各成员国的股权分配比例相差较小，个别国家难以在其中起主导作用。

从现有国际经验来看，金砖国家作为金砖国家开发银行的发起国，在股权分配上占据优先地位是毋庸置疑的。但如何平衡五个国家之间的股权比例仍没有现成的答案。例如，IMF 的份额分配是由 GDP、开放度、经济波动性和国际储备四个变量加权平均值来确定，这四个变量的权重分别为 50%、30%、15% 和 5%。其中，GDP 为市场汇率和购买力平价计算的 GDP 加权平均值，两者的权重分别为 60% 和 40%。为了缩小成员国份额计算的离散程度，在计算过程中还包括一个"压缩因子"。如果根据 IMF 股份计算公式，中国、俄罗斯、印度、巴西和南非的股权比约为 5∶3∶3∶2∶1。如此一来，中国将取得显著高于其他四国的股份，并可能引起其他四国对股权的争夺。可见，如果仅仅以经济实力为基础分配出资比例的想法恐怕较难落实。因此，新开发银行创立初期，初始资本规模不宜太大，在股权分配上，五国所占股份比例不应悬殊。根据金砖国家领导人第六次会晤通过的《福塔莱萨宣言》，金砖国家开发银行法定资本 1000 亿美元，初始认缴资本 500 亿美元，由创始成员国平等出资。如果未来扩员，为了凸显其他新兴市场和发展中国家的作用，可以考虑给其在股权分配上的优先地位；同时，可将一定比例的股权分配给发达国家、其他多边机构和主权财富基金等，以增强新开发银行的代表性和开放性。

四　投票权分配

投票权与股权密切相关，但两者却并不相同。股权与收益相对应，而投票权反映出来的是决策权。现有多边开发机构成员国的投票权一般由两部分组成：一是基本投票权，其分配原则主要是所有成员国一律平等，无论国家大小和出资多少均获得相同数量的投票权；二是股权投票权，其分配原则是与各成员国的资本认缴股份成正比，如果成员国未出资，就不能行使相应的投票权，也即是所谓的加权表决制。

从理论上讲，这种将平等与加权相结合的投票权分配方案，既体现了主权平等原则，也体现出国际事务中权利与义务相适应原则。但从现实来看，这种分配机制将导致两个问题：一是实力强大的成员国与实力相对弱小的成员国在基本投票权比例设置问题上形成分歧或对立。以亚洲开发银行为例，以美国为代表的发达国家明确表示如果基本投票权份额超过 20%，将拒绝作为其成员。二是拥有较多股权的成员国往往获得较多的投票权，从而成为机构的主导者。例如，IMF 作为全球性机构，其投票权主要掌握在美国、欧盟和日本手中，其中美国拥有超过15%的投票权，成为该组织唯一对重大事务决策拥有否决权的国家。世界银行的投票权分配亦是如此。除了上述两个问题之外，金砖国家开发银行还需处理"金砖特色"问题，也即如何体现金砖国家在新开发银行创立过程中的主导地位。在这一点上，或许可以借鉴亚洲开发银行的"亚洲面孔"原则，即确保地区内的投票权达到60%。

为此，对于金砖国家开发银行的投票权分配，在将来扩大成员的情况下，应充分保证金砖国家的主导权，同时在基本投票权和股权投票权的分配上达成一个更为合理的比例，从而避免仅个别国家拥有否决权的情形。

五　总部选址

金砖国家开发银行的总部选址不仅是一个办公场所的选择问题，同时也关系到总部所在地的影响力以及银行的未来发展。一方面，总部地址一经选定，变动的可能性很小，在交流和决策上，所在地可以发挥其地理上的优势，并享有总部经济效应带来的实惠；另一方面，总部选在条件优越的区域，不仅有利于新开发银行的顺利起步，也会给其未来发展提供诸多便利。与区域多边开发机构不同，金砖国家开发银行的五个发起国来自四大洲，并且都是各自区域的重要经济体。五国分布广泛、相距遥远，并且都是各区域的重要代表，这意味着新开发银行的总部选址需要进行更为深入和全面的考虑。

从现有多边开发机构总部选址的情况来看，主要取决于以下四个因素：一是成员国和所在城市的经济实力及政治影响力。IMF、世界银行以及美洲开发银行均选在美国首都华盛顿，这与美国的经济实力和国际影响力密不可分。二是良好的社会、经济和政治环境。非洲开发银行成立之初总部选在科特迪瓦首都阿比让，但由于科特迪瓦政局不稳，2002年非洲开发银行总部迁至突尼斯的突尼斯市。三是能够提供相应的物质与人力资源。这主要包括总部所在地拥有较为完善的交通、卫生、通信等基础设施，拥有大量高素质的国际化人才，以满足银行中低层行政和后勤保障人员的供给。四是所在国拥有较为成熟的金融市场。完善的金融基础设施和优越的政策环境，有助于多边开发机构的融资和投资业务拓展。欧洲投资银行总部选在卢森堡、欧洲复兴银行总部选在伦敦金融城均出自这一考虑。

综合以上因素，金砖国家开发银行总部所在地的选择，应首选经济实力强大，经济、社会和政治长期稳定，国内金融市场相对发达，制度环境优越，并且国际化程度较高的国家与城市。为此，2014 年 7 月，金砖国家宣布银行总部设于上海，同时在南非设立非洲区域中心。

第九章 推进中国与金砖国家金融合作的建议

2015 年 7 月，金砖国家领导人第七次峰会在俄罗斯乌法举行，会后发布的《乌法宣言》（以下简称《宣言》）标志着法定资本 1000 亿美元、初始认缴资本 500 亿美元的金砖国家新开发银行和初始资本金规模为 1000 亿美元的应急储备安排正式生效。至此，占世界国土面积 29.5%、占世界人口 42.2%、占全球经济总量 21.8%、占世界外汇储备 40.1%[1]的金砖国家有了首个跨区域的国际金融组织和应急基金，世界第二大经济体中国的上海亦成为金砖国家新开发银行总部的所在地，这对中国乃至整个世界都意义非凡。主要体现如下：

一是金砖国家的合作与实践打破了欧美发达国家主导的国际金融秩序，提升了新兴经济体与发展中经济体参与全球治理的话语权。这不仅折射出国际社会对国际货币基金组织和世界银行集团改革进程受阻的无奈与失望，更是对当前全球治理体系进行包容式改进的具体行动。[2]

二是金砖国家合作机制的重大转型。金砖国家合作正从一个"侧重经济治理、务虚为主"的对话论坛向"政治经济治理并重、务虚和务实相结合"的全方位协调机制转变[3]，金砖国家新开发银行与应急储备安排等金融合作项目的顺利实施即是推动金砖国家合作机制转型的

---

① 笔者根据世界银行集团数据库指标整理计算而得，所有统计数据均截至 2014 年年底。

② 贾中正：《"金砖银行"是国际金融体系的有益补充》，《中国社会科学报》2014 年 8 月 15 日 A08 版。

③ 朱杰进：《金砖国家合作机制的转型》，《国际观察》2014 年第 3 期。

重要体现，这说明金砖国家合作正沿着机制化建设的方向稳步前进。

三是重塑国际货币体系格局，加快人民币国际化进程。随着人民币资本项目和利率市场化改革的持续推进，以及汇率形成机制的进一步完善，人民币将借由金砖国家新开发银行业务在国际市场上获得更大发展空间。金砖五国金融合作的持续深入，还将拓展金砖国家间以及金砖国家与其他经济体间的人民币贸易结算、货币互换、投资和信贷业务，这对进一步推动人民币国际化是重大利好，对打破美元国际垄断地位、构建多元化国际货币体系意义重大。

金砖国家间地理距离较远、政治体制差异、经济模式不同以及对部分国际问题存在分歧等，且近期经济增速明显放缓，因而，国际舆论中开始出现唱衰金砖国家的"金砖褪色论"，但金砖国家领导人在第七次峰会上达成的诸多合作成果彻底粉碎了这种论调。正所谓"志之所趋，穷山距海不能限"，金砖国家内部虽然存在诸多困难与分歧，但也存在更多对自身发展和国际问题的共识，而这些共识促使它们结成"更紧密、更全面、更牢固的伙伴关系"。一言以蔽之，金砖国家间的金融合作潜力巨大，发展前景广阔，未来的影响力不可小觑。为了更好地剖析金砖国家间金融合作与发展的潜力与前景，本章将从金砖国家间的合作定位、合作主体、合作目标、合作策略、合作领域、合作形式、合作架构等方面展开深入探讨。

第一节　合作定位：打造全球治理的重要战略平台

金砖国家既是发展中国家的重要组成部分，又是国际社会多边外交的重要舞台。金砖国家间的金融合作不仅有利于金砖国家内部的经济发展，而且对世界经济格局都有深刻影响。因而，金砖国家的合作定位应具有全球眼光和大局意识，高瞻远瞩，积极有为，努力将该合作打造成金砖国家参与全球治理的重要战略平台。借助这一平台，金砖国家不仅要逐步提升自身在国际政治经济体系中的影响力，而且应推动国际规则和全球治理向着更加公平、公正、合理的方向转变。

中国作为金砖国家内经济总量占据绝对主导地位的发展中大国，应借此机遇建立属于自己的国际战略组织，通过金砖国家合作为自身和发展中经济体争取更多的权益。根据世界银行集团最新数据显示，2014 年，中国 GDP 达到 103601.1 亿美元，是其他金砖国家经济总和的1.6 倍；是巴西经济总量的 4.4 倍，俄罗斯的 5.6 倍，印度的 5.0 倍，南非的 29.6 倍。中国在与其他金砖国家合作博弈中具有强大经济实力以及国际影响力，对推动五国经贸合作起到关键性作用，基于权利与义务公平对等的原则，中国也应在金砖国家合作中享有主导权。基于这一合作平台，在全球事务治理上，中国应以更加积极的姿态参与国际事务的处理，积极发挥负责任大国的作用，维护国际公平正义。在地区和国际热点问题上，中国应坚决反对霸权主义和形形色色的新干涉主义，推动国际关系民主化和发展模式多样化。在应对气候变化、贸易摩擦、国际金融改革等方面，中国可通过金砖国家密切磋商、协调立场，为新兴经济体和发展中经济体在国际事务中争取更大的代表性与发言权，推动建立更加均衡的全球发展伙伴关系。

第二节　合作主体：适度有序开放，主体参与多元化

金砖国家合作应循序渐进、积极务实和开放透明，遵循开放、团结和互助的基本原则，并突出"非对抗性"和"包容性"两大特征。非对抗性是指金砖国家金融合作自松散的会晤机制向更加务实的实体组织转变过程中，不易操之过急，更不应与现存的由发达经济体主导的全球或区域性金融组织发生对立，其与现有国际金融组织间的关系应是竞争与共存，而非"零和博弈"。包容性则是指金砖国家金融合作机制应体现开放性与多元化的特点，渐进有序放开，更多体现新兴与发展中国家的利益。但关于开放主体参与问题，要注意把握进度与尺度，保持内外制约和平衡。如果该机制仅限于金砖国家，则显得封闭排外，难免招致国际非议；但如果扩张过快，大量吸收其他新兴与发展中国家进入，则又可能给内部协调决策带来困难。如何掌握二者的平衡将是金砖国家面临的重大考验和现实问题。

金砖国家可根据金融合作进程与发展阶段制定不同的战略规划：在

短期内，该金融合作机制应开放包容，不宜将发达国家及其他国际组织完全排除在外，但可设定规则将发达经济体的影响控制在较低水平。在中期内，可依托金砖国家新开发银行的发展与影响，基于五国向亚非拉拓展，逐步扩大合作和参与主体范围，加强创新金融合作模式和功能，将这一合作机制发展成影响力不断提升的新型国际多边金融平台。从长期来看，金砖国家金融合作机制的目标应具战略性，布局全球，即构建一个由金砖国家主导和掌控的、其他新兴与发展中经济体参与的、全新的国际金融合作组织或集团。通过扩大金砖组织的全面合作，逐步增强其在全球范围内的影响力和话语权。

对中国而言，金砖国家合作机制应是中国主导的、参与国际问题博弈的重要战略平台。中国可以利用各种公共或主权层面"主场外交"的优势，"推销"金砖机制及其所提倡的理念和原则，扩大金砖国家的国际影响力，增强其对新兴经济体及发展中国家的吸引力。中国应支持金砖国家适时推出观察员机制，创建更加具备开放性和包容性的合作网络。[①]

第三节　合作目标：经济增长与可持续发展

保持经济稳定增长是维系金砖国家金融合作的重要保证。根据世界银行集团发布的数据，自 2001 年"金砖国家"这一概念被首次提出至 2014 年，除了个别年份或国家（如巴西在 2003 年和 2012 年、俄罗斯在 2009 年和 2013 年、南非在 2013 年），金砖国家的经济增长率整体高于世界平均水平。尤其是中国，几乎历年都远超世界平均水平和其他金砖国家，"金砖"称谓名副其实。金砖国家在过去十年间对全球经济增长贡献超过 50%，预计在未来几年，金砖国家对全球 GDP 增长的贡献将超过 60%。[②] 从金砖五国的经济联系来看，金砖国家经济具有较强的互补性和依赖性，具体表现为资源禀赋依赖性强、产业结构各具特

---

　　① 冯维江：《从世界杯到金砖峰会》，《当代金融家》2014 年第 7 期。

　　② 林跃勤、周文：《新兴经济体蓝皮书：金砖国家发展报告（2013）》，社会科学文献出版社 2013 年版。

色、发展阶段互为补充，因而金砖国家在金融、投资贸易、能源合作以及基础设施建设等领域有着广阔的合作空间。

组建金砖国家新开发银行的目的是解决长期融资和外国直接投资不足等问题，为金砖国家以及其他新兴市场和发展中国家的基础设施建设、可持续发展项目筹措资金。其实质是打破现有国际金融秩序和架构由发达经济体主导的局面，为新兴和发展中经济体争取国际话语权，保障自身相关利益，携手实现共同繁荣与可持续发展。建立应急储备安排则是为了帮助各成员国更好地应对短期流动性短缺，预防经济或金融危机，通过构建金融安全缓冲带，强化全球金融安全网，这是对现有国际金融机制的良好补充，其目的是提升金砖国家应对外部冲击的能力，更好地实现国民经济的健康发展。此外，加强金砖国家保险市场、银行、出口信贷等领域的合作，也对金砖国家经济快速增长意义重大。

实现可持续发展是金砖国家金融合作的主要目的。金砖国家间金融合作机制应致力于更好地实现金砖国家经济的强劲、可持续、平衡增长，为五国的贸易往来、资本投融资、基础设施完善、技术研发、低碳节能等提供支持。金砖国家应以正在重塑的全球经济为契机，通过加强互补和整合各自经济力量，探索实现更公平发展、更具包容性增长的新模式和新方式，逐步将金砖国家合作发展成为就全球经济和政治领域诸多重大问题进行日常或定期协调的全方位机制。2014 年 7 月在福塔莱萨峰会上制定的《金砖国家更紧密经济伙伴关系框架》以及2015 年 7 月在乌法峰会上通过的《金砖国家经济伙伴战略》，明晰了金砖国家经济合作路线图，将为金砖国家间经济、贸易和投资合作奠定良好基础，把金砖国家之间的经济合作提升至更高质量的新水平。除此之外，金砖国家还应加强与其他国家，特别是新兴国家和发展中国家，以及相关国际、区域性组织的联系与合作。金砖国家的合作与发展应有利于维护国际法、多边主义和联合国的中心地位，在全球和平、经济稳定、社会包容、平等互利及可持续发展等方面做出积极贡献。

第四节　合作策略：抓大放小，把握主导权

对中国而言，与金砖国家的金融合作策略应在均衡各方利益、鱼和熊掌不可兼得的情况下，以我为主，避轻就重，底线是掌握绝对的主导权和影响力。对于控制权和否决权等涉及中国核心利益的谈判，应坚守这一底线，为此，可考虑在金砖国家金融合作机制内或国际合作的其他方面做出适当让步和妥协，以示对做出让步相关国家的安抚与补偿。考虑到金砖国家新开发银行在金砖国家金融合作进程中的深远影响和里程碑式重大意义，现以其为例，具体分析中国的合作策略如下：

印度是金砖国家新开发银行的积极倡导国，其对银行的主导意图明显。中国顺水推舟，让其在前期筹备中担当主角，并在一些与中国相同或不产生抵触的利益诉求方面支持其冲锋在前；对于与中国核心利益相抵触的方面，则坚持立场。尤其是总部选址，印度极力争取定在孟买，中国协同其他国家提出要求较高、相对客观的，尤其是孟买不能达到的硬件和软件标准，迫使其放弃了这一诉求。为此，中国在总裁人选方面也做出了适当让步。

巴西是发展中大国，其对金砖国家新开发银行的态度对银行的顺利建成及未来发展有着重要影响，同时，也是金砖国家中平衡印度和俄罗斯的重要砝码。为此，中国采取策略吸引巴西的积极参与，对于其利益诉求适当考虑满足，如投票权、股权权重等，以获取其对中国的支持。

在成立金砖国家新开发银行的问题上，俄罗斯更多的是将新开发银行当作制衡西方主导国际金融机构的战略工具，其很清楚自己难以起主导作用，但又不希望自己处于较为次要的位置。俄罗斯更希望通过发挥上海合作组织银联体在提供投融资便利方面的作用，以支持区域经济发展。因此，这导致俄罗斯对成立金砖国家新开发银行的态度颇为犹豫。中国采取积极措施吸引俄罗斯加入，但对其支持力度并未期望过高。为换取俄罗斯对中国的支持，中国可考虑在上海合作组织等多边合作平台以及双边合作方面做出适当让步。

南非对成立金砖国家新开发银行较为积极，但其能提供的资源较少，注定难以发挥主导作用。尽管如此，鉴于南非作为金砖国家发起人的身份，它的态度与立场同样不可忽视。因此，南非是中国积极争取的谈判伙伴。对于南非在建立金砖国家新开发银行上的诉求，与中国立场一致的尽量在金砖国家新开发银行框架内满足，如建设成政策性银行等；与中国立场相左的可在金砖国家新开发银行框架外提供支持，如南非想获得较大规模的软贷款等，在条件允许的情况下可通过双边途径解决。

从金砖国家领导人第六次和第七次峰会发布的相关宣言来看，金砖国家新开发银行的组建基本是循着这一思路展开的。即创始成员国平等出资，银行总部设于上海，首任行长来自印度，首任理事会主席来自俄罗斯，首任董事会主席来自巴西，同时在南非设立非洲区域中心。这说明尽管金砖国家在组建新开发银行方面存在各种分歧，但为了共同利益和战略大局，各方相互妥协最终还是达成了一致，这也清晰地向外界传递出金砖国家团结一致、改革不公国际金融秩序的决心与意志。

第五节　合作领域：以开发性金融为突破点，逐步扩大合作范围

经济基础决定上层建筑，上层建筑也会对经济基础施加影响。金砖国家间金融与经济合作的稳步推进离不开各国首脑的共识和支持，而金融与经济的合作发展也为各成员国在国际政治及重大问题上的协调共进夯实基础。金砖国家新开发银行和应急储备安排的建立，正在使金砖国家由一个松散的会晤机制转变成一个实体组织，这对金砖国家未来的合作与发展意义重大。金砖国家可以此为突破口，循序渐进，先易后难，将合作领域与范围由经济、金融逐步扩大至政治、气候谈判等，如先将新开发银行贷款主要集中于基础设施建设和可持续发展项目，然后扩大至贸易往来、绿色低碳、高科技研发、医疗卫生、减贫减赤等众多领域，随着合作机制的成熟与稳定，再扩大至全球政治与国际问题领域。

在贸易往来方面，金砖国家资源禀赋各异，产业互补性较强，且正处于不同的发展阶段，这都为金砖国家间金融合作提供广阔空间。有一种形象的比喻——中国是"世界制造基地"，巴西是"世界原料国"，俄罗斯是"世界加油站"，印度是"世界办公室"，南非是"黄金之国"。特别是，中国与其他金砖国家相互贸易的互补性较为显著，中国主要向其他金砖国家出口工业制成品，其他金砖国家则主要向中国出口原材料和矿产品。2014 年，中国已分别成为其他金砖国家的第一大贸易伙伴。其中，中国是巴西和南非的第一大出口市场和第一大进口来源地，印度的第四大出口市场和第一大进口来源地，俄罗斯的第二大出口市场和第一大进口来源地。[1] 金砖国家应充分利用各自优势，互补互利，依托金砖国家新开发银行，逐步使相互间的经济、贸易、金融等的合作迈上新台阶。

在货币政策协调方面，发达经济体应对危机采取的量化宽松或变相宽松货币政策导致全球流动性过剩，而随着其经济缓慢向好，美联储加息预期不断升温，这只迟迟未落地的"靴子"正在对市场带来诸多不利影响。这些负溢出效应使新兴和发展中经济体深受其害，不仅导致新兴和发展中国家面临较大的汇率波动和通货紧缩压力，而且面临国际资本冲击和国际大宗商品价格波动等风险。为此，金砖国家在2014 年 7 月的巴西峰会上再次提出"一些发达经济体的货币政策仍可能给金融市场带来新的压力和波动，这些政策的调整需要谨慎制定并与各方清晰沟通，使其负面外溢效应最小化"。在 2015 年 7 月的乌法峰会上又提出"我们对发达经济体非常规货币政策导致的潜在溢出效应表示关切，这会导致汇率、资产价格和资本流动的破坏性震荡。我们呼吁主要经济体在二十国集团框架下加强政策对话和协调，降低潜在风险"。

在资本市场合作方面，金砖国家签署的《金砖国家银行合作机制金融合作框架协议》明确提出进行资本市场合作，积极开展包括债券发行、上市等方面的合作。目前，金砖国家资本相对充裕，各成员国可

---

[1]　中华人民共和国商务部官网。

在吸引和使用资金方面实现互联互通。各成员国之间金融产品互挂交易增加了交易所的收入，且并未对本国产品形成替代。各国交易所还考虑共同开发金砖国家股指衍生品，或进一步开发其他金融产品及服务，如果进展顺利，将有利于形成各成员国共赢的局面。

在本币互换与结算方面，2010 年 4 月中国央行与俄罗斯央行磋商卢布和人民币结算业务，2010 年 11 月中俄两国用本币实现双边贸易结算。2013 年的金砖国家峰会上，中国与巴西签订了 1900 亿元人民币互换协议，开启了金砖国家货币互换的大门。2015 年的乌法峰会上，金砖国家一致认为"在金砖国家间交易中扩大本币使用潜力巨大"，并要求"相关部门继续讨论在贸易交往中更广泛使用本币的可行性"。对中国而言，中国与金砖国家间的货币互换和结算有助于人民币国际化由"周边"层次向"区域"层次迈进，并为其向更高层次的"国际化"打下坚实基础。金砖国家可参照中国与巴西和俄罗斯的本币互换和结算合作方式，逐步建立双边货币兑换和结算平台，实现本币在两国之间商品和服务贸易领域的自由流通。

在国际事务合作方面，金砖国家已建立了国家领导人会晤、安全事务高级代表会晤、联大外长会晤、常驻多边机构使节非正式会晤等机制，在二十国集团框架内还建立了财长和央行行长会晤机制。在国际重大问题（如 IMF 和世界银行改革、欧洲主权债务危机、非洲发展等）上金砖国家应保持更加密切的沟通，对国际事务重大决策步调一致，在国际舞台上用一个声音说话。例如，在二十国集团峰会、WTO 多哈回合谈判等多边框架内，金砖国家间保持了紧密的磋商和互动。在督促西方发达国家取消农产品补贴问题上取得积极进展，发达国家承诺大幅度削减农产品补贴。其中，欧盟承诺削减 80% 以上，美国则承诺削减 70%。[①] 在联合国气候变化大会上，金砖国家也相互支持和彼此呼应，分散了很多外部压力，赢得了自身发展空间。这些成功案例均表明，发达国家主导的国际经贸规则和秩序正在蜕变，新兴经济体和发展中国家通过加强合作和协调，可以推动国际规则和架构变得更加合

---

① 赵可金：《中国国际战略中的金砖国家合作》，《国际观察》2014 年第 3 期。

理公正，金砖国家的真诚合作必会进一步增强其在国际舞台上的影响力以及在国际经济和金融机构的话语权。

在政治与道义方面，金砖国家的态度与立场正在变得更加协调一致。对于中国和俄罗斯先前提出的隆重纪念第二次世界大战胜利70周年的倡议，其他金砖国家予以积极响应。《乌法宣言》提出："我们承诺坚决拒绝一直以来歪曲二战结果的企图。在铭记战争灾难的同时，强调构建和平与发展的未来是我们的共同责任。"这充分显示了金砖国家的团结与相互支持。金砖国家可以通过类似协作机制表达其对国际重大问题（如地区热点、网络安全、外空行为准则、反恐、缉毒等）的立场和观点，提出代表新兴经济体和发展中经济体利益的对策和建议，打破过去那种只能由"发达经济体发声、发展中经济体聆听"的"潜规则"，这将是对建立公正合理世界新秩序的重大贡献。

在问题协商机制建设方面，要正视和认真对待金砖国家间存在分歧的现实，积极搭建高效务实的协调平台，完善问题协商解决机制，对于长期的分歧和问题，可以由易及难、循序渐进地推进；对于短期内难以解决的问题，可以求同存异，暂时搁置。各国高层会晤应避免议题太过广泛、议而不决或使决议流于形式。对于达成一致的议题，各国相关部门应积极协调，认真落实。

第六节　合作形式：积极探索，多种途径并行

鉴于金砖国家金融合作机制尚处于探索起步阶段，没有现成的放之四海而皆准的国际经验可以借鉴，因此，应根据金砖国家实际情况，大胆尝试创新，而不必拘泥于某种单一方式或途径。对中国而言，可供选择的合作形式有：

（1）一是双边合作模式。输出中国的工业园区、经济特区模式，在东道国创造有利于开发性金融合作的小环境。如新加坡在中国内地多处经营的"主题园区模式"，以及中国曾经采用的经济特区模式，这两种模式实际上是构建中国在海外的准经济飞地。经济特区模式适合

于经济发展较低阶段，在一国经济发展缺乏大环境的情况下，先行开辟出一个宽松且具有制度弹性的小环境，然后以之为中心点，辐射带动周边地区的发展。"主题园区模式"的针对性更强，适合经济体在更高发展阶段面临的一些特定问题，如新加坡设立的苏州工业园区，以当时中国经济工业化时代主题为背景；其后新加坡在天津建设的生态城，则是以环渤海地区的环境污染治理和可持续发展为背景。

（2）二是一对多模式。此处的"一"指中国，"多"指东道国所在的的多边合作平台。有两种模式可供选择：第一种是加强中国与现有地区开发性金融机构的合作。通过参股、注资等方式参与多边合作机构的日常管理决策，也可通过国家开发银行等中国开发性金融机构直接参与其业务活动。基于类似平台，推动中国企业和资本参与南非、巴西的开发性金融合作。如通过加强与非洲开发银行、南部非洲发展银行的合作，实现与南非在开发性金融领域的合作；通过与泛美开发银行的合作，实现与巴西在开发性金融领域的合作。第二种是由中国推动设立新的区域开发性金融机构。除现有的中国—非洲发展基金，还可考虑设立中国—拉美发展基金、中国—南亚发展基金等"1 + N"的合作机制。这些一对多的开发金融合作平台，在当前欧美支持乏力的情况下，有助于加强中国与其他金砖国家的共赢合作。利用该平台，可为中小企业"走出去"提供开发性金融支持，为中国企业在东道国承包项目提供融资支持，为各个东道国的经济社会发展（尤其是基础设施建设、公共服务等领域）提供国际援助等。

（3）三是多边模式。以积极姿态参与现有的多边机制并增强影响力。世界银行和亚洲开发银行（Asian Development Bank，ADB）是中国参与多边开发性金融机构中最重要的两个机构。以推动亚洲开发银行改革为例，目前，日本和美国是 ADB 的最大股东，各占 14.2% 的股份，中国和巴基斯坦其次，各占 5.9% 的股份。中国的股份还有很大的上升空间，可通过国家开发银行融资注入亚洲开发银行，从而增加中国在亚洲开发银行的股份。此外，也可经由亚洲开发银行间接推动中国与亚洲国家的开发性金融合作，尤其是与印度的合作。利用亚洲开发银行的现有多边机制，还可避免一些不必要的阻力，而亚洲开发银行领导地位的上升，必将极大地增强中国在全球经济事务中的话语权和影响力。

除此之外，还可以考虑推动金砖国家合作机制与其他新兴经济体或发展中经济体开展跨区域合作。金砖各成员国都是区域乃至全球系统内的重要经济体。世界银行集团发布的最新数据显示，2014年中国经济总量居世界第二位，巴西居第八位，印度居第十位，俄罗斯居第十一位，南非虽然位列第三十三位，但却是非洲第一大经济体。金砖国家在其所在区域的发展中国家中都有较大的代表性和影响力，可以通过金砖机制中达成的政策倾向来影响区域合作，也可以把区域合作中的经验与利益诉求体现到金砖机制中，形成跨区域大合作。如将金砖国家合作机制与"东盟＋"、非洲、中亚与独联体（欧亚共同体）、南方共同市场等国际组织互联互通，实现互利共赢。

第七节　合作架构：搭建全方位、多层次、宽领域的协作平台

为了探索开展全面合作的新领域，建设更紧密经济伙伴关系，金砖国家曾在德班峰会上提出推进金砖国家务实合作的四大倡议：推动实现一体化大市场、金融大流通、基础设施互联互通以及人文大交流。目前，金砖国家已通过财长和央行行长会议建立金砖国家新开发银行和应急储备安排，实现金融大流通和基础设施互联互通的目标；通过贸易部长会议达成《金砖国家贸易投资合作框架》，扩大经贸往来，推进了金砖国家一体化大市场的建设；通过举办友好城市暨地方政府论坛、智库论坛和工商论坛，达到了推动金砖国家人文大交流的目标。经过2014年的福塔莱萨峰会和2015年的乌法峰会后，金砖国家合作领域更加广泛，合作架构也更加清晰，即其正在构建一个全方位、多层次、多领域的协作平台。

在这个合作架构内部，金砖国家领导人峰会是核心，对整个金砖国家金融合作起到战略引领作用。安全事务高级代表、外长、协调人、财长、央行行长、贸易部部长、农业部部长、卫生部部长、科技部部长、

教育部部长、社会保障部部长等部长级会议属于整个架构的重要支柱，发挥着协商沟通、务实合作的作用。经贸联络组、合作社、统计、禁毒、反腐败、体育以及竞争力等会议则起到技术支持和具体实施的作用。友城和地方政府、智库理事会与论坛、工商理事会与论坛等其他合作形式，发挥着智力支持与加深民间交流的基础作用。在未来，还可供金砖国家探讨的合作领域包括高等教育学历认证、劳工与就业、保险与再保险、电子商务以及外交政策规划等。随着金砖国家合作深度不断加深、广度不断拓展，金砖国家在各领域形成的共识会越来越多，共同利益越来越大，金砖国家将更加团结，对国际政治经济领域问题的立场更趋一致，用同一个声音发声的机会也会越来越频繁，这将有利于提升金砖国家的国际影响力和话语权，并推动国际秩序与规则变得更加公平合理。

综上所述，金砖国家金融合作机制虽然刚刚起步，但却适应了世界多极化的时代潮流，反映了国际政治格局调整的大趋势。随着金砖国家合作机制越发成熟稳定，其对世界格局的影响也将更加深刻。金砖国家间的合作不仅是新时期"南南合作"的榜样，而且还对促进新兴经济体与发达经济体合作起到重要桥梁作用。金砖国家间的金融合作潜力巨大、前景广阔，可以预计，这种紧密合作将为各成员国和其他新兴或发展中经济体谋得更多福祉，为世界的和平、发展、合作、共赢贡献更多"正能量"。

附录　历届金砖国家领导人会晤宣言

"金砖四国"领导人俄罗斯叶卡捷琳堡会晤联合声明

2009 年 6 月 16 日

我们，巴西联邦共和国、俄罗斯联邦、印度共和国和中华人民共和国领导人于 2009 年 6 月 16 日在叶卡捷琳堡举行会晤，讨论了当今全球经济形势和发展领域的紧迫问题，以及进一步加强"金砖四国"合作的前景。

我们得出以下结论：

1. 我们强调，二十国集团领导人金融峰会在应对金融危机方面发挥了中心作用，峰会有助于促进各国在国际经济和金融领域的合作、政策协调和政治对话。

2. 我们呼吁所有国家和相关国际组织积极落实 2009 年 4 月 2 日在伦敦召开的二十国集团领导人金融峰会共识。我们将在彼此之间并同其他伙伴开展密切合作，确保 2009 年 9 月在匹兹堡举行的二十国集团峰会在采取集体行动方面取得更多进展。我们期待 2009 年 6 月 24 日至 26 日在纽约举行的联合国"世界金融和经济危机及其对发展的影响高级别会议"取得成功。

3. 我们承诺推动国际金融机构改革，使其体现世界经济形势的变化。应提高新兴市场和发展中国家在国际金融机构中的发言权和代表性。国际金融机构负责人和高级领导层选举应遵循公开、透明、择优原则。我们强烈认为应建立一个稳定的、可预期的、更加多元化的国际货币体系。

4. 我们确信，一个改革后的金融经济体系应包含以下原则：

——国际金融机构的决策和执行过程应民主、透明；

——坚实的法律基础；

——各国监管机构和国际标准制定机构活动互不抵触；

——加强风险管理和监管实践。

5. 我们认识到国际贸易和外国直接投资对全球经济复苏的重要作用。我们呼吁各方共同努力改善国际贸易和投资环境。我们敦促各方保持多边贸易体系稳定，遏制贸易保护主义，并推动世界贸易组织多哈回合谈判取得全面、平衡的成果。

6. 最贫困国家受金融危机影响最为严重。国际社会需要加强向这些国家提供流动性支持的力度，努力将危机对发展的影响降到最低，确保实现千年发展目标。发达国家应兑现官方发展援助占其国民总收入0.7%的承诺，进一步向发展中国家增加援助、减免债务、开放市场和转让技术。

7. 实施《里约宣言》《21世纪议程》及多边环境条约中所强调的可持续发展理念，应成为改变经济发展模式的主要方向。

8. 我们支持各国，包括能源生产国、消费国和过境国，在能源领域加强协调与合作，以降低不确定性，确保能源稳定性与可持续性。我们支持能源资源供给的多元化，包括可再生能源，支持能源过境通道的安全，支持加强新能源的投资和基础设施。

9. 我们支持在能效领域开展国际合作。我们愿根据"共同但有区别责任"原则，就应对气候变化开展建设性对话，并将有关措施与落实各国经济社会发展目标的任务相结合。

10. 我们重申四国愿在关键的社会领域加强合作，增加国际人道主义援助，降低灾害风险。我们注意到今天发表的全球粮食安全声明，这是四国通过多边努力为实现上述目标作出的重要贡献。

11. 我们重申愿加强科技和教育合作，参与基础研究和研发高技术。

12. 我们强调并支持，在国际法治、平等合作、互相尊重、由各国协调行动和集体决策的基础上，建立一个更加民主和公正的多极世界。我们重申支持通过政治和外交手段和平解决国际争端。

13. 我们强烈谴责任何形式的恐怖主义，无论何人、何地，均无任何理由采取恐怖行动。我们注意到联合国大会仍在讨论《全面反恐条约》草案，呼吁尽快通过。

14. 我们致力于推动多边外交，支持联合国在应对全球性威胁和挑战方面发挥中心作用。为此，我们重申，需要对联合国进行全面改革，使其更具效率，更有效地应对当今全球性挑战。我们重申，重视印度和巴西在国际事务中的地位，理解并支持他们希望在联合国发挥更大作用的愿望。

15. 我们将以循序渐进、积极务实、开放透明的方式推动四国对话与合作。"金砖四国"对话与合作不仅符合新兴市场国家和发展中国家的共同利益，而且有利于建设一个持久和平、共同繁荣的和谐世界。

16. 俄罗斯、印度、中国欢迎巴西愿于 2010 年承办下一次"金砖四国"领导人会晤。

"金砖四国"领导人第二次正式会晤联合声明

2010 年 4 月 15 日

我们，巴西联邦共和国、俄罗斯联邦、印度共和国和中华人民共和国领导人于 2010 年 4 月 15 日在巴西利亚举行会晤，讨论国际社会关注的主要问题，商定推动"金砖四国"合作与协调的具体举措。

我们达成以下共识：

共同愿景与全球治理

1. 我们一致认为，世界正经历重大的飞速变化，凸显在全球治理各领域作出相应转变的必要性。

2. 我们强调并支持，依据国际法并在平等合作、互相尊重、彼此协调和集体决策的基础上，进一步推动国际秩序朝多极、平等、民主的方向发展。

3. 我们强调，二十国集团在应对国际金融危机中采取了前所未有的协调行动，发挥了核心作用。我们欢迎二十国集团被确定为国际经济协调与合作的主要平台。同以往机制相比，二十国集团成员更广泛，更具包容性、多样性、代表性和有效性。我们呼吁所有成员国积极落实二十国集团领导人前三次峰会所达成的成果和共识。

我们主张，二十国集团有必要在后危机时期发挥积极作用并制定协调战略。我们四国愿为此做出共同努力。

4. 我们致力于推动多边外交，支持联合国在应对全球性挑战和威胁方面发挥中心作用。为此，我们重申，需要对联合国进行全面改革，使其更具效力、效率和代表性，更有效地应对当今全球性挑战。我们重申，重视印度和巴西在国际事务中的地位，理解并支持他们在联合国发挥更大作用的愿望。

5. 我们相信，深化和拓展四国对话与合作不仅符合新兴市场和发展中国家的共同利益，而且有利于建设一个持久和平、共同繁荣的和谐世界。我们将采取循序渐进、积极务实、开放透明的方式推动四国对话与合作。

国际经济金融事务

6. 自 2009 年 6 月叶卡捷琳堡首次会晤以来，世界经济形势已回升向好。我们欢迎世界经济恢复增长，新兴经济体为此发挥了十分重要的作用。但是，我们认识到世界经济复苏的基础并不稳固，还存在诸多不确定因素。我们呼吁各国在宏观经济领域加强合作，巩固世界经济企稳复苏势头，实现强劲、可持续和平衡增长。我们重申，四国决心保持本国经济复苏并为促进全球发展作出积极努力。

7. 我们强调，保持主要储备货币汇率相对稳定和财政政策可持续性对实现强劲的长期平衡增长十分重要。

8. 我们相信，新兴市场和发展中国家作为世界经济繁荣的引擎，有潜力为促进世界经济增长和繁荣发挥更大、更积极的作用。同时，我们将致力于同其他国家一道，减小全球经济发展的不平衡，增进社会包容性。

9. 由于"金砖四国"的重要贡献，二十国集团成员向国际货币基金组织大幅增资。我们支持在"平等分担"原则基础上，向国际复兴开发银行、国际金融公司增加资本，以使多边开发银行向发展中经济体提供更强劲、更灵活、更迅捷、更以客户为导向的支持。

10. 尽管前景良好，我们依然任重道远。我们认为，世界需要一个经过改革、更稳健的金融体系，使全球经济能有效地预防和抵御未来危机的冲击。我们认为，有必要建立一个更加稳定、更可预见、更多元化的国际货币体系。

11. 我们将努力尽快实现布雷顿森林机构改革，此项改革早该进行。国际货币基金组织和世界银行应尽快解决其合法性不足的问题。治理结构改革的首要目标是向新兴市场和发展中国家实质性转移投票权，使其在世界经济中的决策权与份量相匹配。我们呼吁世行于今年春季会议兑现投票权改革方面的承诺，期待国际货币基金组织份额改革于今年 11 月二十国集团峰会前完成。我们同意，基金组织和世行高管职位的遴选应本着公开、择优的原则，无须考虑人选国籍。上述机构的职员组成需更好反映其成员的多样性。需特别注意增加发展中国家的参与度。国际社会必须推动上述改革产生我们预期的结果，否则有关国际机构将面临出局的风险。

12. 为促进国际经济形势稳定，我们要求四国财长和央行行长对有关区域货币机制进行研究，并讨论四国可就此开展的合作方式。为便利四国贸易与投资，我们将研究货币合作的可行性，包括四国本币贸易结算等。

13. 近期发生的情况打破了金融市场自我监管的神话。我们迫切需要在监管金融市场各个部分、机制和工具方面加深和加强合作。我们承诺加强国内监管，推动国际金融监管体系改革，并同包括金融稳定论坛在内的国际标准制定机构开展密切合作。

国际贸易

14. 我们强调，世界贸易组织作为多边贸易体制在维护开放、稳定、公平、非歧视性的国际贸易环境方面所发挥的重要作用。为此，我们承诺并敦促各国抵制各种形式的贸易保护主义，打击隐形贸易限制。

我们赞同，在尊重授权、锁定包括谈判模式在内已有成果的基础上推动多哈回合早日取得全面、均衡的结果，实现"发展回合"目标。我们注意到并全力支持俄罗斯申请加入世贸组织。

发展

15. 我们重申联合国《千年宣言》及落实千年发展目标的重要性。我们强调应重点防止经济金融危机对穷国实现千年发展目标造成潜在影响。我们应作出持续努力，推动在 2015 年前实现千年发展目标，包括向穷国提供技术合作和紧急支持，帮助其落实发展政策、提供社会保障。我们期待 2010 年 9 月举行的联合国千年发展目标高级别会议为推动实现该目标提出政策建议。我们强调，应充分尊重发展中国家的可持续发展模式，确保发展中国家享有必要的政策空间。

16. 最贫困国家遭受经济金融危机的冲击最为严重。对发展中国家的援助承诺，特别是涉及千年发展目标的承诺必须兑现，同时不应削减发展援助。推动世界经济实现包容性增长不仅事关各国团结，而且对维护全球政治和经济稳定也具有战略意义。

农业

17. 我们对在莫斯科召开的四国农业部长会议表示满意。会议讨论了推进四国在农业领域，特别是家庭农场方面的合作方式。我们相信这将有助于促进全球粮食生产和粮食安全。我们欢迎会议决定设立四国农业信息库系统，制定确保脆弱群体粮食供给的战略，减少气候变化对粮食安全的负面影响，以及加强农技合作和创新。

消除贫困

18. 我们呼吁国际社会采取一切必要措施，充分考虑发展中国家，尤其是最不发达国家、小岛屿发展中国家和非洲国家的特殊需要，消除贫困，增进社会包容，化解不平等。我们必须加强这些国家政府的技术和财政能力建设，广泛地促进社会发展和社会保障，确保充分就业和体面劳动，特别关注弱势群体，包括穷人、妇女、青年、移民及残疾人在内的人。

能源

19. 我们认识到，能源是提高人民生活水平的重要资源，获得能源对于促进经济增长、确保社会平等和包容性至关重要。我们将发展更清洁、更实惠和可持续的能源体系，增强能源的可及性，在各领域推广节能技术和实践。我们将通过适当提升可再生能源比重，促进能源结构多样化，鼓励使用更清洁、更有效的化石能源及其他能源。因此，我们重申支持在提高能效方面加强国际合作。

20. 我们认识到新型、环境友好型技术在促进能源结构多样化及创造就业方面具有巨大潜力。因此，我们将适当鼓励可持续地开发、生产和使用生物燃料。我们将结合各国政策重点，通过国际合作分享包括生物燃料在内的可再生能源技术和政策方面的有关经验，共同促进生物可再生能源的使用。

21. 我们认为"金砖四国"可就能源领域的培训、研发、咨询、技术转让等开展合作。

气候变化

22. 我们认识到，气候变化是一个严重威胁，亟须全球携手应对。我们致力于参与在墨西哥举行的《联合国气候变化框架公约》（以下简称《公约》）第十六次缔约方大会及《京都议定书》（以下简称《议定书》）第六次缔约方大会，促成各方达成加强《公约》和《议定书》实施的全面、平衡和有约束力的成果。我们认为，《公约》和《议定书》为气候变化国际谈判提供了主要框架。应确保谈判进程更加透明，所有缔约方应广泛参与，谈判结果应有助于公平、有效应对气候变化带来的挑战，同时体现《公约》原则，尤其是公平和"共同但有区别的责任"原则。

恐怖主义

23. 我们谴责一切形式的恐怖主义。我们注意到，打击国际恐怖主义必须遵守《联合国宪章》、现行国际公约及其议定书、联大和安理会有关反恐决议。预防与打击恐怖主义及遏制恐怖融资同等重要。我们敦促联合国大会尽快缔结《关于国际恐怖主义的全面公约》，呼吁所有成员国批准。

24. 对俄罗斯和印度政府和人民近期遭受野蛮恐怖袭击，巴西和中国深表同情和慰问。任何理由都不能成为恐怖主义的借口。

不同文明联盟

25. 我们强调鼓励不同文明、文化、宗教和人群对话的重要性。为此，我们支持"不同文明联盟"，这一联合国倡议旨在促进各国的沟通、了解和理解。我们赞赏巴西决定于 2010 年 5 月在里约热内卢承办第三届全球论坛，愿派适当高级别代表参会。

海地

26. 我们重申坚定支持海地人民。自 1 月 12 日发生地震灾害以来，海地人民一直与恶劣环境作斗争。我们重申将同国际社会一道，在海地政府指导下，并根据《海地国家恢复和发展行动计划》设定的优先任务，致力于帮助海地人民重建家园。

合作

27. 我们欢迎旨在加强四国专业领域合作的下列倡议：

a. 农业部长首次会议；

b. 财长和央行行长会议；

c. 安全事务高级代表会议；

d. 根据 2009 年签署的《"金砖四国"最高法院合作意向书》，于 2010 年 3 月举行第一届"金砖四国"地方法官交流项目；

e. 发展银行首次会议；

f. 国家统计局长首次会议；

g. 国际竞争力大会；

h. 首次合作社会议；

i. 首次商业论坛；

j. 智库研讨会。

28. 我们也支持其他加深彼此合作意愿的具体行动：

a. 四国统计部门将于今天发布的联合研究报告；

b. 四国将研究编纂"金砖四国"大百科全书的可行性。

29. 我们重申愿加强四国在科技、文化、体育领域的合作。

30. 我们相信，2010 年上海世博会、2010 年新德里英联邦运动会、2013 年喀山世界学生运动会、2014 年索契冬季奥运会和残奥会、2014 年巴西世界杯足球赛、2016 年里约热内卢夏季奥运会和残奥会，都将取得成功。

31. 我们重申将加强减灾领域的合作与援助。对巴西里约热内卢州泥石流和中国青海玉树县地震死难者，俄罗斯、印度向巴西和中国政府与人民深表哀悼和同情。

32. 巴西、俄罗斯和印度感谢中国于 2011 年承办"金砖四国"领导人第三次正式会晤。

33. 俄罗斯、印度和中国对巴西政府和人民承办"金砖四国"领导人第二次正式会晤深表谢意。

金砖国家领导人第三次会晤三亚宣言

2011 年 4 月 14 日

1. 我们，中华人民共和国、巴西联邦共和国、俄罗斯联邦、印度共和国和南非共和国的国家元首和政府首脑，于 2011 年 4 月 14 日在中国海南省三亚市举行金砖国家领导人第三次会晤。

2. 中国、巴西、俄罗斯、印度的国家元首和政府首脑欢迎南非加入金砖国家，期待与南非在这一论坛内加强对话和合作。

3. 致力于和平、安全、发展、合作的宏伟目标和强烈的共同意愿使我们拥有近 30 亿人口的 5 个国家从不同的大洲走到一起。金砖国家着眼于为人类社会发展以及建设一个更加平等和公正的世界做出重要贡献。

4. 21 世纪应当成为和平、和谐、合作和科学发展的世纪。我们以"展望未来、共享繁荣"为主题，就加强金砖国家之间的合作及共同关心的国际和地区问题进行了坦诚深入的讨论，达成广泛共识。

5. 我们坚信，金砖国家和其他新兴国家在维护世界和平、安全和稳定，推动全球经济增长，加强多边主义，促进国际关系民主化方面发挥了重要作用。

6. 金砖国家是各成员国在经济金融发展领域开展对话与合作的重

要平台。我们决心继续加强金砖国家共同发展的伙伴关系，本着开放、团结、互助的基本原则，以循序渐进、积极务实的方式推进金砖国家合作。我们重申这种合作是包容的、非对抗性的。我们愿加强同其他国家，特别是新兴国家和发展中国家，以及有关国际、区域性组织的联系与合作。

7. 我们一致认为，当今世界多极化、经济全球化深入发展，各国相互依存加深，世界正经历深刻、复杂而巨大的变化。面对不断变化的全球环境以及各种全球性威胁和挑战，国际社会应同舟共济、加强合作、共同发展。各国应依据公认的国际法准则，在相互尊重、集体决策的基础上，加强全球经济治理，推动国际关系民主化，提高新兴国家和发展中国家在国际事务中的发言权。

8. 我们致力于推动多边外交，支持联合国在应对全球性挑战与威胁方面发挥中心作用。为此，我们重申，需要对联合国包括安理会进行全面改革，使其更有效、更有代表性，以更成功地应对当今全球性挑战。中国、俄罗斯重申重视印度、巴西和南非在国际事务中的地位，理解并支持其希望在联合国发挥更大作用的愿望。

9. 我们强调，金砖国家5个成员国在2011年同时担任安理会成员，有利于就和平与安全问题紧密合作，加强多边主义，促进就安理会审议的有关事项进行协调。我们对当前西亚北非以及西非地区局势动荡深为关切，衷心希望相关国家和平、稳定、繁荣、进步，根据其人民的合法愿望在世界上享有应有的地位和尊严。我们都赞同避免使用武力的原则。我们主张，应尊重每一个国家的独立、主权、统一和领土完整。

10. 我们愿在安理会就利比亚问题加强合作。我们认为，各方应通过和平手段和对话解决分歧，联合国和地区组织应发挥应有作用。我们支持非盟关于利比亚问题的专门委员会提出的倡议。

11. 我们重申强烈谴责一切形式的恐怖主义，强调任何理由都不能为恐怖行为辩解。我们相信，联合国应依据《联合国宪章》和国际法的原则和准则，在协调全球反恐行动方面发挥中心作用。我们敦促联合国大会尽快完成《关于国际恐怖主义的全面公约》的谈判，呼吁所有成员国批准该公约。我们决心强化合作，应对这一全球威胁。我们承诺合作加强国际信息安全，并对打击网络犯罪予以特别关注。

12. 我们注意到，世界经济逐渐从金融危机中复苏，但仍面临一些不确定因素。主要经济体应继续加强宏观经济政策协调，努力推动世界经济强劲、可持续、平衡增长。

13. 我们致力于不断加强经济金融和贸易领域合作，确保金砖国家经济继续保持强劲增长势头，为世界经济长期稳定健康发展作出贡献。

14. 我们支持二十国集团作为国际经济合作主要论坛，在全球经济治理中发挥更大作用。期待2011年举行的二十国集团戛纳峰会在经济、金融、贸易、发展等领域取得新的积极成果，支持二十国集团成员稳定国际金融市场，实现强劲、可持续、平衡增长，支持全球经济增长和发展。俄罗斯提出主办二十国集团2013年峰会，巴西、印度、中国和南非对俄方提议表示欢迎和赞赏。

15. 我们呼吁各方积极落实二十国集团峰会确定的国际货币基金组织改革目标，重申国际经济金融机构治理结构应该反映世界经济格局的变化，增加新兴经济体和发展中国家的发言权和代表性。

16. 我们认识到，国际金融危机暴露了现行国际货币和金融体系的缺陷和不足，支持改革和完善国际货币体系，建立稳定、可靠、基础广泛的国际储备货币体系。我们欢迎当前就特别提款权在现行国际货币体系中的作用进行讨论，包括特别提款权一篮子货币的组成问题。我们呼吁更多关注当前新兴经济体面临的跨境资本大进大出风险。我们呼吁加强国际金融监管和改革，加强各国政策协调与监管合作，促进全球金融市场和银行体系的稳健发展。

17. 粮食、能源等大宗商品价格高位波动成为当前世界经济复苏面临的新风险。我们支持国际社会加强合作，通过减少市场扭曲确保实体市场稳定和强劲发展，同时进一步监管大宗商品金融市场。国际社会应共同致力于增加产能，加强生产国和消费国对话，稳定供需关系，加强对发展中国家的资金和技术支持。国际社会要相应加强对大宗商品金融衍生品市场监管，防止出现扰乱市场的行为。我们应解决国际、地区和国家层面缺乏可靠、及时的供求信息的问题。金砖国家愿就粮食安全问题开展更紧密合作。

18. 我们支持可再生能源的开发和利用。我们认识到可再生能源在应对气候变化方面的重要作用。我们相信，在开发可再生能源领域加强合作和信息交流是重要的。

19. 核能将继续在金砖国家未来的能源组成中占据重要位置。核电站的设计、建设及运行的安全标准和要求应得到严格遵守。各国应在此条件下就发展以和平为目的的安全核能开展国际合作。

20. 促进发展中国家经济可持续增长是世界面临的主要挑战之一。我们认为增长和发展对消除贫困、实现千年发展目标至关重要。消除赤贫和饥饿是全人类在道义、社会、政治和经济方面面临的一项紧迫任务，是当今世界尤其是非洲和其他地区的最不发达国家面临的最严峻的全球性挑战之一。

21. 我们呼吁国际社会积极落实2010年9月联合国千年发展目标高级别会议通过的成果文件，争取于2015年如期实现千年发展目标。

22. 气候变化是威胁公众和各国生计的全球性挑战之一。中国、巴西、俄罗斯、印度赞赏和支持南非主办《联合国气候变化框架公约》第十七次缔约方大会暨《京都议定书》第七次缔约方会议。我们支持"坎昆协议"，愿与国际社会共同努力，推动德班会议按照"巴厘路线图"授权，根据公平和"共同但有区别的责任"原则，就加强《联合国气候变化框架公约》及其《京都议定书》实施达成全面、平衡和有约束力的成果。金砖国家将就德班会议加强合作。我们将在本国经济和社会适应气候变化方面加强务实合作。

23. 实施《里约宣言》《21世纪议程》《约堡实施计划》及多边环境条约中所强调的可持续发展理念应成为促进经济增长的一个重要手段。中国、俄罗斯、印度、南非赞赏巴西于2012年承办联合国可持续发展大会，期待与巴西共同努力，推动会议在可持续发展框架下就经济增长、社会发展、环境保护三个领域达成新的政治承诺，并取得积极务实成果。巴西、俄罗斯、中国和南非赞赏并支持印度承办《生物多样性公约》第十一次缔约方大会。巴西、中国和南非也赞赏并支持印度于2012年10月举行《卡塔赫纳生物安全议定书》第六次缔约方会议。

24. 我们坚定承诺在社会保护、体面工作、性别平等、青年、公共卫生包括艾滋病防治等领域加强对话与合作。

25. 我们支持非洲国家在"非洲发展新伙伴计划"框架下的基础设施建设和工业化进程。

26. 我们一致赞同继续推进和扩大金砖国家间经贸投资合作，鼓励各国避免采取保护主义措施。我们欢迎2011年4月13日在三亚召开的金砖国家贸易部长会议所达成的成果。巴西、中国、印度、南非承诺并呼吁世界贸易组织其他成员支持以世界贸易组织为代表的强大、开放、以规则为基础的多边贸易体系，支持以多哈回合谈判现有进展为基础并根据其发展授权，推动谈判早日取得成功、全面、均衡的结果。巴西、印度、中国、南非全力支持俄罗斯早日加入世界贸易组织。

27. 我们审议了金砖国家在各领域的合作进展，认为这些合作是卓有成效的，金砖国家具备开展更紧密合作的基础和条件。我们致力于巩固金砖国家的合作，并将进一步形成其自身议程。我们决心把加强合作的政治意愿转化为实实在在的行动，并为此核准"行动计划"，作为下一步开展各领域合作的基础。我们将在下次会晤上审议该计划的落实情况。

28. 我们愿在科技和创新领域探索合作的可能性，包括和平利用太空。我们祝贺俄罗斯政府和人民庆祝尤里·加加林进入太空50周年，此举开启了科技发展的一个新时代。

29. 我们相信，2011年深圳世界大学生运动会、2013年喀山世界大学生运动会、2014年南京青年奥林匹克运动会、2014年索契冬季奥运会和残奥会、2014年巴西世界杯足球赛、2016年里约热内卢夏季奥运会和残奥会、2018年俄罗斯世界杯足球赛，都将取得成功。

30. 我们对日本遭受灾害并造成重大人员伤亡向日本人民致以诚挚慰问。我们将继续对日本克服灾害后果切实给予支持。

31. 巴西、俄罗斯、印度、南非领导人感谢中国政府举办金砖国家领导人第三次会晤，感谢海南省和三亚市政府和人民对会晤的支持。

32. 巴西、俄罗斯、中国、南非感谢并全力支持印度主办2012年金砖国家领导人会晤。

行动计划

为加强金砖国家合作，造福各成员国人民，我们制订下述行动计划，作为金砖国家合作的重要基础。

行动计划一：巩固已开展的合作项目

1. 2011 年下半年在中国举行安全事务高级代表第三次会议；

2. 在第 66 届联合国大会期间举行外长会晤；

3. 适时举行金砖国家事务协调人或副协调人会议；

4. 不定期举行常驻纽约、日内瓦国际组织代表非正式会议；

5. 在二十国集团框架下以及在世界银行/国际货币基金组织年会期间举行财长和央行行长会议；

6. 2011 年在中国举办农业合作专家工作组会议、第二届农业部长会议，并在建立金砖国家农业信息系统及举办食品安全研讨会等方面合作；

7. 2011 年 9 月在中国举行国家统计局局长会议；

8. 2011 年 9 月在中国举行第二届国际竞争大会并探讨签署各成员国反垄断机构合作协议的可能性；

9. 继续举办智库研讨会，并考虑建立金砖国家成员国研究中心网络；

10. 在下次领导人会晤前再次举行工商论坛；

11. 加强金砖国家发展银行间金融合作；

12. 落实《金砖国家司法合作议定书》；

13. 发布联合统计手册；

14. 继续举行合作社论坛会议。

行动计划二：开拓新合作项目

1. 2011 年在中国举行首届"金砖国家友好城市暨地方政府合作论坛"；

2. 2011 年在中国举行卫生部长会议；

3. 联合开展经贸研究；

4. 适时更新《金砖国家国情书目》。

行动计划三：新建议

1. 根据领导人共识在文化领域开展合作；

2. 鼓励在体育领域开展合作；

3. 探讨在绿色经济领域合作的可行性；

4. 召开高官会议，探讨促进金砖国家科技、创新领域合作的方式，包括建立制药业合作工作组等；

5. 在联合国教科文组织建立"金砖国家—联合国教科文组织工作组"，在该组织授权范围内研拟共同战略。

金砖国家领导人第四次会晤德里宣言

2012 年 3 月 29 日

1. 我们，巴西联邦共和国、俄罗斯联邦、印度共和国、中华人民共和国和南非共和国领导人于 2012 年 3 月 29 日在印度新德里共同举行了金砖国家领导人第四次会晤。我们在热烈友好的气氛中，本着以开放、团结、互谅互信为基础，加强金砖国家共同发展的伙伴关系的共同愿望，围绕"金砖国家致力于全球稳定、安全和繁荣的伙伴关系"的会议主题进行了讨论。

2. 我们的会晤在当前全球和地区形势均面临重大发展和变化的背景下举行。欧元区形势使世界经济脆弱复苏的前景更加复杂。随着 2012 年分别在巴西举行联合国可持续发展大会（里约＋20）和在印度举行《生物多样性公约》缔约方大会，可持续发展和气候变化问题显得更加重要。二十国集团峰会即将在墨西哥举行，近期在日内瓦举行了世界贸易组织第八次部长级会议。我们日益关注中东和北非不断发展的政治局势。我们今天的讨论反映了我们愿继续与国际社会合作，以负责任和建设性方式应对上述挑战，维护全球福祉和稳定。

3. 金砖国家占世界人口的 43％，金砖国家合作是在多极化、相互依存、日益复杂和全球化的世界中为促进和平、安全与发展开展对话与合作的平台。我们来自亚洲、非洲、欧洲和拉丁美洲，跨大洲的互动性质使我们的合作更具价值和意义。

4. 我们展望一个世界和平、经济发展、社会进步、科技兴盛的未来。我们愿与各方共同努力，同发达和发展中国家一道，在公认的国际法准则和多边决策基础上，共同迎接当今世界的机遇和挑战。在全球治理机构中提高新兴和发展中国家代表性，将增强有关机构实现上述目标的效率。

5. 我们关注当前全球经济形势。金砖国家虽然从全球危机中相对快速复苏，但受市场特别是欧元区的不稳定性影响，世界经济增长前景再次变得不明朗。发达国家主权债务问题累积，以及各方对发达国家中长期财政调整的担心，使全球经济增长面临不确定性。上述国家的中央银行为稳定国内经济而采取扩张性政策措施，导致流动性过剩，给新兴市场经济体带来溢出效应，导致资本流动和商品价格过度波动。当前的紧迫问题是重振市场信心并使全球经济增长重回正轨。我们愿同国际社会共同努力，加强国际政策协调，以实现宏观经济稳定，促进全球经济健康复苏。

6. 我们认为发达国家应采取负责任的宏观经济和金融政策，避免创造过度的全球流动性，同时进行结构改革，以促进增长、增加就业。我们关注新兴市场经济体面临的大规模跨境资本流动波动带来的风险。我们呼吁进一步加强国际金融监管和改革，加强政策协调和金融监管合作，促进全球金融市场和银行体系的健康发展。

7. 在此背景下，我们认为二十国集团作为国际经济合作的主要论坛，当前主要任务是推动加强宏观经济政策协调，通过完善全球货币金融架构，促进全球经济复苏，维护金融稳定。我们讨论了将在墨西哥举行的下届二十国集团领导人峰会，承诺将同主席国及其他二十国集团成员和国际社会共同努力，推动峰会取得同各国政策框架一致的积极成果，确保世界经济强劲、可持续和平衡增长。

8. 我们认识到全球金融架构对维护全球货币金融体系稳定性和完整性具有重要意义。为此，我们呼吁建立更具代表性的国际金融架构，提高发展中国家的发言权和代表性，同时建立并完善一个符合各国利益、支持新兴市场和发展中经济体发展、公正的国际货币体系。这些经济体实现了基础广泛的增长，已成为全球复苏的重要推动力量。

9. 我们对国际货币基金组织份额和治理结构改革进展缓慢表示关切。我们认为迫切需要在 2012 年国际货币基金组织/世界银行年会前如期落实 2010 年治理和份额改革方案，在 2013 年 1 月前全面审查份额公式，以更好地体现经济权重，提高新兴市场和发展中国家的发言权和代表性，并于 2014 年 1 月前完成下一轮份额总检查。这一动态改革进程有助于确保国际货币基金组织的合法性和有效性。我们强调只有所有成员真正承诺切实落实 2010 年改革方案，目前增加国际货币基金组织借贷能力的工作才可能取得成功。我们将同国际社会共同努力，保障国际货币基金组织在完善治理和合法性的同时能够及时动员充足资源。我们重申支持采取措施保护国际货币基金组织最贫穷成员国的发言权和代表性。

10. 我们注意到国际货币基金组织提出关于监督的新整合决定，并将在其春季会议前予以讨论，呼吁国际货币基金组织的监督架构更为完整和公平。

11. 在当前全球经济环境下，我们认识到迫切需要加强对新兴和发展中国家的发展融资。为此，我们呼吁世界银行更加重视资金动员和满足发展融资需要，同时减少贷款成本，采取创新的贷款工具。

12. 我们欢迎发展中国家提名候选人竞选世界银行行长。我们重申国际货币基金组织和世界银行的负责人应通过公开、择优的程序遴选。同时，新的世界银行领导层必须承诺将世界银行转变为真正反映所有成员观点的多边机构，包括其治理结构应体现当前经济和政治现实。世界银行的性质必须从主要协调南北合作转变为加强同所有国家的平等伙伴关系，以解决发展问题，并不再使用过时的"捐助国—受援国"分类。

13. 我们探讨了建立一个新的开发银行的可能性，以为金砖国家和其他发展中国家基础设施和可持续发展项目筹集资金，并作为对现有多边和区域金融机构促进全球增长和发展的补充。我们指示财长们审查该倡议的可能性和可行性，成立联合工作组进一步研究，并于下次领导人会晤前向我们报告。

14. 巴西、印度、中国和南非期待俄罗斯于 2013 年担任二十国集团主席国，将为峰会取得成功开展合作。

15. 巴西、印度、中国和南非祝贺俄罗斯联邦加入世界贸易组织。这使世界贸易组织更具代表性，并强化了基于规则的多边贸易体系。我们承诺共同维护这一体系，并敦促其他国家共同抵制各种形式的贸易保护主义和变相的贸易限制措施。

16. 我们将继续在维护授权、锁定已有成果的基础上推动完成多哈回合谈判。为实现这一目标，我们将坚持以发展为核心并在寻求一揽子方案的框架下，在特定领域探索可能的成果。我们不支持违反透明、包容和多边等基本原则的诸边倡议。我们认为这些倡议不仅干扰了各成员共谋成果的努力，也没有解决以往谈判回合遗留的发展赤字问题。在完成批准程序后，俄罗斯将以积极和建设性方式参与多哈回合谈判，推动多哈回合取得平衡成果，加强和发展多边贸易体系。

17. 考虑到联合国贸易和发展会议是联合国系统处理贸易和发展问题的核心机构，我们愿推动其提高凝聚共识、技术合作、经济发展和贸易研究等传统业务能力。我们重申愿积极推动 2012 年 4 月举行的贸易和发展会议第十三届大会取得成功。

18. 我们同意通过协同努力，携手加强彼此贸易和投资，推进我们各自的工业发展和就业目标。我们欢迎 2012 年 3 月 28 日在印度新德里举行的第二届金砖国家经贸部长会议达成的成果。我们支持加强贸易部长间的定期磋商，并考虑采取相应措施，进一步加强彼此经贸关系。我们对金砖国家开发银行间完成《金砖国家银行合作机制多边本币授信总协议》和《多边信用证保兑服务协议》表示欢迎，我们相信这些协议未来有助于推动金砖国家成员间贸易。

19. 我们认识到中东和北非地区的稳定、和平与安全对于我们、整个国际社会，尤其是受动乱爆发地区影响的国家及其国民都至关重要。我们希望看到这些国家作为国际社会受尊敬的成员，早日恢复和平、稳定与繁荣。

20. 我们同意中东和北非地区正在经历的转型不应成为迟滞解决长

期冲突的借口，而应成为解决这些问题尤其是阿拉伯以色列冲突的动力。该问题及其他长期存在的地区问题的解决将从整体上改善中东和北非地区局势。为此，我们致力于在普遍认可的国际法律框架下，包括相关的联合国决议、马德里原则、阿拉伯和平倡议等，实现阿以冲突的全面、公正、持久解决。我们鼓励中东问题四方机制加强努力，呼吁联合国安理会加大介入，寻求巴以冲突的解决办法。我们强调有关方面直接对话达成最终解决方案的重要性。我们呼吁巴勒斯坦人民和以色列人民采取建设性措施重建互信，为恢复和谈创造适宜条件，避免单边行动，尤其是在巴勒斯坦被占领土上建立定居点。

21. 我们对叙利亚当前局势深感忧虑，呼吁立即停止一切暴力和侵犯人权的行为。通过和平方式解决危机，鼓励反映叙利亚社会各界合法愿望、尊重叙独立、领土完整和主权的广泛国内对话，最符合国际社会利益。我们的目标是支持由叙利亚主导的包容性政治进程，我们欢迎联合国和阿盟为此付出的共同努力。我们鼓励叙利亚政府以及叙社会各界展示政治意愿推动这一进程，这本身将创造有利于和平的新环境。我们欢迎任命科菲·安南为叙利亚危机联合特使及迄今取得的有关进展，支持其继续在推动政治解决危机方面发挥建设性作用。

22. 伊朗问题不能升级为冲突，否则有关灾难性后果不符合各方利益。该地区具有高度政治和经济关联性，伊朗在维护本地区和平发展与繁荣方面有着至关重要的作用，我们期待伊朗作为国际社会负责任的成员发挥其作用。我们对围绕伊朗核问题有关事态发展感到担忧。我们承认伊朗根据国际义务和平利用核能的权利，支持根据联合国安理会有关决议，通过政治、外交和有关各方开展对话的手段解决问题，包括国际原子能机构和伊朗之间的对话。

23. 阿富汗不仅需要时间，还需要发展援助和合作、进入世界市场的优惠条件、外国投资和目标清晰的国家战略，以实现持久和平和稳定。我们支持国际社会在2011年12月波恩国际会议上对阿富汗所做的承诺，愿在2015年至2024年转型期内与阿保持接触。我们重申支持阿富汗成为一个和平、稳定、民主的国家，免受恐怖主义和极端主义困扰，强调有必要就实现阿富汗稳定包括打击恐怖主义开展更有效的国际和地区合作。

24. 我们支持在巴黎进程框架下就打击源于阿富汗的毒品走私的努力。

25. 我们重申任何形式和表现的恐怖主义行为都没有正当理由。我们强调决心在打击恐怖主义威胁方面加强合作，认为联合国应在协调国际反恐行动方面发挥中心作用。上述行动应在《联合国宪章》框架内开展并遵循国际法的原则和准则。我们强调联合国大会有必要尽快完成制定《关于国际恐怖主义的全面公约》草案，呼吁所有成员国批准该公约，为应对恐怖主义这一全球威胁提供全面的法律框架。

26. 我们致力于推动多边外交，支持联合国在应对全球性挑战与威胁方面发挥中心作用。为此，我们重申需要对联合国包括安理会进行全面改革，使其更具效力、效率和代表性，以更成功地应对当今全球挑战。中国、俄罗斯重申重视巴西、印度和南非在国际事务中的地位，支持其希望在联合国发挥更大作用的愿望。

27. 我们回顾了 2011 年在安理会的密切协调，强调我们致力于在联合国共同努力，继续就事关全球和平与安全的问题进行合作，并加强多边解决方式。

28. 促进增长和可持续发展、解决粮食和能源安全问题是当前国际社会面临的重大挑战之一，对许多发展中国家经济发展、消除贫困、应对饥饿和营养不良至关重要。创造有利于提高人民生活水平的就业十分重要。可持续发展同时也是全球复苏和未来增长中的关键因素。我们应为后代负起责任。

29. 我们祝贺南非于 2011 年 12 月成功主办《联合国气候变化框架公约》第十七次缔约方大会暨《京都议定书》第七次缔约方会议。我们欢迎会议各项重要成果，愿根据公平、"共同但有区别的责任"及各自能力原则，同国际社会一道落实有关决定。

30. 我们承诺在应对气候变化的全球努力中做出自身贡献，通过可持续和包容性增长而非限制发展以应对气候变化。我们强调在《联合国气候变化框架公约》中发达国家缔约方应向发展中国家提供更多资金、技术及能力建设支持，帮助其准备并实施适合本国国情的减缓措施。

31. 我们相信联合国可持续发展大会（里约＋20）是国际社会重申高级别政治承诺的重要契机，根据《里约环境和发展宣言》的原则，包括"共同但有区别的责任"原则，《21 世纪议程》和《约翰内斯堡实施计划》，支持全面可持续发展框架，包括推动包容性经济增长和发展、社会进步和环境保护。

32. 我们认为可持续发展应成为环境领域和经济社会战略中的一种主要模式。我们认同联合国可持续发展大会的主题的相关性和重点，即可持续发展和消除贫困背景下的绿色经济，以及可持续发展制度框架。

33. 巴西将于 6 月主办这一重要会议。中国、俄罗斯、印度和南非期待同巴西合作，推动会议成功并取得务实成果。巴西、俄罗斯、中国和南非承诺支持印度于 2012 年 10 月主办《生物多样性公约》第十一次缔约方大会，期待会议取得积极成果。我们将继续努力落实上述公约及其议定书，特别是《关于获取遗传资源和公正、公平分享其利用所产生惠益的名古屋议定书》、2011—2020 年生物多样性战略计划及资源调动战略。

34. 我们强调，"绿色经济"概念仍需由里约＋20 大会定义，并在可持续发展和消除贫困的大框架下予以理解。"绿色经济"本身并不是目的，而是实现这些重要优先目标的手段。各国政府应拥有灵活性和政策空间，根据各自发展阶段、国家战略、国情和政策重点，在诸多选项中确定自身的可持续发展途径。我们反对以发展绿色经济为由采取任何形式的贸易和投资壁垒。

35. 千年发展目标是发展议程的重要里程碑。为确保发展中国家在 2015 年前就落实千年发展目标取得最大成果，我们必须保证这些国家的经济增长不受影响。任何经济放缓都将对世界经济产生严重后果。实现千年发展目标是保障包容、平等和可持续全球经济增长的基础，在 2015 年后仍需继续推动这些目标的实现，以及更多的资金支持。

36. 我们高度重视支持非洲发展与稳定的经济增长，而许多国家尚未充分实现其经济潜力。我们将继续共同支持这些国家加快经济多元化和现代化。这将通过基础设施发展、知识交流、加大技术获取、加强能力建设、人力资源投资来实现，包括非洲发展新伙伴计划框架。

37. 我们承诺致力于缓解仍影响非洲之角数百万人口人道主义危机，并支持国际社会有关努力。

38. 大宗商品价格特别是粮食、能源价格过度波动，给世界经济复苏带来了额外的风险。完善大宗商品衍生品市场监管，对于防范粮食和能源供应的不稳定至关重要。我们认为，增强能源生产能力和加强生产者—消费者对话是消除价格波动的重要手段。

39. 以化石燃料为主的能源在可预测的未来将在能源构成中占主导地位。我们将开发清洁和可再生能源，推广能效和替代技术，以满足各国经济发展和人民不断增加的需求，同时回应对气候问题的担忧。为此，我们强调和平利用核能安全方面的国际合作必须严格遵守相关的安全标准，满足核电站设计、施工和运行等方面的要求。我们强调，在国际社会提高核安全标准的共同努力中，国际原子能机构应发挥重要作用，以加强核能安全标准，增强公众信心，使其认识到核能作为一种清洁、可负担、安全和可靠的能源，对于满足全球能源需求非常重要。

40. 我们注意到，金砖国家已做出实质性努力，在不少领域开展合作。我们相信，五国有丰富的知识、技术、能力和最佳实践可供分享，我们可以此为基础，开展有意义的合作造福于民。我们支持通过一份"行动计划"，作为明年的目标。

41. 我们欢迎2011年10月在中国成都举行的第二届金砖国家农业和农耕部长会议取得的有关成果。我们指示各位部长推动此项进程，重点挖掘金砖国家在增进全球粮食安全和营养合作方面的潜力，提高农业产量和生产率，提高市场透明度，减少大宗商品价格过度波动，从而提高人民生活质量，特别是在发展中国家。

42. 多数金砖国家面临一些相似的公共卫生挑战，包括卫生服务的普及、健康技术包括药物的获取、公共卫生开支不断增加、传染和非传染性疾病发病率不断上升等。首届金砖国家卫生部长会议于2011年7月在北京召开，我们支持将该会议机制化，从而以最有效、公平和可持续的方式来应对这些共同挑战。

43. 我们注意到 2011 年 9 月在中国大连召开的科技高官会，特别是我们各国不断增强的研发和创新实力。我们鼓励在粮食、制药、卫生、能源等优先领域，以及在纳米技术、生物技术及先进材料科学等新兴跨学科领域的基础研究取得进展。我们还鼓励我们各国研究机构通过联合项目、研讨会以及青年科学家交流等渠道进行知识共享。

44. 包括我们在内的所有发展中国家面临快速城市化挑战，本质上是多元的，包含各类相互关联的问题。我们指示相关机构协调行动并学习最佳实践和技术，从而为社会做出有益改变。我们赞赏 2011 年 12 月在三亚举行的首届金砖国家友好城市暨地方政府合作论坛，并将通过举行城市化和城市基础建设论坛及第二届友好城市暨地方政府合作论坛推动该进程。

45. 我们对可再生能源、能效、节能环保型技术的需求日益增加。我们同意在知识、技能、技术和最佳实践等领域进行交流，以发挥我们在这些领域的互补优势。

46. 我们很高兴看到，在印度协调下，第一份《金砖报告》发表。该报告重点关注了我们经济中的协调和互补。我们欢迎金砖国家统计部门的合作成果，注意到今天发布了最新版《金砖国家联合统计手册》，这将为了解金砖国家提供有益参考。

47. 我们对第三届金砖国家工商论坛和第二届金砖国家金融论坛的召开感到满意，注意到上述论坛在促进金砖国家贸易关系中的作用。为此，我们欢迎金砖国家相关证券交易所成立金砖国家证券交易所联盟的联合倡议。

48. 我们鼓励金砖国家在青年、教育、文化、旅游和体育领域拓宽沟通渠道和人员交流。

49. 巴西、俄罗斯、中国与南非高度赞赏和真诚感谢印度政府和人民在新德里举办金砖国家第四次峰会。

50. 巴西、俄罗斯、印度与中国对南非提出主办 2013 年金砖国家领导人第五次峰会表示感谢，并愿予以全力支持。

德里行动计划

1. 金砖国家外长在联大期间举行会晤。

2. 金砖国家财长与央行行长在二十国集团会议和其他多边（世界银行/国际货币基金组织）会议期间举行会议。

3. 根据需要，金融与财政部门在世界银行/国际货币基金组织会议期间或单独举行会议。

4. 根据需要，金砖国家贸易部长在出席多边活动期间或单独举行会议。

5. 举行第三届金砖国家农业部长会议，并在会前召开农产品和粮食安全问题专家预备会议及第二届农业合作专家工作组会议。

6. 举行金砖国家安全事务高级代表会议。

7. 举行第二届金砖国家科技高官会议。

8. 2012 年在印度举办首届金砖国家城市化论坛及第二届金砖国家友好城市暨地方政府合作论坛。

9. 举行第二届金砖国家卫生部长会议。

10. 举行协调人及副协调人中期会议。

11. 举行经贸联络小组中期会议。

12. 2013 年举行第三届金砖国家国际竞争大会。

13. 举行专家会议，讨论建立一个新的开发银行问题。

14. 举行财政部门会议，研究落实《金砖报告》成果。

15. 根据需要，金砖国家常驻纽约、日内瓦和维也纳的联合国代表团举行磋商。

16. 如有必要，金砖国家高官在与环境和气候相关国际场合举行磋商会议。

17. 开拓新合作项目：

——金砖国家框架下开展多边能源合作；

——对金砖国家合作及制定金砖国家长期战略问题开展一般性学术评估；

——金砖国家青年政策对话；

——在人口相关问题上开展合作。

金砖国家领导人第五次会晤德班宣言

2013 年 3 月 27 日

1. 我们，巴西联邦共和国、俄罗斯联邦、印度共和国、中华人民共和国和南非共和国领导人于 2013 年 3 月 27 日在南非德班举行金砖国家领导人第五次会晤。我们围绕"金砖国家与非洲：致力于发展、一体化和工业化的伙伴关系"的主题进行了讨论。本次会晤是金砖国家第一轮领导人会晤的收官之作。我们重申将致力于维护国际法、多边主义和联合国的中心地位。我们的讨论表明金砖国家的团结进一步加深，愿为全球和平、稳定、发展与合作做出积极贡献。我们还讨论了金砖国家在与各国和各国人民团结合作的基础上，在国际体系中发挥的作用。

2. 此次会晤举行之时，正需要我们探讨共同关心并具有系统重要性的问题，以解决共同关切，研拟长期解决之道。我们致力于逐步将金砖国家发展成为就全球经济和政治领域的诸多重大问题进行日常和长期协调的全方位机制。支撑现行全球治理架构的有关国际机构是在当年国际版图面临非常不同的挑战和机遇的情况下缔造的。由于全球经济正在重塑，我们致力于通过加强互补和各自经济力量，探索实现更公平发展、更具包容性增长的新模式和新方式。

3. 正如《三亚宣言》中提出的，我们对加强同其他国家，特别是新兴国家和发展中国家，以及相关国际、区域性组织的联系与合作持开放态度。我们将在本次会晤后举行同非洲国家领导人的对话会，主题为"释放非洲潜力：金砖国家和非洲在基础设施领域合作"。对话会将为金砖国家和非洲领导人讨论如何加强金砖国家和非洲大陆合作提供机会。

4. 我们认识到区域一体化对非洲可持续增长、发展和消除贫困的重要意义，重申支持非洲大陆一体化进程。

5. 在"非洲发展新伙伴计划"框架下，我们将通过鼓励外国直接投资、知识交流、能力建设以及与非洲贸易的多样化，支持非洲国家工业化进程。我们认识到非洲发展基础设施的重要性，认同非盟在确定和应对非洲大陆的基础设施挑战方面取得的进步。通过制订非洲基础设施发展规划、非盟"非洲发展新伙伴计划"非洲行动计划（2010—2015）、"非洲发展新伙伴计划"总统基础设施倡议及地区基础设施发展总体规划，非盟确定了对推动区域一体化和工业化至关重要的基础设施重点开发项目。我们将寻求在互惠基础上鼓励基础设施投资，以支持非洲的工业发展、就业、技能发展、食品和营养安全、消除贫困及可持续发展。为此，我们重申对非洲基础设施可持续发展的支持。

6. 我们注意到欧洲、美国和日本为减少世界经济尾部风险所采取的政策措施。其中的部分措施给世界其他经济体带来负面外溢效应。世界经济重大风险犹存，形势仍低于预期。在经济复苏的力度和持续性、主要经济体政策方向方面，不确定性依然很大。在一些重要国家，失业率居高不下，高企的私人和公共债务抑制了经济增长。在此情况下，我们重申关于支持增长和维护金融稳定的强烈承诺，并强调发达经济体需要采取适当措施以重建信心，促进增长并确保经济强劲复苏。

7. 发达经济体的央行采取非常规货币政策，增加了全球流动性。这可能符合其国内货币政策的授权，但主要是央行应避免此举带来加剧资本、汇率和大宗商品价格波动等预料之外的后果，以免对其他经济体特别是发展中国家经济增长带来负面影响。

8. 我们欢迎俄罗斯作为2013年二十国集团主席国提出的核心目标，特别是为促进全球强劲、可持续、包容和平衡增长、增加就业而增加投资融资、确保公共债务可持续性的努力。我们也将继续突出二十国集团发展议程，将其作为全球经济稳定、长期可持续增长和增加就业的关键要素。

9. 由于长期融资和外国直接投资不足，尤其是资本市场投资不足，发展中国家面临基础设施建设的挑战。这限制了全球总需求。金砖国家合作推动更有效利用全球金融资源，可以为解决上述问题做出积极贡献。2012年3月，我们指示财长们评估建立一个新的开发银行的可能性和可行性，为金砖国家、其他新兴市场和发展中国家的基础设施和可持续发展项目筹集资金，作为对全球增长和发展领域的现有多边和区域金融机构的补充。根据财长们的报告，我们满意地看到建立一个新的开发银行是可能和可行的。我们同意建立该银行，银行的初始资本应该是实质性的和充足的，以便有效开展基础设施融资。

10. 2012 年 6 月，我们在洛斯卡沃斯会晤时指示财长和央行行长探讨通过成立金砖国家应急储备安排来建设金融安全网。他们的结论是建立一个自我管理的应急储备安排具有积极预防效果，将帮助金砖国家应对短期流动性压力，提供相互支持，并进一步加强金融稳定。这也将作为一道增加的防线，为补充现有国际外汇储备安排、加强全球金融安全网作出贡献。我们认为在符合各自国内法律和具有适当安全保证的条件下，建立一个初始规模为 1000 亿美元的应急储备安排是可能和共同期待的。我们指示财长和央行行长继续朝着建立该安排的目标努力。

11. 我们对财长和央行行长就新的开发银行和应急储备安排所做的工作表示感谢，并指示他们继续谈判，并完成建立上述两机制的协议。我们将在 2013 年 9 月圣彼得堡会晤上审议两项倡议的进展。

12. 我们欢迎金砖国家进出口银行和开发银行达成《可持续发展合作和联合融资多边协议》，以及考虑到非洲大陆的快速增长及其导致的基础设施资金方面的巨大需求，达成《非洲基础设施联合融资多边协议》。

13. 我们呼吁改革国际金融机构，以使其更具代表性并反映金砖国家和其他发展中国家在世界经济中日益增长的权重。我们对国际货币基金组织改革进展缓慢表示关切。我们认为，迫切需要按照已有共识，落实国际货币基金组织 2010 年治理和份额改革方案。我们敦促所有成员采取一切必要手段，在 2014 年 1 月前完成下一轮份额总检查并就新的份额公式达成协议。国际货币基金组织改革应增强包括撒哈拉以南非洲在内的最贫困成员的发言权和代表性。应以开放的态度寻求能够达成这一目标的所有方式。我们支持改革和完善国际货币体系，建立稳定、可靠、基础广泛的国际储备货币体系。我们欢迎就特别提款权在现有国际货币体系中的作用进行讨论，包括关于特别提款权一篮子货币组成问题。我们支持国际货币基金组织推动其监督框架更加全面和公正。国际金融机构负责人应通过公开、透明、择优的程序遴选，并确保向来自新兴市场经济体和发展中国家的人选真正开放。

14. 我们强调确保发展中国家从各种渠道获得稳定、充足和可预见的长期融资的重要性。我们希望看到全球共同努力，通过资金充足的多边开发银行和区域开发银行向基础设施建设提供融资和投资。我们敦促所有各方努力实现富有雄心的国际开发协会第 17 次增资。

15. 我们重申支持公开、透明、基于规则的多边贸易体系。我们将在已有进展基础上，根据多哈授权，坚持透明、包容和多边主义的原则，继续致力于成功完成多哈回合谈判。我们承诺确保关于多哈回合谈判的新建议和新方式能够加强多哈回合的核心原则和发展授权。我们期待在巴厘岛举行的世界贸易组织第九届部长级会议达成重要和有意义的成果，这一成果应是平衡的，并照顾最贫困、最脆弱成员在发展领域的主要关切。

16. 我们注意到 2013 年世贸组织新任总干事的选举正在进行。我们赞同世贸组织需要一位承诺坚持多边主义、通过支持尽快结束多哈回合谈判等方式增强世贸组织可信度和合法性的新负责人。我们认为下任总干事应是来自发展中国家的代表。

17. 我们重申联合国贸发会议是联合国系统内从发展角度处理贸易、投资、金融和技术等彼此相关问题的核心机构。在相互依存日益加深的全球经济中，贸发会议在应对发展和增长挑战的任务和工作独特而必要。我们亦重申提高贸发会议在凝聚共识、政策对话、研究、技术合作和能力建设等方面能力的重要性，从而使之能更好地完成其发展授权。

18. 我们认识到国有企业在经济中发挥的重要作用，鼓励我们的国有企业探寻开展合作、分享信息和最佳实践的方式。

19. 我们认同中小企业在各国经济中的基础性作用。中小企业是就业机会和财富的主要创造者。鉴于此，我们将探讨这一领域的合作机会，并认识到加强中小企业主管部门和机构之间对话，特别是为促进中小企业国际化并加强其创新和研发能力的必要性。

20. 我们重申强烈支持联合国作为最重要的多边论坛，承载着为世界带来希望、和平、秩序和可持续发展的任务。联合国成员国代表性广泛，处于全球治理和多边主义的中心位置。在此，我们重申，需要对联合国包括安理会进行全面改革，使其更具代表性、效力和效率，以更有效应对全球挑战。为此，中国和俄罗斯重申重视巴西、印度、南非在国际事务中的地位，支持其希望在联合国发挥更大作用的愿望。

21. 我们强调将致力于在联合国共同努力，根据法治和《联合国宪章》，继续合作并加强国际关系中的多边主义方式。

22. 我们致力于建设一个持久和平和共同繁荣的和谐世界，并重申21世纪应该是和平、安全、发展和合作的世纪。金砖国家本着和平、安全、发展和合作的崇高目标和共同愿望走到了一起。

23. 我们欢迎纪念世界人权大会和维也纳宣言及行动计划二十周年，同意在人权领域探讨合作。

24. 我们赞赏国际社会解决非洲冲突的努力，承认非盟及其和平和安全理事会在此方面发挥的中心作用。我们呼吁联合国安理会根据有关决议加强同非盟及其和平和安全理事会的合作。我们深为关注北非特别是萨赫勒地区以及几内亚湾的不稳定局势。我们也对一些国家人道主义状况恶化的报道依然感到关切。

25. 我们欢迎非盟委员会任命新主席，这表明了女性的领导作用。

26. 我们对叙利亚安全和人道主义形势的恶化表示深度关切，谴责持续暴力冲突造成违反人权和国际人道主义法的行为持续增加。我们相信日内瓦行动小组联合公报为解决叙利亚危机奠定了基础，重申反对任何使冲突进一步军事化的行为。只有通过满足叙利亚社会所有阶层合理意愿的广泛国内对话，并按照日内瓦联合公报及安理会相关决议尊重叙利亚独立、主权、领土完整，由叙利亚人民主导的政治过渡才能实现。我们支持联合国—阿盟联合特别代表为此做出的努力。鉴于叙利亚人道主义形势的恶化，我们呼吁各方确保并协助需要援助的人能够从人道主义组织获得迅速、安全、充足和顺畅的帮助。我们敦促各方确保人道主义工作者的人身安全。

27. 我们欢迎巴勒斯坦成为联合国观察员国。我们对中东和平进程缺乏进展表示关切，呼吁国际社会推动以色列和巴勒斯坦为实现"两国方案"而做出努力，以 1967 年边界为基础，划定国际公认边界，建立以东耶路撒冷为首都、与以色列和平共处、经济上可自立的巴勒斯坦国。我们对在巴勒斯坦被占领土上兴建以色列定居点表示深切关注。这既违反了国际法，也将危害和平进程。忆及联合国安理会在维护国际和平和安全方面承担主要职责，我们注意到四方机制定期向安理会报告的重要性，这种做法应有助于促进取得实际进展。

28. 我们相信谈判解决伊朗核问题是唯一途径。我们承认伊朗有根据国际义务和平利用核能的权利，支持根据联合国安理会有关决议和《不扩散核武器条约》有关条款，通过政治、外交手段和对话解决问题，包括国际原子能机构和伊朗之间的对话。我们对军事打击威胁和单边制裁行动表示关切。我们注意到近期在阿拉木图举行的对话，希望所有关于伊朗核计划的未决问题通过对话和外交途径解决。

29. 阿富汗需要时间、发展援助与合作、进入世界市场的优惠条件、外国投资和目标清晰的国家战略，以实现持久和平与稳定。我们支持国际社会在 2011 年 12 月波恩国际会议上对阿富汗所做的承诺，在 2015 年至 2024 年转型期内与阿保持接触。我们重申支持阿富汗成为一个和平、稳定和民主的国家，免受恐怖主义和极端主义困扰，强调有必要就实现阿富汗稳定开展更有效的地区和国际合作，包括打击恐怖主义。我们支持巴黎进程框架下关于打击源于阿富汗的毒品走私的努力。

30. 我们赞赏非盟、西非国家经济共同体和马里为恢复马里主权和领土完整的努力。我们支持马里政府及其伙伴实施旨在举行总统和立法机构选举的过渡计划的努力。我们强调政治包容性和经济社会发展对实现马里可持续和平与稳定的重要性。我们对马里人道主义形势恶化的报道表示担忧，呼吁国际社会继续与马里及其邻国合作，确保为受武装冲突影响的民众提供人道主义救助。

31. 我们对中非共和国的当前形势和人员伤亡表示严重关切。我们强烈谴责针对平民的滥用暴力和侵犯人权行为。我们呼吁各方使人道主义行动安全和无障碍进行，并确保平民安全离境。我们呼吁冲突各方立即停止敌对行为，并重回谈判。我们愿与国际社会共同协助上述工作，并为和平解决冲突提供便利。巴西、俄罗斯、中国对南非和印度公民在中非遭受伤亡表示同情。

32. 我们对刚果民主共和国正经历的动荡表示严重关切。我们欢迎2013 年 2 月 24 日在亚的斯亚贝巴签署的《刚果民主共和国及地区和平、安全和合作框架》协议。我们支持刚果（金）独立、领土和主权完整。我们支持联合国、非盟和次区域组织为促进该国和平、安全和稳定所做出的努力。

33. 我们重申强烈谴责任何形式的恐怖主义，强调无论如何均没有理由采取恐怖行动。我们认为根据《联合国宪章》和国际法相关原则和宗旨，联合国应在协调国际反恐行动中发挥核心作用。为此，我们支持落实联大全球反恐战略，决心在应对这一全球威胁方面加强合作。我们并再次呼吁应尽快完成《关于国际恐怖主义的全面公约》谈判，使其得到所有成员国批准，并同意朝这一目标共同努力。

34. 我们认识并注意到互联网在促进全球经济、社会和文化发展中的重要积极作用。我们相信促进和参与和平、安全和开放的网络信息空间十分重要，强调通过全球认可的规范、标准和实践实现信息通信技术的安全使用至关重要。

35. 我们祝贺巴西于 2012 年 6 月举办联合国可持续发展大会（里约 +20），欢迎大会成果文件《我们憧憬的未来》中体现的成果，特别是重申里约原则，以及对可持续发展和消除贫困的政治承诺，并将为金砖国家的伙伴参与未来可持续发展目标的制定并就此开展合作创造机会。

36. 我们祝贺印度主办的《联合国生物多样性公约》第十一次缔约方大会暨《卡塔赫纳生物安全议定书》第六次缔约方会议的成果。

37. 认识到气候变化是实现可持续发展面临的最大挑战和威胁之一，我们呼吁各方在卡塔尔多哈举行的《联合国气候变化框架公约》第十八次缔约方大会暨《京都议定书》第八次缔约方会议通过决定的基础上，根据《公约》的原则和规定于 2015 年前完成一份适用于《公约》所有缔约方的议定书，其他形式的法律文件，或是一份具有法律效力的商定成果。

38. 我们相信国际商定的发展目标，包括千年发展目标，回应了发展中国家的发展需求。这些国家继续面临发展挑战，包括普遍存在的贫困和不平等。低收入国家仍面临挑战，危及其近年来令人印象深刻的经济增长。粮食和其他大宗商品价格波动凸显了粮食安全问题并制约政府收入。重建宏观经济缓冲的进展相对缓慢，部分原因是有关国家需采取措施减轻外部冲击对社会的影响。由于财政缓冲有限和援助资金减少，许多低收入国家在抵御外部冲击时处于弱势，这将影响其在落实千年发展目标方面保持进展。我们重申，个别国家特别是非洲和其他的南方发展中国家无法自主实现千年发展目标，因此关于实现千年发展目标的全球发展伙伴关系第八项目标应在联合国系统的全球发展议程中处于核心地位。这进而要求我们信守在此前的主要国际会议成果文件中所做的承诺。

39. 我们重申将共同致力于加快在 2015 年目标期限前实现千年发展目标，呼吁国际社会其他成员国为同一目标而努力。为此，我们强调 2015 年后的发展议程应基于千年发展目标框架，继续关注消除贫困和人的发展，同时在考虑发展中国家各自国情的条件下应对其他新挑战。为此，协助发展中国家获得执行手段这一关键问题应成为统领目标。重要的是，应确保关于联合国发展议程，包括 "2015 年后发展议程" 的任何讨论，都应是在联合国机制下包容、透明的政府间磋商进程，以体现普遍性和基础的广泛性。

40. 我们欢迎可持续发展目标开放工作组的成立，这符合里约 + 20 大会通过的重申可持续发展原则是应对新挑战基础的成果文件。我们将致力于为讨论联合国发展议程建立协调的政府间磋商进程。

41. 我们注意到为落实德里行动计划举办了下列会议：
·在新德里举办的安全事务高级代表会议；
·在联合国大会期间举行的外长会议；
·在华盛顿和东京举行的财长和央行行长会议；
·在巴亚尔塔港举办的贸易部长会议；
·在新德里和日内瓦举办的卫生部长会议。

42. 我们欢迎建立工商理事会和智库理事会，注意到为筹备本次领导人会晤举办了下列会议：

· 第五届智库论坛；

· 第四届工商论坛；

· 第三届金融论坛。

43. 我们欢迎金砖国家财长和央行行长会议的成果，核准第三届金砖国家贸易部长会议联合公报。

44. 我们承诺为促进共同发展打造更强有力的伙伴关系。为此，我们通过德班行动计划。

45. 我们同意下一轮领导人会晤的承办顺序原则上为巴西、俄罗斯、印度、中国和南非。

46. 巴西、俄罗斯、印度和中国高度赞赏南非政府和人民在德班举办的金砖国家领导人第五次会晤。

47. 俄罗斯、印度、中国和南非对巴西提出主办第二轮领导人会晤首届峰会，即 2014 年金砖国家领导人第六次会晤表示感谢，并愿予以全力支持。

德班行动计划

1. 举行金砖国家安全事务高级代表会议。

2. 金砖国家外长在联合国大会期间举行会晤。

3. 举行协调人及副协调人中期会议。

4. 金砖国家财长和央行行长在二十国集团会议、世界银行和国际货币基金组织会议期间或根据需要单独举行会议。

5. 金砖国家贸易部长在出席多边活动期间或根据需要单独举行会议。

6. 举行金砖国家农业及农村发展部长会议，并在会前召开农产品和粮食安全问题专家预备会议和农业专家组会议。

7. 举行金砖国家卫生部长会议及其筹备会。

8. 在相关多边活动期间举行金砖国家人口事务官员会议。

9. 举行金砖国家科技部长会和科技高官会议。

10. 举行金砖国家合作社会议。

11. 财金部门在世界银行/国际货币基金组织会议期间或根据需要单独举行会议。

12. 举行金砖国家经贸联络组会议。

13. 举行金砖国家友好城市暨地方政府合作论坛。

14. 举行金砖国家城市化论坛。

15. 2013 年在新德里举行国际竞争力大会。

16. 举行金砖国家统计部门负责人第五次会议。

17. 根据需要，金砖国家常驻纽约、维也纳、罗马、巴黎、华盛顿、内罗毕和日内瓦的代表团和/或使馆举行磋商。

18. 如有必要，金砖国家高官在可持续发展、环境及气候领域的国际论坛期间举行磋商。

可探讨的新合作领域：

——公共外交论坛；

——反腐败合作；

——国有企业合作；

——禁毒部门合作；

——虚拟秘书处；

——青年政策对话；

——旅游；

——能源；

——体育及大型体育赛事。

金砖国家领导人第六次会晤福塔莱萨宣言

2014 年 7 月 15 日

1. 我们，巴西、俄罗斯、印度、中国和南非领导人，于 2014 年 7 月 15 日在巴西福塔莱萨举行金砖国家领导人第六次会晤。作为金砖国家领导人会晤第二轮首场，为体现金砖国家政府采取的包容性宏观经济和社会政策以及为应对人类实现增长、包容性和环保挑战的迫切需要，本次会晤主题为"包容性增长的可持续解决方案"。

2. 在第一轮金砖国家领导人五次会晤中，我们在各个多边、诸边议题和金砖国家之间不断扩展的各领域合作上进行了良好的协调。我们致力于维护以联合国为中心和基础的国际法和多边主义，观点一致并受到广泛认可，在为全球和平、经济稳定、社会包容、平等、可持续发展及与所有国家互利合作等方面作出重要贡献。

3. 我们重申对与其他国家，特别是新兴市场和发展中国家以及国际和地区组织持续深化合作持开放态度，愿与各国政府和人民进一步发展团结合作关系。为此，我们将在金砖国家领导人第六次会晤期间举行金砖国家同南美国家领导人对话会，以促进金砖国家与南美国家合作。我们重申支持南美一体化进程，特别是认可南美国家联盟在促进区域和平和民主、实现可持续发展和消除贫困方面的重要作用。我们相信，加强金砖国家与南美国家对话可以在促进多边主义及国际合作、推动在相互依存和日趋复杂的全球化世界中实现和平、安全、经济和社会进步及可持续发展等方面发挥积极作用。

4. 金砖国家矢志谋求和平、安全、发展、合作。在新一轮会晤中，在继续致力于实现上述目标的同时，我们承诺深化伙伴关系，实现基于开放、包容、合作、共赢的新愿景。为此，我们将探索开展全面合作的新领域，建设更紧密经济伙伴关系，推动实现一体化大市场、金融大流通、互联互通以及人文大交流。

5. 金砖国家领导人第六次会晤在重要时刻举行。在2015年后国际发展议程制定过程中，国际社会正评估如何摆脱全球金融危机、实现经济强劲复苏并应对包括气候变化在内的可持续发展等挑战。同时，我们还面临持续政治动荡与冲突的全球热点问题，以及新出现的非传统威胁。另一方面，基于以往国际力量格局形成的全球治理架构逐渐失去其合法性与有效性，导致过渡性、临时性安排日益盛行，严重侵蚀多边主义。我们相信，金砖国家是对现行机制进行渐进式变革的重要力量，有助于实现更具代表性和更公平的全球治理、促进更具包容性的全球增长，建设和平、稳定、繁荣的世界。

6. 在金砖国家领导人第一轮会晤期间，世界经济正从经济金融危机中复苏，金砖国家共同确立了其作为推动世界经济稳步增长主要动力的地位。金砖国家继续为全球经济增长及本国和其他国家的减贫事业作出重要贡献。我们的经济增长和社会包容性政策有助于稳定全球经济，创造就业，减少贫困，消除不平等，为实现联合国千年发展目标作出了贡献。在新的合作周期内，除继续致力于促进强劲、可持续、平衡增长外，金砖国家将利用其消除贫困和不平等的经验，继续在促进社会发展、制定该领域的国际议程方面发挥重要作用。

7. 为更好地反映金砖国家社会政策的进步及其对经济增长的积极影响，我们指示金砖国家统计和卫生、教育部门共同研拟社会发展指标的统计方法，纳入金砖国家联合统计手册。我们鼓励金砖国家智库理事会提供技术支持。我们要求金砖国家统计部门讨论建立上述统计方法平台的可能性和可行性，并提出相应报告。

8. 世界经济基本面已增强，发达经济体经济状况出现改善迹象。但是，经济复苏仍面临较大下行风险，许多发达经济体失业率和债务率高企令人担忧，增长依然脆弱。新兴市场和发展中国家为全球经济增长提供主要动力，并将在未来几年继续保持这一态势。即使全球经济得到加强，一些发达经济体的货币政策仍可能给金融市场带来新的压力和波动，这些政策的调整需要谨慎制定并与各方清晰沟通，使其负面外溢效应最小化。

9. 强有力的宏观经济框架、良好监管的金融市场和充足的外汇储备使广大新兴市场和发展中国家，特别是金砖国家，更有效地应对过去几年严峻经济形势带来的风险和外溢效应。即便如此，包括二十国集团（G20）在内的全球主要经济体仍需进一步加强宏观经济政策协调，这是实现全球经济强劲、可持续复苏的关键。鉴于此，我们重申将继续加强相互合作并同国际社会一道，维护金融稳定，支持可持续、强劲、包容性增长，促进有质量的就业。金砖国家愿为 G20 "实现未来 5 年整体 GDP 在当前水平上额外增加 2%" 的目标作出贡献。

10. 我们赞赏俄罗斯担任 2013 年 G20 主席国所开展的成功工作。金砖国家领导人会晤的机制化同全球金融危机、G20 启动峰会并成为国际经济合作主要论坛的进程一致。在金砖国家领导人新一轮会晤启动之际，我们仍致力于继续建设性应对全球经济和金融挑战，在促进可持续发展、包容性增长、金融稳定、更具代表性的全球经济治理方面发出强有力的声音。我们将继续在国际经济金融体系中开展富有成果的协调，推进我们共同的发展目标。

11. 金砖国家及其他新兴市场和发展中国家在解决基础设施缺口和满足可持续发展需求方面仍面临很大融资困难。鉴于此，我们高兴地宣布签署成立金砖国家开发银行协议，为金砖国家以及其他新兴市场和发展中国家的基础设施建设、可持续发展项目筹措资金。我们感谢财长们所做的工作。该银行将本着稳健的银行业经营原则，深化金砖国家间合作，作为全球发展领域的多边和区域性金融机构的补充，为实现强劲、可持续和平衡增长的共同目标作出贡献。

12. 金砖国家开发银行法定资本 1000 亿美元。初始认缴资本 500 亿美元，由创始成员国平等出资。银行首任理事会主席将来自俄罗斯，首任董事会主席将来自巴西，首任行长将来自印度。银行总部设于上海，同时在南非设立非洲区域中心。我们指示金砖国家财长研究确定银行运营模式。

13. 我们高兴地宣布签署建立初始资金规模为 1000 亿美元的应急储备安排协议。该机制在帮助成员国应对短期流动性压力方面具有积极的预防作用，将有助于促进金砖国家进一步合作，加强全球金融安全网，并对现有的国际机制形成补充。我们感谢财长和央行行长在此方面所做的工作。该机制旨在通过货币互换提供流动性以应对实际及潜在的短期收支失衡压力。

14. 我们欢迎金砖国家出口信贷保险机构签署技术合作谅解备忘录，这将为金砖国家之间不断扩大贸易机会提供更好的支持环境。

15. 我们赞赏各国国家开发银行在促进和加强金砖国家金融合作方面的进展。考虑到创新性行动的重要性，我们欢迎完成《金砖国家银行合作机制创新合作协议》。

16. 我们认识到金砖国家保险和再保险市场的合作潜力巨大，指示有关机构探讨在该领域加强合作。

17. 我们认为，对经济活动发生地辖区进行征税有利于实现可持续发展和经济增长。我们对逃税、跨国税务欺诈和恶意税收筹划给世界经济造成的危害表示关切。我们认识到恶意避税和非合规行为带来的挑战。因此，我们强调在税收征管方面合作的承诺，并将在打击税基侵蚀和税收情报交换全球论坛中加强合作。我们指示有关部门探讨在该领域加强合作，并指示相关部门在海关领域加强合作。

18. 我们对 2010 年国际货币基金组织（IMF）改革方案无法落实表示失望和严重关切，这对 IMF 合法性、可信度和有效性带来负面影响。IMF 改革系各国高层承诺，目前已增加了 IMF 资源，下一步必须使 IMF 治理结构现代化，以更好地反映新兴市场和发展中国家在世界经济中不断增加的权重。IMF 必须是基于份额的国际机构。我们呼吁 IMF 成员寻找出落实第 14 轮份额总检查的方式，避免进一步推迟。我们再次呼吁，如 2010 年改革方案在今年年底前无法生效，IMF 应研拟推动改革进程的方案，以确保提高新兴市场和发展中国家的话语权和代表性。我们呼吁 IMF 成员就新的份额公式和第 15 轮份额总检查达成最终协议，以免进一步危及已推迟至 2015 年 1 月的最后期限。

19. 我们欢迎世界银行集团制定帮助各国消除极端贫困和促进共同繁荣的目标。我们认识到这一新战略对支持国际社会实现雄心目标具有很大潜力。尽管如此，释放这些潜力需要世行及其成员推动世行治理结构更加民主，进一步强化世行的融资能力，探索创新型方式加强发展融资和知识共享，以受援国为导向并尊重各国发展需求。我们期待尽快开展世界银行集团下一轮股权审议，以按各方共识于 2015 年 10 月前完成这项工作。为此，我们呼吁建设更有助于解决发展挑战的国际金融架构。我们通过多边协调和金融合作行动，积极参与完善国际金融架构，以一种补充的方式增加发展资源的多样性和可及性，维护全球经济稳定。

20. 我们承诺将金砖国家之间经济合作提升至高质量的新水平。为此，我们强调确立金砖国家经济合作路线图的重要性。我们欢迎制定"金砖国家更紧密经济伙伴关系框架"及"金砖国家经济合作战略"的建议。上述建议为金砖国家间经济、贸易和投资合作提供了基础。基于上述文件及智库理事会的贡献，我们指示协调人推进有关讨论，有关建议提交下届领导人会晤核准。

21. 我们认识到各国能力和发展水平不同，但在全球经济、金融和贸易事务中应当权利平等、机会平等、参与平等。我们努力推动开放型世界经济，实现资源高效配置、商品自由流动、竞争公平有序，从而惠及各方。在重申支持开放、包容、非歧视、透明和基于规则的多边贸易体系的同时，我们将在2013年12月于印度尼西亚巴厘岛举办的世界贸易组织（WTO）第九届部长级会议取得的积极成果的基础上，继续致力于成功结束WTO多哈回合谈判。为此，我们重申致力于在维护多哈发展授权、锁定已有谈判成果的基础上，在今年年底前制订后巴厘工作计划，以完成多哈回合谈判。我们确认这一工作计划应优先解决第九届部长级会议未能形成有法律约束力成果的问题，包括用于粮食安全目的的公共粮食储备问题。我们期待落实《贸易便利化协议》。我们呼吁国际伙伴向WTO最贫困和最脆弱成员提供支持，使其能够落实上述协议，并支持其自身发展目标。我们强烈支持将WTO争端解决机制作为确保多边贸易体系安全性和可预见性的基石，加强在与之有关的实质性和务实性问题上的对话，包括正在进行的WTO争端解决机制改革。我们认识到区域贸易安排的重要性并要求其保持开放、包容和透明，避免引入排他性和歧视性条款及标准。

22. 我们重申联合国贸发会议是联合国系统内处理贸易、投资、金融和技术等彼此相关问题的核心机构。在相互依存日益加深的全球经济中，贸发会议在应对发展和增长挑战方面的授权和工作具有独特性和必要性。2014年是贸发会议成立50周年，也是77国集团成立50周年，我们进一步重申提高贸发会议在凝聚共识、政策对话、研究、技术合作和能力建设等方面能力的重要性，以使其更好地履行发展职责。

23. 我们承认国有企业在经济中的重要作用，鼓励金砖国家的国有企业继续探讨合作、交流信息和最佳实践。我们也认识到中小企业在经济中发挥了创造就业和财富的重要作用。我们将加强合作并认为有必要加强金砖国家间对话，以促进国际交流与合作、创新和研发。

24. 我们强调2015年系联合国成立及"二战"结束70周年。为此，我们支持联合国发起并组织有关活动，回顾和纪念上述两项在人类历史上具有历史意义的事件。我们重申致力于维护基于《联合国宪章》的公平、公正的国际秩序，维护世界和平与安全，促进人类进步与发展。

25. 我们重申坚定支持联合国作为最主要的多边国际组织，协助国际社会维护国际和平与安全、保护和促进人权、促进可持续发展。联合国具有普遍代表性，系全球治理和多边主义的核心。我们回顾 2005 年世界首脑会议成果文件。我们重申需要对联合国包括安理会进行全面改革，使之更有代表性、合法性及更有效率，以更好地应对全球挑战。中国和俄罗斯重申重视巴西、印度和南非在国际事务中的地位和作用，支持其希望在联合国发挥更大作用的愿望。

26. 发展和安全紧密联系、相辅相成，对实现持久和平至关重要。我们重申，建设持久和平需要通过全面、协调及坚定的方式，以及互信、互利、平等、合作的原则，以解决冲突根源，包括政治、经济和社会因素。鉴此，我们强调维护和平与建设和平紧密关联。我们重视在预防和解决冲突、维护和平、建设和平及冲突后恢复和重建中考虑性别问题。

27. 我们将继续就国际和平与安全问题协调立场，根据共同利益采取行动，维护人类共同福祉。我们承诺将根据《联合国宪章》的宗旨和原则寻求持续、和平解决争端的方式。我们谴责违反国际法和公认的国际关系基本准则的单边军事干预和经济制裁。为此，我们强调安全不可分割的独特重要性，任何国家都不能以牺牲别国安全为代价来加强自身安全。

28. 我们赞同继续以公正、平等的方式对待各种人权，包括发展权，承认各种人权的相同地位及同等重要性。我们将在公平和相互尊重基础上开展人权对话与合作。金砖国家都是 2014 年联合国人权理事会成员。我们将在金砖国家之间及联合国人权理事会等多边框架下加强人权领域合作。我们认为需要以非选择性、非政治性和建设性方式促进、保障及实施人权，避免双重标准。

29. 我们对乌克兰局势深表关切，呼吁开展全面对话，防止冲突升级，呼吁所有相关各方保持克制，在符合《联合国宪章》及公认的人权和基本自由的基础上，以和平方式寻找政治解决方案。

30. 我们赞赏包括联合国、非盟、西非国家经济共同体和葡语国家共同体在内的各方为支持几内亚比绍实现议会和总统选举所做的努力，这为几内亚比绍恢复宪政民主铺平了道路。我们认识到实现几内亚比绍的长期政治稳定的重要性。正如联合国建设和平委员会几内亚比绍小组提议，这需要采取措施提高粮食安全并推进安全部门的综合改革。同样，我们也欢迎联合国、非盟和南部非洲发展共同体支持马达加斯加议会和总统选举，以帮助其重返宪政民主的努力。

31. 我们赞赏国际社会同非盟及其和平与安全理事会合作，并发挥非盟的协调作用，共同应对非洲局势不稳定因素的努力。我们对西部非洲地区安全和人道主义局势恶化深表关切。我们呼吁冲突各方停止敌对状态，保持克制，开展对话以确保重返和平与安全。同时，我们也注意到本地区应对政治安全挑战取得的进展。

32. 我们对尼日利亚奇博克镇被绑架的妇女儿童遭受的巨大痛苦深表关切，呼吁尽快结束博科圣地的持续恐怖主义行为。

33. 我们支持联合国驻马里多层面综合稳定特派团为协助马里政府所做的工作，包括全面实现国家稳定、促进政治对话、保护平民、监督人权状况、为人道主义救援创造条件、让流离失所者返乡以及确保政府为国家全境实施管辖等。我们强调政治包容进程、立即落实解甲、复员和重返社会进程及加强政治、经济和社会发展对于马里实现持久和平与稳定的重要性。

34. 我们对南苏丹当前的政治和人道主义危机表示关切。我们谴责针对平民的持续暴力行为，呼吁各方为人道主义物资输送提供安全环境。我们谴责多次违背停火承诺持续对抗的行为，相信只有通过旨在实现全国和解的包容性政治对话，才能找到解决危机的可持续方案。为此，我们支持和平解决危机的区域努力，特别是东非政府间发展组织（伊加特）主导的斡旋进程。我们欢迎5月9日签署的《关于解决南苏丹危机的协议》，期待南苏丹政治领袖继续致力于和谈进程，并遵守伊加特于6月10日发表的声明，完成在60天内组建民族团结过渡政府的有关对话。我们赞赏联合国驻南苏丹特派团履行职责的努力，对特派团营地遭武装袭击深表关切。

35. 我们重申对中非共和国局势的严重关切。我们强烈谴责针对平民滥用暴力的行径，包括宗派暴力，并敦促各武装集团立即停止敌对。我们认可中非国家经济共同体和非盟为恢复国家和平与稳定作出的努力。我们赞赏联合国成立联合国驻中非多层面综合稳定特派团。我们支持"非洲领导的中非共和国支持特派团"于2014年9月15日向联合国驻中非多层面综合稳定特派团顺利过渡。我们敦促中非共和国过渡政权严格执行恩贾梅纳路线图。我们呼吁各方保证人道主义救援渠道的安全畅通。我们重申将与国际社会一道，帮助中非加快落实政治进程。

36. 我们支持联合国，特别是根据安理会2098号决议成立的联合国驻刚果民主共和国稳定特派团，以及区域、次区域组织为实现该国和平稳定作出的努力。我们呼吁所有各方履行承诺以实现刚果民主共和国的持久和平与稳定。

37. 我们欢迎非盟马拉博峰会决定在2014年10月前建立"非洲危机快速反应能力"（ACIRC）临时性安排，以迅速应对危机局势。我们强调应提供充分支持，确保ACIRC在最终成立非洲常备军前及时运作。

38. 我们严重关切叙利亚境内持续发生的暴力和人道主义局势恶化，谴责各方不断增加的侵犯人权行为。我们认为不能通过军事手段解决冲突，强调应避免进一步军事化。我们呼吁各方立即全面停火止暴，并根据联合国安理会第2139（2014）号决议，为人道主义救援组织或机构提供迅速、安全、全面和不受阻碍的准入。我们认识到叙利亚各方为落实第2139号决议采取的实际举措，包括叙利亚政府同反对派达成局部停火协议等。

我们重申谴责一切形式和表现的恐怖主义，无论发生在何地。我们严重关切叙利亚持续存在的恐怖主义和极端主义威胁。我们呼吁叙利亚各方致力于结束基地组织及其从属团体或个人和其他恐怖组织策划的恐怖行为。

我们强烈谴责在任何情况下使用化学武器的行为，欢迎叙利亚决定加入《禁止化学武器公约》。根据禁止化学武器组织（OPCW）执行理事会的决定及联合国安理会第 2118（2013）号决议，我们重申全面移除并销毁叙利亚化学武器的重要性。我们赞赏在此领域取得的进展，欢迎完成移除叙利亚已宣布化学武器的工作。我们呼吁叙利亚各方及外部有关力量同 OPCW 和联合国共同努力，确保最后阶段核查和销毁行动的安全。

我们支持联合国的斡旋作用。我们赞赏联合国—阿拉伯国家联盟叙利亚危机联合特别代表卜拉希米的贡献，欢迎任命德米斯图拉为联合国秘书长叙利亚问题特使，希望其积极努力推动尽早恢复全面谈判。我们强调对话与和解是政治解决叙利亚危机的关键。我们注意到最近举行的叙利亚总统选举。我们强调，正如 2012 年叙利亚问题公报所建议，只有叙利亚人主导的包容性政治进程才能实现和平和有效保护平民，实现叙利亚人民对自由和繁荣的合法诉求，维护叙利亚的独立、主权和领土完整。我们强调叙利亚全国和解进程有利于国家团结，应尽早开启。为此，我们敦促叙利亚各方展现政治意愿，促进相互理解，保持克制，致力于相向而行，走出一条中间道路。

39. 我们重申致力于在联合国相关决议、马德里原则和《阿拉伯和平倡议》等普遍认可的国际法律框架下实现阿以冲突的全面、公正和持久解决。我们相信巴以冲突的解决是实现中东持久和平的基本要素。我们呼吁以色列和巴勒斯坦重启谈判，按照两国方案，以 1967 年 6 月 4 日的停火线为基础，在双方认可并得到国际社会承认的边界内，建立一个以东耶路撒冷为首都、与以色列和平共处、经济上自立的巴勒斯坦国。我们反对以色列政府在巴勒斯坦被占领土上持续修建并扩张定居点的行为。这违反国际法并严重破坏和平努力，威胁两国方案的可行性。我们欢迎近期各方为实现巴勒斯坦内部和解所做工作，包括建立民族团结政府以及实施普选的举措，这对巩固民主和可持续的巴勒斯坦国至关重要。我们呼吁各方全面履行对巴勒斯坦所做承诺，呼吁联合国安理会按照《联合国宪章》在处理巴以冲突方面全面履行职责。我们满意地忆及联合国大会宣布 2014 年是巴勒斯坦人民和解国际年，欢迎联合国近东和巴勒斯坦难民救济工程处向巴勒斯坦难民提供援助和保护的努力，鼓励国际社会继续对该机构的工作提供支持。

40. 我们支持尽早召开建立中东无核武器和其他大规模杀伤性武器国际会议。我们呼吁该区域内各国出席会议并以务实态度建设性参与，以实现上述目标。

41. 我们注意到关于国际外空行为准则草案的磋商工作，金砖国家积极、建设性地参与了上述磋商。我们呼吁在联合国框架内进行包容的、基于共识的多边谈判，不设具体期限以期达成反映所有参与方关切的平衡结果。我们重申探索和利用外空应出于和平目的，我们强调防止外空军备竞赛的国际协议谈判是裁军大会的首要任务，欢迎中俄提出更新的《防止在外空放置武器、对外空物体使用或威胁使用武力条约》草案。

42. 我们重申伊朗核问题只能通过谈判方式解决，支持通过政治和外交途径以对话方式解决问题。为此，我们欢迎伊朗同六国开展谈判的积极势头，鼓励全面落实 2013 年 11 月 24 日达成的日内瓦联合行动计划，以全面、永久解决伊核问题。我们鼓励伊朗和国际原子能机构在2013 年 11 月 11 日签署的联合宣言的基础上，加强合作与对话。我们承认伊朗在承担国际义务的同时，在和平利用核能方面享有不可剥夺的权利。

43. 我们承认和平、安全和发展紧密相连，重申阿富汗的长久和平和稳定需要时间、发展援助和合作、国际市场的优惠待遇、外商投资以及明确的国家战略。我们支持国际社会承诺按照 2011 年 12 月波恩会议所达成的在过渡时期（2015—2024），维持在阿富汗实施的工作。我们强调联合国应继续在帮助阿富汗实现民族和解、国家恢复和经济重建进程中发挥重要作用。我们重申支持阿富汗成为和平、稳定、民主和不受恐怖和极端主义威胁的国家，强调需要采取更有效的地区和国际合作，包括打击恐怖主义，以实现阿富汗的稳定。我们支持在"巴黎进程"框架下打击源自阿富汗的非法贩卖鸦片活动。我们期待阿富汗开展"阿人主导、阿人所有"的包容性和平进程。我们欢迎阿富汗举行第二轮总统选举，这有助于该国实现民主权力过渡。我们欢迎中国于2014 年 8 月举办第四届伊斯坦布尔进程部长级会议。

44. 我们对伊拉克局势深表关切，强烈支持伊拉克政府克服危机、维护主权和领土完整的努力。我们对该地区恐怖活动增加造成伊拉克局势不稳定并产生外溢效应表示关切，敦促各方以一致的方式解决恐怖威胁。我们敦促所有国际和区域相关方避免干涉伊拉克局势而导致危机恶化，敦促各方支持伊拉克政府和人民为克服危机，建设稳定、包容和团结的伊拉克所做努力。考虑到伊拉克人民因多次战争和冲突遭受的苦难，我们强调伊拉克国内和解和团结的重要性。为此，我们赞赏最近和平有序举行的议会选举。

45. 我们重申致力于在尊重人权的情况下，继续打击跨国有组织犯罪，从而降低跨国有组织犯罪对个人和社会的负面影响。我们鼓励依照国内立法和国际法采取防范和打击跨国犯罪活动的联合行动，特别要遵守《联合国打击跨国有组织犯罪公约》。为此，我们欢迎金砖国家在多边场合开展合作，特别是参与联合国经社理事会预防犯罪和刑事司法委员会的工作。

46. 海盗和海上武力抢劫是复杂问题，应通过综合、整体方式予以有效打击。我们欢迎国际社会打击海盗的努力，呼吁所有利益攸关者，包括平民和军队、公共部门和私营部门，共同参与应对这一挑战。我们强调需要以透明和客观的方式审议"高危地区"，以避免对沿海国家经济和安全造成不必要的负面影响。我们承诺在该问题上加强合作。

47. 我们对国际毒品问题表示严重关切。毒品对公共健康、安全和福祉构成持续威胁，并损害社会、经济和政治稳定及可持续发展。应对世界毒品问题是各国共同责任。我们支持依照联合国三个毒品公约和国际法有关原则和规定，通过整体、跨部门、相互合作和平衡的方式制订减少毒品供需的战略。我们注意到金砖国家禁毒部门负责人第二次会议关于建立毒品工作组的建议。我们欢迎俄罗斯为筹备及举办2014年5月15日的讨论世界毒品问题部长级会议所做的实质性工作。

48. 我们重申强烈谴责一切形式和表现的恐怖主义，强调任何理由，包括基于意识形态、宗教、政治、种族和其他方面的理由，都不能为任何恐怖主义行径辩解。我们呼吁所有实体都避免以资助、鼓励、培训或其他方式支持恐怖活动。我们相信联合国应根据包括《联合国宪章》在内的国际法，在尊重人权和基本自由的基础上，在协调打击恐怖主义的国际行动方面发挥中心作用。因此，我们重申落实联合国全球反恐战略的承诺。对于恐怖分子及其支持者在全球范围内更多地使用信息和通信技术，特别是互联网和其他媒介，我们深为关切，重申上述技术应成为打击恐怖主义蔓延的强力武器，包括促进人民之间的容忍与对话。我们将继续共同努力，尽快完成联合国大会《关于国际恐怖主义的全面公约》的谈判并予以批准。我们强调金砖国家需在防范恐怖主义方面加强合作，特别是大型活动的反恐合作。

49. 我们认为信息通信技术应成为为促进经济可持续发展和社会包容提供支持的工具。信息通信技术部门、民间社会及学术机构应共同努力挖掘信息通信技术相关的潜在机会并惠及大众。我们同意应特别关注青年人及中小型企业，加强国际交流与合作，促进创新和信息通信技术的研发。我们同意，遵守公认的国际法原则和准则，通过国际合作使用和发展创新通信技术才能十分重要，以确保和平、安全和开放的网络空间。我们强烈谴责在全球范围内实施的大规模电子监控和个人数据搜集行为，以及侵犯国家主权和人权，特别是隐私权的行径。我们注意到 2014 年 4 月 23—24 日在圣保罗举行的全球互联网大会，感谢巴西组织召开此会。

50. 我们将探讨合作共同打击网络犯罪。我们同样致力于在该领域谈判达成具有普遍法律约束力的文书。我们认为联合国在此方面发挥着核心作用。我们认为有必要将信息通信技术，特别是互联网作为和平和发展的手段，避免作为武器。此外，我们承诺共同努力，探讨利用信息通信技术解决共同的网络安全关切的可能性。我们重申《德班宣言》列出的关于信息通信技术使用安全性的内容。我们欢迎安全事务高级代表决定建立金砖国家专家组，探讨在重要领域开展务实合作及在国际场合加强协调的建议。考虑到这些问题的重要性，我们注意到俄罗斯提议在此方面共同探讨达成金砖国家合作协议。

51. 我们重申落实《生物多样性公约》及其议定书，特别是《2011—2020 生物多样性战略规划》和"爱知目标"。我们认识到在实现生物多样性保护相关目标方面存在的挑战，重申需要落实 2012 年各方在海德拉巴作出的资源动员问题有关决定，支持设定有雄心水平的资源动员目标。

52. 我们认识到气候变化是人类面临的最大挑战之一，呼吁各国在《联合国气候变化框架公约》有关决定基础上，在 2015 年前完成有关谈判，根据公约原则和规定，特别是符合"共同但有区别的责任"及各自能力的原则，形成一份在公约框架下适用于所有缔约方的议定书、其他形式的法律文书或具有法律效力的商定成果。为此，我们重申支持于 2014 年 12 月在秘鲁利马举行《联合国气候变化框架公约》缔约方第二十届会议和《京都议定书》缔约方第十届会议。我们也注意到2014 年联合国气候峰会将于今年 9 月召开。

53. 我们认识到化石能源仍是主要能源来源，重申可再生能源和清洁能源、新技术研发和提高能效是推动可持续发展、创造新的经济增长、降低能耗并提高自然资源使用效率的重要动力。考虑到可再生能源和清洁能源与可持续发展之间的重要联系，我们重申旨在促进可再生能源和清洁能源及能效技术发展的国际持续努力的重要性，同时考虑各国政策、优先事项和资源利用。我们支持加大可再生能源和清洁能源及普及能源获取的国际合作，这对于提升我们人民的生活水平非常重要。

54. 我们努力推动开展包容、透明和普遍参与的政府间进程，以建立以减贫为中心的整体目标、广泛和综合的发展议程。该议程应以平衡和综合方式，以简明、可执行、可衡量的目标，统筹可持续发展的经济、社会和环境因素，并考虑各国情况和发展水平，尊重各国国家政策和优先事项。2015 年后国际发展议程必须基于并尊重所有关于可持续发展的里约原则，包括"共同但有区别的责任"的原则。我们欢迎联合国大会千年发展目标特别会议成果文件，该文件决定在第 69 届联合国大会伊始启动政府间进程并最终通过 2015 年后发展议程。

55. 我们重申对联合国大会可持续发展目标开放工作组的支持并愿共同努力，提出体现共识、具有雄心水平的可持续发展目标建议。我们强调可持续发展筹资专家政府间委员会工作的重要性，强调筹资战略必须能够帮助发展中国家落实可持续发展，并以官方发展援助为融资主要来源。考虑到"里约＋20"大会成果文件和联合国秘书长的有关报告，我们支持建立机制促进清洁和环境友好型技术的研发、转让和传播，并呼吁联合国建立相关工作组。我们重申上述各个进程均可为制定可持续发展目标作出贡献。

56. 我们认识到教育对于可持续发展和包容性增长的战略重要性。我们重申将致力于加快在 2015 年前实现"全民教育"目标和与教育相关的千年发展目标，强调 2015 年后发展议程应当在这些目标的基础上制定，确保全民都可享有平等、包容和高质量的教育并终身学习。我们愿进一步加强金砖国家在教育领域的合作，欢迎于 2013 年 11 月在巴黎举行的金砖国家教育部长会议。我们愿继续同其他有关国际机构合作。我们鼓励建立金砖国家大学联盟的倡议。

57. 2014 年 3 月，我们同意通过对话、合作、分享经验和能力建设等方式在成员国共同关心的人口问题上合作。我们认识到许多成员国的人口红利对推动可持续发展的重要性，以及将人口因素纳入国家发展规划、促进人口和发展长期平衡的必要性。人口结构变化及其带来的挑战，包括人口老龄化、死亡率下降等，是当今世界面临的最重要的挑战之一。我们确认将致力于解决社会问题，特别是性别不平等、妇女权益和青年人问题，重申决心确保生殖和生育健康，以及人人享有生育权。

58. 我们认识到腐败对可持续经济增长、消除贫困和金融稳定带来负面影响。我们将致力于根据多边原则和准则，特别是《联合国反腐败公约》，打击国内和国外贿赂，加强国际合作包括执法合作。

59. 考虑到文化和可持续发展之间的联系以及文化外交在促进人民相互理解方面的推动作用，我们鼓励金砖国家之间开展文化合作，包括在多边场合的合作。我们认识到文化交流合作对加强相互理解和友谊的贡献和益处，将积极促进对彼此的艺术和文化的认知、理解和欣赏。为此，我们要求有关部门探讨文化务实合作领域，包括加快有关文化合作协议草案磋商。

60. 我们高兴地看到德班行动计划的落实进展进一步促进了金砖国家合作，释放了更大发展潜力。为此，我们赞赏南非全面落实德班行动计划。

61. 我们致力于加强农业合作，促进信息交流，包括确保最脆弱人群获得食物的战略、减少气候变化对粮食安全、农业生产适应气候变化等的负面影响。我们满意地忆及联合国大会决定宣布 2014 年为"国际家庭农业年"。

62. 我们注意到为筹备本次领导人会晤举办了下列会议：

第三届金砖国家智库理事会会议；

第三届金砖国家工商理事会会议；

第六届智库论坛；

第五届工商论坛；

第四届金融论坛。

63. 我们欢迎金砖国家财长和央行行长会议的成果，核准为筹备此次领导人会晤举行的金砖国家贸易部长会议联合公报。

64. 金砖国家第五届工商论坛为企业交流并深入讨论有关贸易投资议程提供了机会。我们欢迎金砖国家工商理事会会议，赞赏理事会 2013/2014 年度报告。我们鼓励各自工商团体跟进落实倡议，深化行业/部门工作组负责的五个领域的对话合作，加强金砖国家之间以及金砖国家和其他伙伴之间的贸易和投资往来。

65. 我们重申在金砖国家领导人第五次会晤期间举行的金砖国家领导人同非洲国家领导人对话会上所做承诺，加强金砖国家同非洲合作，支持非洲经济社会发展，特别是其基础设施发展和工业化进程。我们欢迎 2013 年 8 月在约翰内斯堡举行的金砖国家工商理事会会议将上述问题纳入讨论。

66. 我们欢迎金砖国家智库理事会关于《金砖国家长期战略：智库理事会建议》的有关研究成果。我们认可金砖国家智库理事会于 2014 年 3 月里约热内卢会议决定将工作重心放在制定基于五大支柱的金砖国家长期合作战略。我们鼓励智库理事会建立战略方法和行动计划，推动实现该长期战略。

67. 我们欢迎举办第一届金砖国家科技创新部长会议，核准并欢迎《开普敦宣言》。该宣言旨在：一、加强科学、技术及创新合作。二、通过共享经验和互补性应对全球和地区经济社会共同挑战。三、共同创造新的知识、创新性产品、服务和利用适当的融资和投资工具进程。四、适当促进金砖国家同其他发展中战略伙伴建立伙伴关系。我们指示金砖国家科技部长在下次部长会上签署《金砖国家科技创新合作谅解备忘录》，为科技领域合作提供战略框架。

68. 我们欢迎为促进金砖国家贸易投资合作而建立的金砖国家信息共享和交换平台。

69. 我们将继续完善及落实竞争政策，并采取行动应对金砖国家竞争机构所面临的挑战，完善竞争环境以提高对各国经济增长的贡献。我们注意到南非将于 2015 年主办第四届金砖国家竞争力大会。

70. 我们重申致力于培育共同发展的伙伴关系。为此，我们核准《福塔莱萨行动计划》。

71. 俄罗斯、印度、中国和南非对巴西政府和人民在福塔莱萨举办金砖国家领导人第六次会晤表示衷心感谢。

72. 巴西、印度、中国和南非感谢并支持俄罗斯提出在乌法市举办 2015 年金砖国家领导人第七次会晤。

《福塔莱萨行动计划》

1. 金砖国家安全事务高级代表会议。

2. 金砖国家外长联大期间会晤。

3. 金砖国家协调人/副协调人中期会议。

4. 金砖国家财长和央行行长在 G20 会议、世行和 IMF 年会期间举行的会议及其他有必要单独举行的会议。

5. 金砖国家贸易部长在多边场合举行的会议或有必要单独举行的会议。

6. 金砖国家农业部长会议及之前举行的金砖国家农业合作工作组会议。

7. 金砖国家卫生部长会议及其筹备会议。

8. 金砖国家科技创新部长会议。

9. 金砖国家教育部长会议。

10. 金砖国家社会保障部长或高官在多边会议期间举行的会议。

11. 金砖国家人口问题高官及专家研讨会。

12. 金砖国家合作社会议（已于 2014 年 5 月 14 日至 16 日在巴西库提里巴举行）。

13. 金砖国家财政和金融部门在世行和 IMF 会议期间举行的会议及如有需要举行的单独会议。

14. 金砖国家经贸联络组会议。

15. 金砖国家友城和地方政府合作论坛。

16. 金砖国家城市化论坛。

17. 金砖国家 2015 年在南非举办的竞争力大会。

18. 金砖国家统计部门负责人会议。

19. 金砖国家禁毒专家会议。

20. 金砖国家反腐败专家在多边会议期间举行的会议。

21. 金砖国家驻纽约、维也纳、罗马、巴黎、华盛顿、内罗毕和日内瓦常驻团（或使馆）举行的会议。

22. 金砖国家高官在可持续发展、环境和气候有关国际论坛期间适当时举行的咨询会议。

23. 大型体育赛事。

可探讨的新合作领域

1. 高等教育学历学位互认。

2. 劳工和就业，社会保障、社会包容性公共政策。

3. 外交政策规划对话。

4. 保险和再保险。

5. 电子商务专家研讨会。

金砖国家领导人第七次会晤乌法宣言

2015 年 7 月 9 日

1. 我们，巴西联邦共和国、俄罗斯联邦、印度共和国、中华人民共和国和南非共和国领导人于 2015 年 7 月 9 日在俄罗斯乌法举行金砖国家领导人第七次会晤，主题为"金砖国家伙伴关系——全球发展的强有力因素"。我们讨论了国际议程中共同关心的问题，以及进一步加强和拓展金砖国家间合作的重要优先领域。我们强调加强金砖国家团结与合作的必要性，并决定在开放、团结、平等、相互理解、包容、合作、共赢基础上，增强金砖国家战略伙伴关系。我们同意，为了我们人民和国际社会的福祉，协调应对新挑战，维护和平与安全，推动可持续发展，消除贫困、不平等和失业。我们重申愿进一步增强金砖国家在国际事务中的整体作用。

2. 自 2014 年 7 月 15 日金砖国家领导人福塔莱萨会晤以来，在巴西担任主席国任内，金砖国家合作取得实质性进展，特别是建立了金砖国家金融机构，即新开发银行和应急储备安排，我们对此表示欢迎。乌法会晤标志着上述机构生效。我们还拓展了政治、经济和社会领域的合作，重申将重点加强伙伴关系建设。

3. 为加强金砖国家与其他各国，特别是发展中国家和新兴市场经济体，以及其他国际和区域组织的关系，我们将举行同欧亚经济联盟成员国、上海合作组织成员国及观察员国国家元首和政府首脑的会议。会议与会者就共同关心的问题交换看法，为开展更为广泛和互利的对话奠定了坚实基础。我们承诺坚持联合国宪章和国际法的宗旨和原则，致力于通过国际合作和强化区域一体化机制，实现经济可持续发展，提高人民福祉和繁荣。

4. 我们强调，2015 年是联合国成立 70 周年。我们重申坚定支持联合国作为具有普遍代表性的多边组织，受权帮助国际社会维护国际和平与安全、推动全球发展、促进和保护人权。联合国拥有普遍的成员组成，在全球事务和多边主义上发挥中心作用。我们重申需要通过全面、透明、有效的多边手段应对全球挑战，为此强调联合国在寻找这些挑战的共同解决方案中发挥核心作用。我们愿作出积极贡献，维护基于《联合国宪章》宗旨和原则的公正、平等的国际秩序，充分发挥联合国作为开展公开坦诚讨论和协调全球政治平台的潜力，以避免战争和冲突，促进人类进步与发展。我们回顾 2005 年世界首脑会议成果文件，重申需要对联合国包括安理会进行全面改革，增强其代表性和效率，以更好地应对全球挑战。中国和俄罗斯重申重视巴西、印度和南非在国际事务中的地位和作用，支持其希望在联合国发挥更大作用的愿望。

5. 2015 年也是第二次世界大战结束 70 周年。我们向所有反对法西斯主义和军国主义以及为各国自由而战的人们致敬。我们备受鼓舞地看到联合国大会协商一致通过题为"第二次世界大战结束 70 周年"的第 69/267 号决议。我们欢迎大会根据该决议于 5 月 5 日庄严召开特别会议，纪念战争受害者。我们承诺坚决拒绝一直以来歪曲"二战"结果的企图。在铭记战争灾难的同时，我们强调构建和平与发展的未来是我们的共同责任。

6. 我们主张，如不全面、认真、持续遵循国际法被普遍认同的原则和规则，各国和平共存就无从谈起。违反上述核心原则将对国际和平与安全造成威胁。

我们坚持，国际法为实现基于善意和主权平等的国际正义提供了手段。我们强调，需要普遍遵守国际法原则和规则的关联性和完整性，放弃使用"双重标准"，避免将一些国家的利益置于他国之上。

我们重申致力于严格遵守《联合国宪章》及《1970 年关于各国依照联合国宪章建立友好关系及合作之国际法原则的宣言》所确立的原则。

我们将进一步加强合作，在尊重和坚持基于《联合国宪章》的国际法方面捍卫共同利益。

7. 我们注意到当今全球性安全挑战和威胁，支持国际社会携手应对，通过尊重国际法和《联合国宪章》原则，向所有国家提供平等和不可分割的安全。

为实现人类的共同福祉，我们将继续共同努力，在涉及共同利益的全球和平和安全问题上协调立场。我们强调致力于根据《联合国宪章》的宗旨和原则，以可持续、和平方式解决争端。

8. 我们谴责单边军事干预和经济制裁行为，这些做法违反了国际法和普遍认可的国际关系准则。鉴于此，我们强调安全不可分割的特殊重要性，任何国家都不应以其他国家的安全为代价强化自身安全。

9. 我们忆及发展与安全联系紧密，相互促进，对实现持久和平至关重要。我们重申，建设持久和平需要通过全面、协调及坚定的方式，以及互信、互利、平等、合作的原则。

10. 我们重申希望加强主权国家平等及相互尊重的合作准则，使其成为促进和保护人权国际行动的基石。我们将继续平等对待和同等关注公民、政治、经济、社会和文化以及发展等各领域的人权。我们将不遗余力地推动包括联合国在内的所有相关国际场合开展建设性、非政治化的人权对话。

在包括人权理事会和联大三委在内的联合国人权机构内，我们将就涉及共同利益的问题加强立场协调。我们支持人权理事会开展的国别人权审查，并将建设性地为其工作作出贡献。

11. 尽管增长依旧脆弱，各国和地区分化显著，但全球复苏仍在持续。新兴市场和发展中国家将继续成为全球增长的主要动力。结构改革、国内调整、推动创新对于可持续发展十分重要，将为世界经济作出强劲和可持续的贡献。我们注意到部分发达经济体增长预期改善的迹象。但是，全球经济风险犹存。相关挑战同发达国家的公共债务高企和失业、贫困和不平等、低投资和贸易、负实际利率和持续的低通货膨胀相关。我们对发达经济体非常规货币政策导致的潜在溢出效应表示关切，这会导致汇率、资产价格和资本流动的破坏性震荡。我们呼吁主要经济体在二十国集团框架下加强政策对话和协调，降低潜在风险。鉴此，强化国际金融合作十分重要，包括使用货币互换安排等工具，降低储备货币发行国货币政策分化造成的负面影响。

12. 我们支持开展以行动为导向的经济合作，系统性强化经济伙伴关系，实现世界经济复苏、反对贸易保护主义、推动高质量就业、减小国际金融市场潜在风险并强化可持续增长。

我们深信，所有主要经济体进一步加强宏观经济政策协调，仍是世界经济早日、可持续复苏的主要先决条件。同时，我们要努力建设市场联通、强劲增长、包容开放的世界经济，实现资源高效配置，资本、人员、商品自由流动，公平且得到有效监管的竞争。

13. 过去几年中，稳健的宏观经济政策、监管良好的金融市场以及充足的储备资产使金砖国家有能力较好地应对国际经济环境变化带来的风险和溢出效应。鉴于此，金砖国家正采取必要行动，保障经济增长、维护金融稳定并加速结构改革。我们还将继续强化金融和经济合作，包括在新开发银行和金砖国家应急储备安排中加强协调。

我们欢迎并支持通过金砖国家出口信用机构，包括巴西担保机构、印度出口信用担保公司、南非出口信用担保公司、俄罗斯出口信用与投资保险署和中国出口信用保险公司加强对话，建立金砖国家共同讨论贸易合作的平台。特别是，金砖国家同意召开出口信用机构年度会议，探讨合作机会和未来可能采取的共同行动，以扩大金砖国家间以及向其他国家的出口。该机制首次会议将于乌法会晤期间举行。

14. 我们重申金砖家银行间合作机制在扩大金砖国家金融和投资合作方面发挥重要作用。我们赞赏成员银行为挖掘金砖国家创新潜力作出的努力。我们欢迎我们的国家开发银行/机构同金砖国家新开发银行签署合作备忘录。

15. 我们欢迎在巴西福塔莱萨金砖国家领导人第六次会晤期间签署的新开发银行协议生效，也欢迎乌法会晤前夕在俄方主持下召开的新开发银行理事会首次会议，以及临时董事会和前期管理团队为推动银行尽早运营开展的工作。我们重申新开发银行应为金砖国家及其他新兴市场和发展中国家的基础设施投资和可持续发展项目融资，并为加强金砖国家经济合作发挥强有力作用。我们期待新开发银行在2016年年初批准首批投资项目。我们鼓励新开发银行同包括亚洲基础设施投资银行在内的现有及新金融机制保持紧密合作。

16. 我们欢迎金砖国家完成关于成立应急储备安排协议的批约程序，并将在本月底前生效。我们欢迎中央银行间协议的签署，该协议为金砖国家应急储备安排运作设定技术参数。我们认为，建立应急储备安排并允许成员相互提供资金支持，是金砖国家金融合作的重要举措。此外，该新机制为全球金融安全网建设作出了宝贵贡献。

17. 今天通过的金砖国家经济伙伴战略将为金砖国家间扩大贸易、投资、制造业、矿业、能源、农业、科技创新、金融、互联互通和信息技术合作提供重要指导。我们指示国内相关部门采取切实行动,有效落实该战略。我们强调新开发银行、金砖国家银行间合作机制、金砖国家工商理事会、工商论坛和金砖国家智库理事会在落实上述战略过程中的重要作用。我们同时指示部长/协调人探讨制订 2020 年前金砖国家贸易、经济和投资合作路线图的可行性。

18. 我们将继续就二十国集团议程,特别是在金砖国家有共同利益的议题上进行磋商和协调。我们将推动二十国集团更多关注新兴市场和发展中国家重视的议题,例如在二十国集团强劲、可持续和平衡增长框架下开展宏观经济政策协调,抑制溢出效应、支持经济活动,缩小由全球金融监管改革的跨国影响造成的国别差距,适应由税基侵蚀和利润转移行动计划、金融账户涉税信息自动报告标准引入的新规则。围绕二十国集团政策建议对低收入国家产生的影响,我们继续呼吁二十国集团同低收入国家开展更加广泛和深入协商。

巴西、俄罗斯、印度和南非领导人欢迎并支持中国担任下一届二十国集团峰会主席国。金砖国家将同其他成员密切合作,共同促进世界经济增长,加强国际金融架构并巩固二十国集团作为国际经济金融合作主要论坛的地位。

19. 我们对美国迟迟未能批准国际货币基金组织 2010 年改革方案深表失望,这持续损害了国际货币基金组织的可信度、合法性和有效性,阻碍了该机构增加份额资源,影响了在份额和投票权方面作出有利于新兴市场和发展中国家的调整,而这些改革是包括美国在内的绝大多数国际货币基金组织成员在 2010 年就同意的。我们期待美国能够遵守承诺,在 2015 年 9 月中旬之前批准 2010 年改革方案。

同时,我们准备好采取过渡方案,如果这些方案能够能达到第 14 轮份额总检查所同意的水平。我们重申致力于维护一个强有力、资源充足和基于份额的国际货币基金组织。鉴此,我们敦促其他基金组织成员继续推进改革进程,并按时开展第 15 轮份额总检查。

20. 我们共同关注主权债务重组的挑战。债务重组向来进展迟缓,导致无法恢复债务可持续性,并实现持续市场准入。处理主权债务问题应使债权人和债务人同等受益。我们欢迎联合国目前关于改进主权债务重组进程的讨论,支持以合同方式推动及时、有序重组。我们强调解决这些挑战的重要性,呼吁二十国集团全体成员和国际金融机构积极参与这些进程。

21. 我们庆祝世界贸易组织成立20周年,重申将共同努力,强化以世贸组织为代表的公开、透明、非歧视和基于规则的多边贸易体制。我们欢迎肯尼亚于2015年12月15日至18日在内罗毕举行世贸组织第十次部长级会议。

我们强调世贸组织在设定多边贸易规则方面的中心地位,注意到双边、区域和诸边贸易协定的重要性,鼓励谈判各方遵守透明、包容原则,与世贸组织规则兼容,确保有关谈判为强化多边贸易体制作出贡献。

22. 我们重申,联合国贸易和发展会议作为联合国机构,可根据其授权对与发展问题有关的贸易、投资、金融和技术问题进行研究,呼吁贸发会议通过积极落实技术合作项目,为政策对话、研究和能力建设创造便利条件,履行其发展授权。我们期待贸发会议第十四次大会取得成功。

23. 我们赞赏在《金砖国家贸易和投资合作框架》落实过程中取得的进展,对《金砖国家电子商务合作框架》表示欢迎。上述框架将提升现有及未来倡议,并在该领域构建更紧密经济伙伴关系。我们指示部长们继续探索加强电子商务合作的方法和途径。

我们欢迎加强金砖国家知识产权合作倡议,支持旨在建立和扩大在中小企业、贸易促进、单一窗口最佳实践分享等领域建立和扩大合作机制所作努力,指示本国官员研究在上述领域可开展的具体工作。

24. 我们了解,在金砖国家间交易中扩大本币使用潜力巨大。我们要求相关部门继续讨论在贸易交往中更广泛使用本币的可行性。

25. 我们将继续共同行动,完善竞争性政策,改进竞争执法。

作为重要的新兴市场和发展中国家,金砖国家在经济发展和公平竞争问题上面临许多相似问题和挑战。金砖国家竞争机构间加强协调与合作具有重要意义。

鉴此,我们重视建立金砖国家相关机制,倾向于通过共同签署谅解备忘录方式，专门研究竞争问题，特别关注有重要社会影响的经济领域。该机制将有助于各方在竞争方面的立法和执法合作。

我们欢迎相关机构为制药领域创造公平竞争条件所做的努力。

26. 金砖国家重申，将参与制定国际税收标准并就遏制税收侵蚀和利润转移现象加强合作，强化税收透明度和税收情报交换机制。

我们对逃税、有害实践以及造成税基侵蚀的激进税收筹划表示深切关注。应对经济活动发生地和价值创造地产生的利润征税。我们重申通过相关国际论坛就二十国集团/经合组织税基侵蚀和利润转移行动计划和税收情报自动交换问题继续开展合作。我们将共同帮助发展中国家增强税收征管能力，推动发展中国家更深入地参与税收侵蚀和利润转移项目和税收信息交换工作。金砖国家将分享税收方面的知识和最佳实践。

27. 我们重申严厉谴责各种形式和表现的恐怖主义，强调无论出于意识形态、宗教、政治、种族、民族或是其他任何理由，恐怖主义罪行都是无法开脱的。

我们决心不断加强预防和打击国际恐怖主义的合作，强调联合国在协调反恐国际行动中发挥中心作用，有关行动应根据包括联合国宪章、国际难民和人道主义法、人权和基本自由在内的国际法进行。

我们相信，通过各国和国际社会全面履行联合国安理会所有相关决议及《联合国全球反恐战略》的承诺和义务，能够有效应对恐怖主义威胁。我们呼吁所有国家和国际社会履行其承诺和义务，并抵制政治处置和选择性执行。

金砖国家重申遵守金融行动特别工作组关于反洗钱、恐怖融资和大规模杀伤性武器扩散的国际标准。

我们寻求加强在金融行动特别工作组和相同类型地区机构的合作。

我们认识到主动开展国际合作，阻止暴力极端主义及其思想蔓延是打击恐怖主义的先决条件。同时，我们强调上述领域的国际合作应遵守国际法，并考虑到主权国家政府承担着防范和打击极端主义相关威胁的主要责任。

28. 我们对全球毒品问题深度关切，毒品损害公众健康、危害公共和人民安全与福祉，破坏社会、经济、政治稳定和可持续发展。为应对这一问题，我们计划根据联合国 1961 年、1971 年和 1988 年禁毒公约以及国际法相关规范和原则，采取整体和平衡措施，推进减少毒品供需战略。考虑到全球麻醉品生产和需求的空前增长，我们呼吁采取更加积极措施应对该问题，并在相关国际场合进行讨论。我们重申落实2009 年第 64 届联合国大会通过的《关于以综合、平衡战略开展国际合作，应对世界毒品问题的政治宣言和行动计划》，以及麻醉品委员会在2014 年高级别审议时通过的部长级联合声明。上述文件为 2016 年召开公开、包容的联大禁毒特别会议奠定了坚实基础。我们将在该特别会议的筹备阶段探讨采取共同行动。

我们赞赏禁毒部门间的合作，欢迎 2015 年 4 月 22 日在莫斯科举行的金砖国家禁毒部门负责人会议所做相关决定，包括建立应对世界毒品问题联动机制；我们也注意到 2015 年 4 月 23 日在莫斯科召开的第二届国际禁毒合作部长级会议的相关成果。

29. 我们坚信腐败是全球性挑战，侵蚀各国法律体系，阻碍各国可持续发展，并助长其他形式的犯罪。我们相信，国际合作在预防和打击腐败方面发挥关键作用。我们重申，将根据《联合国反腐败公约》和已建立的多边原则与规范，通过包括司法互助在内的各种手段打击腐败。我们期待于 2015 年 11 月 2 日至 6 日在俄罗斯圣彼得堡举行的《联合国反腐败公约》第六次缔约国会议取得成功。

鉴此，我们决定成立金砖国家反腐败合作工作组。

30. 我们将加大金砖国家预防和打击跨国有组织犯罪力度。

我们将致力于使预防犯罪与刑事司法问题作为重要问题纳入联合国长期优先议程。我们支持《2000 年联合国打击跨国有组织犯罪公约》缔约国会议为加强《公约》有效履行所做努力，包括推进谈判进程，建立有关机制，以审查《公约》条款及其附加协定的落实情况。

我们支持采取一致、全面行动应对跨国有组织犯罪问题，认可2015 年 4 月在多哈举行的第十三届联合国预防犯罪和刑事司法大会有关成果。

我们的目标是深化金砖国家在预防和打击跨国组织犯罪问题上的相

互联动。

31. 海盗和海上武装抢劫犯罪对国际航海安全以及相关领域的安全与发展构成严重威胁。我们重申，沿海国家应主要负责打击此类犯罪行径，我们也将目标一致、加强合作，并倡议各方坚持参与打击上述活动。我们强调需就海盗问题采取全面应对方案，以从根源上解决这一问题。我们认为有必要对海盗活动频发海域的各类风险进行客观评估，以减缓对沿海各国经济和安全造成的负面影响。

我们欢迎多国为保卫海上交通线所做努力，强调国际社会继续共同行动打击海盗和海上武装抢劫的重要性。我们相信，对海盗的法律诉讼将对国际社会维护航行安全的努力形成补充。问责以及促进陆地长期发展政策，是提高反海盗联盟有效性的关键要素。我们强调，要永久解决受影响地区的海盗问题，应着眼于改善可持续发展、安全和稳定，并强化本地机构和治理。

32. 我们重申外空开发和利用应出于和平目的，强调谈判缔结一项或多项旨在防止外空军备竞赛的国际协定，是裁军谈判会议的优先任务。我们支持以中国与俄罗斯提交的"禁止在外空放置武器、对外空物体使用或威胁使用武力条约"更新草案等为基础，开始实质性工作。

我们认识到各国将受益于旨在推动和平应用相关外空技术的外空合作。我们将加强相互合作，联合开展各种外空技术及格洛纳斯、北斗系统等卫星导航技术的应用，以及空间科学研究。

我们重申，外空应由各国根据国际法并在平等基础上自由地进行和平开发与利用。对外空的开发和利用应造福所有国家并符合各国利益，不论各国的经济或科技发展水平。我们强调，各国均应为推动和平开发利用外空的国际合作作出贡献，同时重点照顾发展中国家需求。我们反对阻碍上述国际合作及发展中国家的国家空间活动的单边措施。

我们坚信国际社会应不懈努力，提高外空活动、运行的安全水平，预防冲突。金砖各国可合作制订这一领域共同方略。在保障外空活动的长期可持续性，以及联合国和平利用外空委员会讨论确保外空用于和平目的的方法和途径时，应优先关注外空活动安全相关问题。

33. 信息通信技术正成为缩小发达国家和发展中国家之间差距以及

发现专业和创造性人才的新重要媒介。我们认识到信息通信技术的重要性，它是从信息社会向知识社会转变的工具，并与人类发展息息相关。我们支持将信息通信技术相关问题纳入 2015 年后发展议程，提高信息通信技术的可及性，帮助包括妇女在内的弱势群体实现上述议程确立的目标。

我们也认识到发展中国家在信息通信技术生态系统中的潜力，认为发展中国家在处理 2015 年后发展议程中的信息通信技术相关问题时可发挥重要作用。

我们认为十分有必要进一步加强包括互联网在内的信息通信技术领域合作，这符合我们各国利益。鉴此，我们决定建立金砖国家信息通信技术合作工作组。我们重申，利用信息通信技术以及互联网损害包括隐私权在内的人权和基本自由的行为不可容忍，人们在线下享有的权利应同样在线上得到保护。应考虑建立保密和保护用户个人信息的机制。

我们认为互联网是全球资源，各国应平等参与全球网络的演进和运行，并考虑相关利益攸关方根据其各自作用和职责参与其中的必要性。我们赞成建立一个公开、统一和安全的互联网。我们坚持各国政府在管理和保障国家网络安全方面的作用和职责。

我们认为，需要推动多边、民主、透明、互信原则，并制定普遍认可的网络领域行为准则。有必要确保联合国在制定互联网国际公共政策方面发挥促进作用。

我们支持互联网治理生态系统的演进，该系统应基于开放和民主的进程，且不受任何单边因素的影响。

34. 信息通信技术为公民有效参与经济、社会和国家活动提供新的工具。信息通信技术为建立全球可持续发展伙伴关系、增进国际和平与稳定、推动保护人权提供了更多机遇。此外，我们对利用信息通信技术从事跨国有组织犯罪，发展进攻型手段和实施恐怖活动表示关切。我们同意，通过国际合作和国际通行的国际法规范和原则来使用和发展信息通信技术，对于确保一个和平、安全、开放的数字和互联网空间至关重要。我们再次谴责全球大规模电子监控和个人数据搜集的行为，以及其对国家主权和个人权力的侵犯，尤其是隐私权。我们认为各国在信息通信技术发展水平与能力上存在差异。我们将致力于关注扩大所有数字通信形式的普遍接入，并提高民众在这方面的认识。我们也强调通过推动金砖国家合作打击信息通信技术应用于犯罪和恐怖活动的必要性。我们认为有必要在联合国框架下制定打击信息通信技术犯罪的具有约束力的普遍性规范文书。此外，我们对以威胁国际和平安全为目的，滥用信息通信技术的潜在行为表示关切。我们强调《联合国宪章》确立的国际法原则的核心重要性，特别是政治独立、领土完整和国家主权平等、不干涉他国内政、尊重人权和基本自由。

我们重申《德班宣言》和《福塔莱萨宣言》指明的关于安全使用信息通信技术的重要性、联合国在解决相关问题方面的关键作用的总体方针。我们鼓励国际社会将工作重点放在信息通信使用中建立信任措施、能力建设、不使用武力和预防冲突等方面。我们将寻求开展彼此间务实合作，以应对使用信息通信技术中的共同安全挑战。我们将继续考虑在该领域制定负责任国家行为准则、规范和原则。

为此，金砖国家信息通信技术使用安全专家工作组将在以下领域开启合作：关于使用信息通信技术过程中安全问题的信息和最佳实践分享、打击网络犯罪有效协调、成员国间联络点建立、现有计算机安全事件响应小组内的合作、联合研发有关项目、能力建设、国际准则、原则和标准制定。

35. 我们注意到国际社会日益面临严重的自然和人为灾害，强烈认为有必要推动在预防和应对紧急情况方面开展合作。

在此背景下，我们欢迎印度和其他金砖国家在上述领域提出的合作倡议，以及俄罗斯提出的于2016年在圣彼得堡举行金砖国家灾害管理机构负责人会议的倡议。

我们也了解金砖国家在科技创新合作领域就自然灾害问题进行了内容丰富的讨论，2015年4月由巴西组织的金砖国家灾害管理研讨会就是已有成果。

36. 我们尊重阿拉伯叙利亚共和国的独立、统一、主权和领土完整，对叙利亚当前的暴力行为、不断恶化的人道主义形势及本地区日益上升的国际恐怖主义和极端主义威胁深表关切。和平解决叙利亚冲突是唯一选项。我们支持旨在基于 2012 年 6 月 30 日日内瓦公报，在不设前提和没有外部干涉的情况下，通过叙利亚各方间的广泛对话，推动政治和外交解决叙利亚危机的努力，反映叙利亚社会各阶层的愿望，保障叙利亚各种族或职业人民的权利的努力。

我们谴责一切形式和表现的恐怖主义，呼吁叙利亚社会在这一危险的威胁面前团结一致，国际社会应严格执行联合国安理会第 2170、2178 号和第 2199 号决议所有条款，特别是打击资助或以其他形式支持恐怖主义的行为，并遵守与打击恐怖主义和极端主义有关的普遍认同的国际法规范，包括尊重各国主权原则。

我们重申对在叙利亚使用有毒化学武器的谴责。我们赞赏根据联合国安理会第 2118 号决议和《禁止化学武器公约》所规定的叙利亚义务，对叙利亚化学武器库实施国际管控，将有毒物质及其前体转移出叙利亚。我们强调这些努力的成功是禁化武组织执理会和联合国安理会成员目标一致、叙利亚当局与禁化武组织和联合国特派团建设性合作的结果。

我们对叙利亚危机人道主义局势恶化深表关切，强烈谴责冲突各方侵犯人权行为。我们重申根据 2014 年联合国安理会第 2139、2165、2191 号决议和联合国紧急人道主义援助指导原则，确保人道主义机构安全、不受阻碍地接触受影响人群的必要性。我们欢迎叙利亚各方为履行上述决议采取的务实措施。我们拒绝将叙利亚人道主义援助问题政治化，注意到单边制裁对叙利亚社会经济形势产生的持续消极影响。

我们支持俄罗斯为推动政治解决叙利亚问题所采取的步骤，特别是在 2015 年 1 月和 4 月在莫斯科主办了两轮叙利亚各方磋商，支持联合国秘书长及其叙利亚问题特别代表斯达芬·德米斯图拉，以及其他旨在和平解决叙利亚冲突的国际和地区努力。

37. 我们最强烈地谴责所有形式和表现的恐怖主义，伊拉克—黎凡特伊斯兰国、"胜利阵线"及与其关联的恐怖组织持续、大规模、严重侵犯人权和违反国际人道主义法，特别是基于宗教和种族迫害个人和社区，以及针对平民特别是妇女和儿童各种形式的暴力行为。

38. 我们对伊拉克和叙利亚不稳定导致本地区恐怖主义活动上升的外溢效应表示关切，敦促各方以连贯方式应对恐怖主义威胁。我们强烈谴责自诩的伊拉克—黎凡特伊斯兰国等恐怖和极端组织在伊拉克的非人道暴力行为，尤其是杀害和强制迁离无辜平民，以及/或是基于宗教、文化或种族背景锁定受害者，以及/或是导致伊拉克纪念碑、清真寺、教堂、博物馆、宫殿和圣地等伊拉克文化和历史遗产的损毁行为。

我们重申致力于伊拉克的领土完整、独立和国家主权，反对所有形式、可能损害伊拉克国家民主体制团结和伊拉克人民丰富社会结构和谐共存的外部干涉。我们强调支持伊拉克政府实现国家和解的努力，强调和解进程为在伊拉克共和国实现持久和平，安全和稳定发挥的核心作用。

我们敦促国际社会向伊拉克为国内流离失所人员和受影响地区的难民提供人道主义援助的努力伸出援手。

我们仍强烈致力于支持伊拉克共和国实现稳定、和平、民主。和平、全国和解和团结，这有利于地区和全球和平与安全。

39. 我们重申致力于在包括联合国相关决议、马德里原则和《阿拉伯和平倡议》等普遍认可的国际法律框架下为实现巴以冲突的全面、公正和持久解决作出贡献，坚信解决巴以冲突有利于本地区其他危机的积极走向和推动中东地区持久和平。

因此，我们呼吁以色列和巴勒斯坦重启谈判，按照两国方案，以1967年停火线为基础，在双方认可并得到国际社会承认的边界内，建立一个以东耶路撒冷为首都、与以色列和平共处、经济上自立的巴勒斯坦国。鉴此，我们注意到"中东四方机制"各方所作努力。我们反对以色列在巴勒斯坦被占领土上持续修建定居点的行为。这违反国际法并严重破坏和平努力，威胁两国方案的可行性。我们欢迎所有旨在实现巴勒斯坦内部团结的倡议，敦促各方推动全面履行巴勒斯坦承担的国际义务，包括承认以色列和停止暴力。我们呼吁联合国安理会按照《联合国宪章》在处理巴以冲突方面全面履行职责。

我们鼓励参加2014年在开罗举行的"加沙地带重建国际捐助者会议"的国家兑现承诺，呼吁以色列和巴勒斯坦当局为向巴勒斯坦人民输送国际援助创造必要条件。我们欢迎联合国救济工程处向巴勒斯坦难民提供援助和保护的努力，鼓励国际社会继续对该机构的工作提供支持。鉴此，我们欢迎巴西近期加入联合国救济工程处咨询委员会。

40. 我们支持中东尽早成为无核武器和其他大规模杀伤性武器区，为此呼吁尽快就此召开该区域内所有国家出席的会议。我们呼吁中东国家展示政治意愿，采取务实态度，以建设性方式参与，以实现建立中东无核武器及其他大规模杀伤性武器区的崇高目标。

41. 我们期待在欧盟参与下，由中国、德国、法国、俄罗斯、英国、美国和伊朗尽早达成共同综合行动计划。该行动计划将重塑各方对伊朗核计划完全和平性质的信心，全面解除对伊制裁。共同综合行动计划将使伊朗能够在严格国际监管下，完全行使其依据《不扩散核武器条约》及其他国际义务，开展包括铀浓缩在内的和平利用核能的权利。这将有利于伊朗的贸易和投资正常化。我们相信，共同综合行动计划将极大地促进国际和地区安全。

42. 我们欢迎阿富汗顺利完成 2014 年选举进程并在总统阿什拉夫·加尼和首席执行官阿卜杜拉·阿卜杜拉博士的带领下成立民族团结政府。我们欢迎国际社会确认其在 2014 年 12 月伦敦会议决定中对阿富汗所肩负的责任。

我们相信，由"阿人所有、阿人主导"的广泛、包容的阿富汗民族和解进程，是阿实现长久和平、恢复稳定和重建的最可靠道路。我们呼吁所有相关方参与和解，并呼吁武装反对派解除武装，接受阿富汗宪法，切断同基地组织、伊拉克和黎凡特伊斯兰国和其他恐怖组织联系。

我们继续关心阿富汗的安全局势。我们重申恐怖主义和极端主义对阿富汗和本地区及域外的安全和稳定造成了严重威胁。伊拉克和黎凡特伊斯兰国的出现及其影响力的迅速增长，连同阿富汗边境安全局势的显著恶化，已引发严重担忧。我们支持为打击阿富汗恐怖主义和极端主义所作出的努力。

为此，我们确认已经准备就绪并呼吁国际社会继续与阿富汗保持接触，履行在民用和安全援助，包括加强其安全部队能力的长期承诺。

　　考虑到阿富汗毒品产量连续第二年空前高涨，我们呼吁采取更积极措施应对毒品威胁，并在所有国际论坛上讨论这一问题。我们主张进一步加强巴黎协议作为打击阿富汗鸦片扩散重要国家间框架的作用。

　　联合国在协调解决阿富汗问题的国际社会努力中发挥核心作用。

　　43. 我们重申对乌克兰局势深表关切。我们强调武力不能解决有关冲突，实现和解的唯一途径是包容性政治对话。因此，我们呼吁各方遵守"执行明斯克协议综合措施"所有条款，该协议由乌克兰问题联络小组于2015年2月在明斯克达成，得到俄罗斯、德国、法国、乌克兰领导人支持，并获联合国安理会第2202号决议核可。

　　44. 我们严重关切利比亚武装冲突的升级，这凸显了其对中东、北非和萨赫勒地区造成的十分消极后果。我们注意到2011年对该国的军事干预导致完整的国家体系、有效的军队和执法机构的崩溃，反而造成了恐怖和极端主义组织活动上升。我们强调维护利比亚主权和领土完整的紧迫性，重申有必要克服利比亚各政治力量间的纷争，就尽快建立全国团结政府达成协议。鉴此，我们支持联合国秘书长利比亚问题特别代表贝尔纳迪诺·莱昂促进利比亚邻国对话以及非盟推动利比亚各方对话的努力。

　　45. 我们对南苏丹当前可怕的安全和人道主义危机表示关切。我们谴责所有破坏停火和针对平民和人道主义机构的暴力行为。我们呼吁各方展现政治意愿并承诺结束南苏丹的悲剧，为安全投送人道主义物资提供条件。我们相信只有通过旨在实现全国和解的包容性政治对话，才能找到解决危机的可持续方案。我们支持东非政府间发展组织（伊加特）和其他地区和国际行为体为寻求以组建全国团结过渡政府为基础的政治解决方案所作调停努力，以及调停执政党不同派别领导人的平行努力，对未能在2015年3月前达成权力分享安排表示遗憾。我们赞扬联合国南苏丹特派团为履行授权所作努力。我们认识到这取决于稳定的政治环境。我们谴责对联合国南苏丹特派团哨所和国内流离失所人员避难营地的袭击。

　　46. 我们欢迎索马里联邦政府旨在建立有效国家机关、解决尖锐社会经济问题和同索马里各区域建立建设性关系的努力。我们认可索马里军队和非盟索马里特派团维和部队在打击青年党极端势力方面取得的切实成绩。我们对恐怖主义威胁在东北非和东非国家上升表示关切。我们强烈谴责青年党武装分子 2015 年 4 月 2 日在肯尼亚加里萨大学发动造成大量人员伤亡的非人道袭击。我们将同肯尼亚政府和人民团结一致与恐怖主义作斗争。我们强调，无论何种情况，都不应为恐怖主义辩解。

47. 我们支持联合国驻马里多层面综合稳定特派团的工作，这是国际社会为解决马里危机所作努力的组成部分。我们致力于考虑到各方立场的政治解决方案，鼓励旨在确保马里领土完整和国家主权的建设性谈判。我们注意到马里和平和解协议的签署，赞赏阿尔及利亚政府和其他国家和地区行为体为寻求危机的政治解决方案所作的调停努力。我们对各种力量企图扰乱当地局势和干扰和平谈判表示严重关切。

48. 我们对刚果民主共和国东部地区安全和人道局势；裁军、复员、前战斗人员重返刚果社会的缓慢进程；自然资源的非法开采和出口；境内大量邻国难民及国内流离失所的人员滞留表示关注。我们强调有必要重振《刚果民主共和国和该地区和平、安全和合作框架》的落实进程，强化政府结构。我们支持刚果民主共和国政府在联合国刚果稳定团的支持下争取刚果民主共和国和平与稳定的努力。我们呼吁参与方履行其义务，以实现刚果民主共和国的长久和平与稳定。我们称赞维护地区稳定和保护平民的努力，强调给予冲突地区的妇女和儿童特别关注的重要性。我们重申有必要立即和有效解除解放卢旺达民主力量和所有其他消极力量和武装组织的行动能力。我们认为仅凭军事手段不能实现刚果民主共和国的长期稳定。

49. 我们对布隆迪形势发展表示关切。我们敦促卷入当前危机的各方保持克制，通过包容性对话解决政治分歧，从而重建社会和平与稳定。我们寻求危机的政治解决方案的地区努力，呼吁国际社会继续参与支持寻求政治解决方案的地区努力以及布隆迪今后的社会经济发展。

50. 我们注意到中非共和国的局势仍不稳定：安全问题继续引发关切。我们由此强调中非共和国政府肩负制定冲突各方彼此可接受解决方案的首要责任，中非共和国政府应当为裁军、复员以及前战斗人员重返社会创造条件。我们相信全面的全国对话是实现中非共和国长期稳定的唯一途径。

我们注意到2015年5月4—11日在中非共和国闭幕的班吉和解论坛，呼吁所有利益攸关方有效执行其建议。

51. 我们也对恐怖主义和暴力极端主义灾难深表关切，谴责青年党、博科圣地和其他组织发动的恐怖主义行径，这对非洲的和平稳定构成严重威胁。

52. 我们强调，在当前全球金融和经济体系不稳定、国际大宗商品市场价格波动的背景下，发展实体经济尤为必要。

我们认识到，金砖国家都是资源富集国，劳动力和知识、技术人才充足，发展工业是经济增长之本。提高高附加值产品的生产和出口，将帮助金砖国家发展国民经济，更好参与全球价值链并提高竞争力。

因此，我们重申联合国工发组织在促进包容性和可持续工业发展方面的独特授权。

我们相信，以各经济部门均衡发展，开发和引进先进和创新技术，调动金融机构资源，鼓励私人投资为基础的经济增长至关重要。

在此背景下，我们注意到金砖国家在采矿和金属工业、制药业、信息技术、化工和石化等领域深化技术研发和创新合作的潜力，既包括自然资源的勘探、提炼、加工、转变和使用，也包括营造良好的投资环境并落实互利共赢的项目。

我们强调，应通过建立工业园、技术园和工程中心等方式加强产能合作，发展和引进世界一流技术，并为工程和技术人员提供培训。

我们强调，鼓励在基础设施、物流和可再生能源等优先领域进行投资，是金砖国家实现可持续经济增长的战略目标。我们将同舟共济，共同应对竞争挑战。因此，金砖国家同意共同合作，扩大在金砖国家间铁路、公路、海港和空港的投资。

53. 我们重申将继续深化农业合作，特别是在以下领域：农业技术和创新，为脆弱群体提供食物，降低气候变化对粮食安全的影响，农业对气候变化的适应性，减少粮食市场价格波动，分享最新市场信息，通过参与展览、博览会和投资论坛促进贸易和投资。我们积极支持联合国大会宣布 2015 年为国际土壤年的决定，愿采取有效政策和行动，确保土壤资源的可持续管理和保护。

我们欢迎金砖国家驻联合国粮农组织等国际组织的代表处进行合作，强调在罗马举行的金砖国家非正式磋商工作组所做工作的重要性。

54．我们确认，提高工业和能源设施的安全水平是金砖国家的优先工作之一。为此，我们欢迎金砖国家有关监管部门开展合作，以更好保护金砖国家的公众安全和环境。我们也欢迎俄罗斯关于举行首次金砖国家工业和能源安全监管部门负责人会议的倡议。

55．为保证就 2015 年后可持续发展指标协调有序地开展工作，我们要求金砖国家统计机构就设立上述指标的统计方法加强合作，确保其可比性。为此，金砖国家统计机构应在联合国专门委员会中保持经常性密切合作。

56．我们认识到互联互通在加强金砖国家经济联系、培育更紧密伙伴关系方面的重要意义。我们欢迎和支持金砖国家提出的促进互联互通和基础设施发展的倡议。

我们强调，应以全面、一体和系统方式加强互联互通，重点推进政策沟通、设施联通、贸易畅通和民心相通。同时，金砖国家应在互利共赢基础上，努力加强政策磋商和协调。

我们认识到，加强民间交流将进一步加深金砖国家、民众和社会交流。我们承诺为旅游领域的长期合作创造良好环境。

57．我们满意地注意到金砖国家在人力资源和就业、社会福利和安全以及社会融合政策方面加强协调所取得的进展。

我们期待将于 2016 年 2 月举行的金砖国家首次劳工和就业部长会议，届时将重点关注创造体面就业岗位、劳工和就业事宜信息分享等问题，这将为金砖国家在社会关系和劳工领域的长期合作打下坚实基础。

58．我们欢迎金砖国家首次人口部长会议（2015 年 2 月在巴西利亚举行）的成果，重申将根据《金砖国家 2015—2020 年人口合作议程》，按照开罗国际人口和发展大会的指导原则和目标，以及其为促进人口长期平衡发展而采取的关键行动，进一步深化在共同关心的人口和与发展相关的事务上的合作。

我们重视人口转变及转变后所带来的挑战，包括人口老龄化和死亡率下降，强调有效利用人口红利来促进经济增长和发展，解决性别不平等、赡养老人、妇女权利、青年和残疾人等社会问题的重要性。我们重申将致力于保障性与生殖健康和全民生育权。

我们将通过官员和专家年度研讨会、定期部长级会议等方式，加强在人口领域的合作。

我们指示专家们于 2015 年 11 月在莫斯科举行金砖国家人口问题定期磋商，探讨人口挑战及其与金砖国家经济发展的关系，使人口事务更加有效地融入我们的宏观经济、金融和社会政策之中。

59. 我们认识到移民问题的跨国性，以及金砖国家在该领域开展国际合作和部门间合作的重要性。因此，我们注意到俄罗斯在任期内举办首届金砖国家移民部长级（移民机构负责人）会议的倡议。

我们对地中海大量移民死亡表示遗憾。我们呼吁国际社会，特别是有关国家，为这些移民提供必要援助，集中力量解决无监管移民和流离失所人员不断增长的根本原因。

60. 我们重申，人人都有权拥有最高水平的身心健康，享有必要的高质量生活，以保持个人及家庭的健康和福祉。

我们对传染病和非传染病导致全球威胁不断上升并呈现多样化表示关切。上述疾病对经济和社会发展具有负面影响，特别是在发展中国家和最不发达国家。

在此背景下，我们赞赏金砖国家加强国际合作，支持有关国家实现卫生目标的努力，包括让民众广泛而公平地获得医疗服务、确保医疗服务的质量和经济可负担性，同时考虑各国不同的国情、政策、优先目标和能力。我们也呼吁国际社会以及公共和私人部门的利益相关方，包括公民社会和学术界，加强伙伴关系，以改善所有人的健康。

国际社会正同抗菌素耐药性增加进行斗争，这导致卫生风险大幅增加。主要疾病（艾滋病、肺结核、疟疾等）持续传播，高致病性流感、新冠状病毒或埃博拉等新发传染病不断涌现，我们对此深感关切。

金砖国家在抗击传染病方面经验丰富。我们愿意加强合作，同有关国际组织协调配合，应对全球卫生挑战，从而确保金砖国家为提高全球卫生安全作出集体贡献。为此，我们将在以下方面开展合作：

——管理新型流行病潜在传染风险；

——落实承诺，限制并消除阻碍发展的传染病（艾滋病，肺结核，疟疾，被忽略的热带病，小儿麻痹症，麻疹）；

——研发、生产、供应药品，以更好地预防和治疗传染病。

我们要求相关部门考虑在这些领域采取中期行动，使金砖国家从公共卫生角度为全球卫生安全作出共同及各自的贡献。

61. 埃博拉疫情在几内亚、利比里亚、塞拉利昂引发人道主义灾难并造成严重社会经济影响，且疫情可能继续扩散，我们对此深表关切。我们高度赞赏国际卫生和人道主义工作者就迅速应对埃博拉疫情爆发所作的贡献和承诺，以及国际社会对受影响西非国家提供的关键支持和援助。

金砖国家在应对埃博拉疫情和支持疫区国家方面作出卓越贡献。此外，史无前例地动员国家卫生体系让我们有机会检验自己的应急水平，也促使我们设法在国家和地区层面完善应对措施。

我们完全支持联合国和其他国际组织抗击埃博拉疫情，减少其对经济和社会的影响，防止疫情再度蔓延，也支持其努力改革突发公共卫生事件的国际反应体系，从而提高其有效性。

我们承诺，金砖国家整体和各成员国都将采取措施支持上述努力，应对突发事件和长远系统性问题，在国家、地区和全球层面缩小应急准备同紧急行动间的差距，为疫区国家抗击疾病提供进一步帮助，比如通过世界卫生组织和其他国际组织等多种方式持续加强本地区卫生部门。

62. 我们欢迎 2015 年 3 月在巴西利亚举办的第二届金砖国家科技与创新部长级会议，祝贺各方签署科技与创新合作谅解备忘录，这是我们在此领域开展合作的战略性框架。

我们注意到金砖国家青年科学家论坛的潜力，它是在印度协调下，由金砖国家科技与创新部长会批准设立。

我们重申愿加强科技与创新合作，目标是加强社会经济发展的包容性与可持续性，缩小金砖国家与发达国家的科技差距，实现基于经济互补的高质量增长，并为当前世界经济面临的挑战寻求解决方案。

我们注意到金砖国家以科技与创新为驱动打造知识经济的努力，将在联合研究、设计、开发、制造业、高科技产品等方面扩大合作。

基于金砖国家研究和技术领域的巨大潜力，并根据科技与创新合作谅解备忘录的规定，我们重申制定金砖国家研究和创新倡议的重要性，该倡议将包括以下行动：

——根据备忘录所述，加强包括大科学项目在内的大型科研设施建设合作，取得关键领域的科技突破；

——就金砖国家已经开展的大型国家项目加强协调；

——制定并落实金砖国家框架计划，为有关研究、技术商业化和创新的多边联合研究项目筹资，这些项目需要科技部和科技中心、发展机构以及赞助研究项目的国家和地区基金的支持；

——建立联合研究和创新平台。

这些活动将作为金砖国家科技与创新工作计划加以执行，并由下届金砖国家科技与创新部长会议批准。

基于在巴西利亚举行的金砖国家科技与创新部长会议声明，我们鼓励金砖国家商界、学术界以及其他同科技与创新发展相关的利益攸关方加大参与。

63. 我们注意到投资教育、发展人力资本和促进经济增长彼此关联。我们重申，应根据2015年后发展议程，让所有人享有接受高质量、终身教育的同等机会。

我们支持为确保包容、同等质量教育所作努力。我们认识到，职业教育和培训是增加就业机会，特别是让年轻人进入劳动力市场的重要手段。我们鼓励金砖国家间的学生交流。

我们鼓励通过落实世界技能组织相关项目等国际最佳实践，探索开展技能开发合作的可行性。

我们强调高等教育和研究的重要性，呼吁在承认大学文凭和学位方面加强交流。我们要求金砖国家相关部门就学位鉴定和互认开展合作，支持建立金砖国家网络大学和大学联盟的倡议。

64. 考虑到联合国教科文组织1966年国际文化合作原则宣言以及

2001 年文化多样性宣言,我们承认文化多样性是发展的源泉,相信文化交流与合作将促进相互理解。我们重申金砖国家在文化领域开展合作的重要性。为加强国家及民众间的友好关系,我们将继续通过多种方式鼓励金砖国家在文化艺术领域开展直接交流。

我们欢迎金砖国家签署政府间文化合作协议,该协议将为扩大和深化文化艺术合作,促进文化对话发挥重要作用,这有助于拉近金砖国家文化和民众的距离。

65. 联合国将于今年 9 月召开发展峰会,审议千年发展目标进展并通过 2015 年后发展议程,指导今后 15 年国际发展合作。我们高度重视这次发展峰会,希望峰会展现领导人的战略眼光、各方团结一心以及通过合作解决全球发展问题的决心。

我们重申,将致力于推动联合国发展峰会通过富有雄心的 2015 年后发展议程。2015 年后发展议程应建立在千年发展目标基础之上,确保完成未兑现的承诺,同时应对新挑战。2015 年后发展议程还应进一步强化国际社会对于消除贫困,实现可持续、平等、包容性经济增长和可持续发展的承诺,充分遵守 1992 年里约联合国环境和发展大会达成的所有原则,特别是"共同但有区别的责任"原则。我们强调在落实2015 年后发展议程过程中共同采取行动的重要性。

我们认为,消除贫困是实现可持续发展的先决条件和核心目标,强调需要采取连续性措施,实现可持续发展的经济、社会和环境三要素的平衡与统一。为此,应致力于建立一个全球性并适用于所有国家的单一框架和一系列目标,同时考虑各国不同情况并尊重各国国家政策和优先议程。因此,我们迫切需要梳理已达成的协议以及多边发展峰会和会议的成果,并在此基础上开展工作。我们欢迎联合国大会可持续发展目标工作组的报告,并强调应把该工作组的建议作为将可持续发展目标纳入 2015 年后发展议程的主要基础。

66. 我们期待即将于 2015 年 7 月 13 日至 16 日在埃塞俄比亚首都亚的斯亚贝巴召开的第三届国际发展筹资大会取得圆满成功。我们呼吁所有参与方进行富有成果的对话,通过富有雄心和有效的战略,来动员资源促进可持续发展。

官方发展援助在发展筹资中扮演重要角色。我们敦促发达国家在此方面如期并完全兑现承诺。我们认为，动员国内、国际两种资源，营造国内、国际两个有利环境是促进发展的关键因素，呼吁通过广泛动员多种资源，有效利用发展筹资为发展中国家提供强力支持，帮助其实现可持续发展。

我们承诺将进一步强化并支持南南合作，强调南南合作是南北合作的补充而不是替代，南北合作仍是国际合作的主渠道。

我们愿深化伙伴关系以加快国际发展，并通过对话、合作、经验分享等形式加强互动，促进互利共赢的国际合作。因此，我们欢迎召开金砖国家国际发展合作高级官员会议的计划。

67. 我们已做好在全球及国家层面应对气候变化的准备，推动在联合国气候变化框架公约下达成一个全面、有效、公正的协议。

我们强调技术和科学知识转让对于应对气候变化及其不利影响的重要性，同意在各方共同关心的优先问题上开展联合研究。

68. 我们欢迎2015年4月22日在莫斯科召开的第一届金砖国家环境部长会议，这标志着金砖国家在环境领域建立起合作新机制。我们支持金砖国家建立一个分享环境无害化技术的国际平台，以加强公共和社会资本合作，帮助金砖国家应对环境挑战。

69. 我们认识到监测能源领域全球趋势的重要性，包括预测能源消费，为保证能源安全和经济发展向能源市场发展提供建议，因此呼吁金砖国家相关机构考虑开展能源合作的可能性。

考虑到能源领域在保证金砖国家可持续经济发展方面的重要性，我们欢迎平衡消费者、生产者和能源资源转移国利益，并为能源市场可持续和可预测发展创造条件。

认识到在节能、能效、能效技术研发等领域加快国际合作的重要性和必要性，我们欢迎2015年5月举行的第一届能效正式会议，期待金砖国家在该领域开展合作，并建立相关工作平台。我们欢迎俄罗斯今年底举办第一届金砖国家能源部长会议的倡议。我们敦促金砖国家的企业共同研发能效技术和设备，呼吁金砖国家工商理事会研究在该领域开展合作的方式。

70. 我们欢迎金砖国家立法机构、工商界和公民社会之间建立联系，以促进金砖国家之间的友谊和对话。

71. 我们欢迎 2015 年 6 月在莫斯科举行的金砖国家议会论坛及其加强和促进议会间合作的意愿，包括在国际议会组织会议期间举行磋商，以协调共同倡议和立场。

72. 我们欢迎金砖国家工商论坛和金砖国家工商理事会富有成果的会议，以及他们为加强金砖国家间商业关系、推动合作项目和倡议所作的努力。

我们将为进一步深化金砖国家间的贸易、投资和商业合作创造有利环境，包括取消过多的行政壁垒和贸易障碍。

我们注意到金砖国家工商理事会关于简化金砖国家间商务旅行签证手续的建议，要求相关机构继续就此开展工作。

73. 我们欢迎金砖国家智库理事会举行的活动，金砖国家长期战略报告以及在莫斯科举行的扩大金砖合作的第七届学术论坛。我们认为，为专家深入交换意见提供常设平台十分重要，期待他们提供更多高质量的研究和分析，以及就共同关心的问题进行有效讨论。

金砖国家智库理事会应加强金砖国家在面向未来的研究、知识分享、能力建设、政策建议等方面的合作。

74. 我们欢迎俄罗斯关于召开第一届金砖国家民间社会论坛的建议，这将有利于民间社会组织、学术界、工商界和金砖国家政府就诸多重要的社会和经济问题开展对话。我们也欢迎在俄罗斯担任主席国期间举办工会论坛，并启动关于金砖合作的"青年维度"活动。

75. 我们欢迎金砖国家外交部长签署设立金砖国家联合网站谅解备忘录。该网站将成为向金砖国家人民和国际社会介绍金砖国家价值观、目标和开展活动的有效平台。我们将探讨使金砖国家联合网站发展成虚拟秘书处的可行性。

76. 印度、中国、南非和巴西对俄罗斯政府和人民在乌法主办金砖国家领导人第七次会晤致以诚挚谢意。

77. 俄罗斯、中国、南非和巴西赞赏印度将于明年主办金砖国家领导人第八次会晤，将全力给予支持。

参考文献

Armijo, Leslie Elliott, "The BRICs Countries (Brazil, Russia, India, and China) as Analytical Category: Mirage or Insight?" *Asian Perspective*, Vol. 31, No. 4, 2007, pp. 7 –42.

Atkings, G. Pope, *Latin America in the International Political System*, Westview Press, 1989.

Becker, Uwe, ed., *The BRICs and Emerging Economies in Comparative Perspective: Political Economy, Liberalisation and Institutional Change*, London & New York: Routledge, 2014.

Carmody, Padraig "Another BRIC in the Wall? South Africa's Developmental Impact and Contradictory Rise in Africa and Beyond," *European Journal of Development Research*, Vol. 24, No. 2, 2012.

Goldman Sachs, ed., *BRICs and Beyond*, London: Goldman Sachs, 2007.

IMF, *World Economic Outlook: Uneven Growth: Short – and Long – Term Factors*, April 2015.

IMF, *World Economic Outlook Update: Slower Growth in Emerging Markets, a Gradual Pickup in Advanced Economies*, July 2015.

Li, Xing, ed., *The BRICS and Beyond: The International Political Economy of the Emergence of a New World Order*, London: Ashgate Publishing, 2014.

Marino, Rich, *The Future BRICS: A Synergistic Economic Alliance or Business as Usual?*, Hampshire and New York: Palgrave Macmillan, 2014.

Mielniczuk, Fabiano, "BRICS in the Contemporary World: Changing Identities, Converging Interests", *Third World Quarterly*, Vol. 34, No. 6, 2013, pp. 1075 – 1090.

Mwase, N. and Y. Yang, "BRIC's Philosophies for Development Financing and Their Implications for LICs", *IMF Working Paper*, WP/12/74, Washington D. C. : IMF, 2012.

O'Neill, Jim "Building Better Global Economic BRICs", *Global Economics Paper* No. 66, New York: Goldman Sachs, 2001.

Pelle, Stefano, *Understanding Emerging Markets – Building Business Bric by Brick*, London: Sage Publications, 2007.

Smith, Jack A. , "BRIC Becomes BRICS: Changes on the Geopolitical Chessboard," *Foreign Policy Journal*, January 21, 2011.

Stuenkel, Oliver, *The BRICS and the Future of Global Order*, Lexington: Lexington Books, 2015.

Subramanian, A. , and M. Kessler. 2012. "The Renminbi Bloc is Here: Asia Down, Rest of the World to Go?" Peterson Institute for International Economics Working Paper 12 – 19.

UNCTAD, *World Investment Report* 2015: *Reforming International Investment Governance*, 2015.

World Bank, *Global Economic Prospects: The Global Economy in Transition*, June 2015.

WTO, *World Trade Report* 2015: *Speeding up Trade: Benefits and Challenges of Implementing the WTO Trade Facilitation Agreement*, 2015.

［法］阿兰·弗亚:《金砖国家只是一个幻想》,《参考消息》2012 年 4 月 10 日第 10 版。

［英］卡尔·波兰尼:《大转型:我们时代的政治与经济起源》,浙江人民出版社 2007 年版。

《"金砖四国"领导人俄罗斯叶卡捷琳堡会晤联合声明》,《人民日报》2009 年 6 月 17 日第 3 版。

《"金砖四国"领导人第二次正式会晤联合声明》,外交部网站,2010 年 4 月 16 日。

《金砖国家领导人第三次会晤三亚宣言》,《人民日报》2011 年 4 月 15

日第 3 版。

《金砖国家领导人第四次会晤德里宣言》，新华网新德里 2012 年 3 月 29
　　日电。

《金砖国家领导人第五次会晤德班宣言》，《人民日报》2013 年 3 月 28
　　日第 3 版。

《金砖国家领导人第六次会晤福塔莱萨宣言》，《人民日报》2014 年 7
　　月 15 日第 2 版。

《金砖国家领导人第七次会晤乌法宣言》，《人民日报》2015 年 7 月 11
　　日第 3 版、第 6 版。

安国俊：《金砖国家金融合作的突破》，《中国金融》2014 年第 16 期。

白洁、商海岩：《金砖国家产业互补性与中国产业结构升级研究》，《经
　　济问题探索》2012 年第 7 期。

陈雨露：《“金砖国家”的经济和金融发展：一个比较性概览》，《金融
　　博览》2012 年第 5 期、第 6 期。

陈雨露：《“金砖国家”的经济和金融发展：一个比较性概览——金砖
　　国家金融发展的特征与趋势（上）》，《金融博览》2012 年第 5 期。

陈雨露：《“金砖国家”的经济和金融发展：一个比较性概览——金砖
　　国家金融发展的特征与趋势（下）》，《金融博览》2012 年第 6 期。

戴相龙：《走稳中国金融崛起之路》，《中国金融》2010 年第 2 期。

樊勇明：《全球治理新格局中的金砖合作》，《国际展望》2014 年第
　　4 期。

樊勇明、贺平：《“包容性竞争”理念与金砖银行》，《国际观察》2015
　　年第 2 期。

冯维江：《从马克思主义经济学视角反思次贷危机——虚拟经济总量结
　　构与经济稳定性分析》，《中国市场》2011 年第 20 期。

国家开发银行研究院编著：《开发性金融实践成就》，民主与建设出版
　　社 2011 年版。

胡其伟、张汉林：《金砖国家金融合作路径探析》，《国际贸易》2013
　　年第 6 期。

黄凌云、黄秀霞：《“金砖五国”金融合作对五国及全球经济的影响研

究——基于 GTAP 模型的实证模拟》,《经济学家》2012 年第 4 期。

黄仁伟:《金砖国家崛起与全球治理体系》,《当代世界》2011 年第
5 期。

黄仁伟:《全球经济治理机制变革与金砖国家崛起的新机遇》,《国际关
系研究》2013 年第 1 期。

霍建国:《深挖金砖国家经贸合作潜能》,《经济日报》2013 年 1 月
17 日。

李春顶:《中国与金砖国家贸易发展的前景》,中国社会科学院世界经
济与政治研究所国际问题研究系列工作论文,Policy Brief No. 201220,
2012 年 12 月 13 日。

李娅、华伟:《金砖国家国际金融合作协调机制研究》,《理论学习》
2011 年第 9 期。

李扬主编:《"金砖四国"与国际转型》,社会科学文献出版社 2011
年版。

李永刚:《金砖国家金融合作机制研究》,《暨南学报》(哲学社会科学
版)2015 年第 12 期。

林跃勤、周文主编:《金砖国家发展报告(2012):合作与崛起》,社会
科学文献出版社 2012 年版。

林跃勤、周文主编:《金砖国家发展报告(2013):转型与崛起》,社会
科学文献出版社 2013 年版。

刘文革、林跃勤:《金砖国家货币合作之路》,《资本市场》2013 年第
1 期。

刘遵义:《中国第十二个五年(2011—2015 年)规划与人民币国际化
对国家开发银行的意义》,国家开发银行金融研究中心研究专论第 8
号,2012 年。

陆超等:《全球金融变革与中国金融崛起》,《中国软科学增刊(下)》
2012 年 12 月。

莫万贵、崔莹、姜晶晶:《金砖四国金融体系比较分析》,《中国金融》
2011 年第 5 期。

庞中英:《中国不能在"削足适履"》,《社会观察》2012 年第 1 期。

庞中英、王瑞平：《从战略高度认识金砖国家合作与完善全球经济治理之间的关系》，《当代世界》2013 年第 4 期。

任孟山：《中国金融崛起的标志与障碍》，《华夏时报》2011 年 5 月 23 日第 31 版。

桑百川、刘洋、郑伟：《金砖国家金融合作：现状、问题及前景展望》，《国际贸易》2012 年第 12 期。

上海新金融研究院课题组：《金砖国家金融合作研究》，《新金融评论》2015 年第 5 期。

石建勋：《金砖国家货币金融合作对经济新常态的影响和展望》，《经济体制改革》2015 年第 1 期。

汤凌霄、欧阳峣、黄泽先：《国际金融合作视野中的金砖国家开发银行》，《中国社会科学》2014 年第 9 期。

汪巍：《金砖国家多边经济合作的新趋势》，《亚太经济》2012 年第 2 期。

王浩：《全球金融治理与金砖国家合作研究》，《金融监管研究》2014 年第 2 期。

王厚双、关昊、黄金宇：《金砖国家合作机制对全球经济治理体系与机制创新的影响》，《亚太经济》2015 年第 3 期。

习近平：《共建伙伴关系　共创美好未来——在金砖国家领导人第七次会晤上的讲话》，《人民日报》2015 年 7 月 10 日第 3 版。

辛彩琴：《东亚汇率制度与日元国际化条件》，《金融参考》2004 年第 11 期。

徐秀军：《金砖国家开发银行：借鉴与创新》，《中国外汇》2013 年第 7 期。

杨洁勉：《金砖国家合作的宗旨、精神和机制建设》，《当代世界》2011 年第 5 期。

张海冰：《世界经济格局调整中的金砖国家合作》，《国际展望》2014 年第 5 期。

张晓涛、杜萌：《金砖国家深化金融合作的障碍与对策研究》，《国际贸易》2014 年第 5 期。

张晓涛、修媛媛、李洁馨:《金砖国家金融合作利益研究》,《宏观经济研究》2014 年第 5 期。

周宇:《金融崛起对中国资本项目开放的影响》,《经济社会体制比较》2008 年第 6 期。

朱杰进:《金砖国家合作机制的转型》,《国际观察》2014 年第 3 期。

后　记

2008 年国际金融危机爆发后，几乎所有国家经济都遭受了严重冲击，经济增长大幅放缓或出现负增长。尽管相比发达经济体，新兴市场与发展中经济体经济整体上仍保持较快增长，但迄今为止，金融危机的影响仍没有消弭，经济复苏乏力态势仍未得到实质性改变。与此同时，金融危机深刻暴露出现行国际货币金融体系的诸多弊端，也暴露出新兴市场与发展中经济体金融体系的脆弱性。为此，扩大投资与消费以维持经济持续稳定增长、改革现行国际货币金融体系和防范国际金融风险成为包括金砖国家在内新兴市场与发展中经济体的共同诉求。从现实来看，印度、南非等新兴经济体由于资金缺乏，而现有区域和全球金融合作机制又无法满足其需求，从而掣肘了它们的经济发展动力。值得注意的是，近年来随着经济实力的不断增强，中国的金融实力得到大幅提升，有条件与能力为这些国家提供资金援助，进行多种形式的双边和多边金融合作。

在此背景下，探讨中国与金砖国家金融合作机制的建立和发展不仅契合了当前金砖国家的发展需求，也有利于未来进一步推动金砖国家合作的深入发展。正因如此，国家开发银行研究院和中国社会科学院世界经济与政治研究所联合进行了题为"中国与金砖国家金融合作机制研究"的项目研究，并主要探讨了以下问题：一是我国对外金融合作的发展现状、竞争优势和战略方向；二是发达国家对外金融合作的经验与启示；三是金砖国家金融合作的战略重点、领域与模式；四是开发性金融以及金砖国家开发性金融合作机制的地位与作用；五是中国与金砖国家金融合作机制化建设的战略目标和具体政策建议等。根据部分研究成果，我们撰写了本书，并希望藉此为读者展现金砖国家金融合作的现状与进展。

在研究过程中，国家开发银行研究院常务副院长郭濂、时任副院长黄剑辉以及中国社会科学院世界经济与政治研究所所长张宇燕、所长助理宋泓提供了诸多指导性意见，国家开发银行总行顾问马成全、中国社会科学院亚太与全球战略研究院院长李向阳、中国社会科学院金融研究所副所长胡滨、北京保险研究院执行院长姜洪、国家信息中心经济预测部首席经济师王远鸿、北京师范大学国际金融研究所所长贺力平、北京师范大学新兴市场研究院院长兼发展研究院院长胡必亮、中国人民大学商学院学术委员会主任谷克鉴、南开大学国际经济研究所副所长李荣林等评审专家围绕上述问题提供了诸多建设性意见和建议，国家开发银行研究院王阁处长和徐晶处长也为项目研究提供了大量的帮助。对此，我们表示衷心的感谢。

本书是课题组成员通力合作的结果，很多章节都是在课题组成员的集体讨论、相互修订甚至是共同撰写下完成的。具体写作分工如下：内容提要主要执笔为徐秀军，第一章主要执笔人为徐秀军和徐奇渊，第二章主要执笔人为徐秀军，第三章主要执笔人为刘悦，第四章主要执笔人为冯维江，第五章主要执笔人为徐奇渊，第六章主要执笔人为贾中正和冯维江，第七章主要执笔人为徐奇渊，第八章主要执笔人为徐秀军，第九章主要执笔人为贾中正。全书最后由徐秀军进行统稿。孙杰、涂勤、刘仕国、田丰、黄薇、毛日昇、曹永福、李春顶、蒋尉、宋锦、熊爱宗、任琳等专家参与了写作讨论。此外，研究助理杨涛、王利铭也为本书的写作提供了便利。在此，我们一并表示感谢。

最后，我们感谢中国社会科学院创新工程学术出版资助项目的资助以及中国社会科学出版社田文女士和夏侠女士为本书的顺利出版所作的诸多努力。尽管本书的写作与出版得到了各方帮助，但作为这一议题研究的初步尝试，一些分析和讨论还不够深入，并受水平所限，一些错漏也在所难免。如能得到读者的批评和建议，将不胜感激。

徐秀军

2016 年 1 月